창업기획

창업, 어떻게 실행할 것인가?

나남
nanam

나남신서 1770

창업기획

창업, 어떻게 실행할 것인가?

2014년 8월 25일 발행
2014년 8월 25일 1쇄

지은이 • 김성철 · 이치형 · 주형철
발행자 • 趙相浩
발행처 • (주) 나남
주소 • 413-120 경기도 파주시 회동길 193
전화 • (031) 955-4601(代)
FAX • (031) 955-4555
등록 • 제 1-71호(1979.5.12)
홈페이지 • http://www.nanam.net
전자우편 • post@nanam.net

ISBN 978-89-300-8770-4
ISBN 978-89-300-8001-9 (세트)

나남신서 1770

창업기획

창업, 어떻게 실행할 것인가?

김성철 · 이치형 · 주형철 지음

머리말

안동 하회마을은 우리나라의 대표적인 씨족마을로, 아직도 기와집과 초가집 등 옛 한옥이 생활공간으로 이용되고 있어서 한옥의 과거와 현재를 모두 볼 수 있는 곳으로 유명하다. 하회라는 이름은 마을 주위를 감싸 안고 흐르는 낙동강의 모습에서 유래했다고 한다. 하회마을을 구석구석 돌아보는 것도 재미가 있지만 마을의 전체적인 모습을 감상하고자 한다면 강 건너 절벽 부용대에 오르는 것이 좋다. 부용은 연꽃을 의미하는데, 이 절벽 정상에 서서 하회마을을 내려다보면 마치 마을의 모습이 물 위에 떠 있는 연꽃의 형상과 같다고 해서 붙여진 이름이다.

한편 얼마 전 한국축구의 영웅 박지성 선수가 은퇴했다. 박지성 선수는 두 개의 심장을 가진, 활동량이 많은 선수로 유명한데, 사실 TV로 경기를 관람하면 그의 진면목을 충분히 발견하기 어렵다. TV 카메라는 주로 공만 쫓기 때문에 공과 상관없이 벌어지는 상황을 제대로 담아내지 못하기 때문이다. 그러나 축구 경기장에 직접 가서 박지성 선수가 빈 공간을 침투하고 상대방 공격수의 움직임을 미리 저지하는 모습을 보면 그가 왜 세계적인 선수인가를 금방 깨닫게 된다.

부용대에 오르면 하회마을의 전경을 감상할 수 있고, 축구 경기장에 직접 가면 박지성과 같이 위대한 선수들의 진면목을 확인할 수 있다. 그렇다면 창업을 꿈꾸는 예비 기업가들은 어디에 가야 창업의 전모를 파악할 수 있을 것인가? 우리는 이 질문에서 이 책을 시작하게 되었다.

한 사회, 특히 경제가 발전하려면 새로운 기업가가 끊임없이 등장해서 창조적인 파괴를 시도해야 한다. 기업가는 기회를 인지, 발견 또는 창조하는 주체이며 새로운 기술이 가져올 상업적인 기회의 창을 여는 사람이다. 불확실성과 실패의 위험에도 불구하고 기업가들이 새로운 도전을 할 때 혁신이 창출되며, 경제는 경쟁을 통한 활력을 얻게 된다. 또한 결과적으로 소비자들의 후생은 증가하고 삶의 질 역시 제고된다.

근래에 인터넷이 보급되고 스마트폰을 중심으로 한 모바일 미디어가 확산되면서 새로운 기업가의 창업을 가로막는 전통적인 진입장벽들이 점차 사라지고 있다. 새로운 아이디어나 기술이 있으면 인터넷을 기반으로 누구나 손쉽게 창업을 할 수 있는 환경이 도래한 것이다. 한편 이미 시장을 차지하고 있는 기존 기업들은 엄청난 자원을 보유하고 있음에도 불구하고 이른바 리더의 딜레마 때문에 스스로를 파괴하는 와해적인 혁신을 선도하는 것이 쉽지 않다. 따라서 전 세계적으로 창업의 여건은 개선되고 있고, 주요 국가의 정부들은 창업을 적극적으로 장려하는 정책을 시행하고 있다.

우리나라에서도 새로운 정부가 출범하면서 창조경제를 기치로 내걸고 창업을 장려하고 있다. 사실 창조경제의 개념은 모호하지만 그 핵심은 창조산업의 육성이고, 창조산업은 활발한 창업을 전제로 한다고 할 수 있다. 결국 창업이 활성화되어야 창조산업이 성장할 수 있고 전통적인 산업들도 긍정적인 영향을 받아 경제 전체가 발전할 수 있는 것이다.

그러나 정부가 창업을 촉진하기 위해 관련 제도를 정비하고 여러 가지 지원을 강화하고 있음에도 창업이 획기적으로 증가하지는 않고 있다. 창업의 수요는 있으나 공급이 부족한 형편인 것이다. 그 이유는 창업을 가로막는 여건이 실질적으로 개선되지 않은 데 있다. 여전히 새로운 기업가가 창업을 위한 자금을 모으고 과도한 규제에 대응하는 것이 만만치 않은 것이다.

그런데 가만히 생각해보면 사실 더 큰 문제는 젊은이들이 창업을 어떻게 해야 하는지 잘 모른다는 것이다. 고등학교나 대학교에서 창업에 대해 제대로 가르치지 않기 때문에 젊은이들은 창업에 대한 꿈을 키우고 창업의 기본기를 배울 수 있는 기회를 갖지 못한다. 물론 창업을 교육하는 이런저런 프로그램들이 있지만, 과학이며 예술이고 또한 기술이기도 한 창업의 이론과 실무를 종합적으로 교육하는 과정은 부재하다. 시중에 나와 있는 창업 관련 문헌들도 대부분 창업의 이론이나 실무 중 한쪽만을 강조하고 있어 아쉬움이 있다.

창업을 기획하면서 어떻게 실행할 것인가를 고민하는 예비 기업가들을 돕기 위한 목적으로 시작된 이 책은 총 4부로 구성되어 있다. 제1부에서는 가치, 고객, 경쟁자, 지속가능 등 사업의 기본을 정리한다. 제2부와 3부에서는 창업을 위해 내부 프로세스를 설계하는 방안과 재무ㆍ회계관리의 개념을 체계적으로 제시한다. 그리고 제4부에서는 기업가가 창업을 실행하면서 직면하는 문제들에 대한 실천적인 해법을 구체적으로 제시한다.

세 명의 저자들은 전공은 다르지만 서울대학교에서 83학번으로 함께 공부했고, 비슷한 시기에 ㈜유공(현재의 SK주식회사/SK이노베이션)에서 직장생활을 시작했으며, IT 분야 전문가로서 주로 신규사업을 담당했다는 공통점을 갖고 있다. 또한 직장생활을 하던 중간에 미국에서 대학원 과정을 이수했고, 여러 직장을 거쳤으며, 지금은 현업을 떠나 학교에서 후학을 양성하고 있다는 점에서 닮은꼴이다. 부디 우리 세 사람의 일천한 경험과 지식이 담긴 이 책을 통해 창업을 기획하는 예비 기업가들이 창업의 전모를 일목요연하게 파악할 수 있기를 바란다.

여기까지 오도록 사랑과 믿음으로 이끌어준 우리의 스승들과 가족들에게 이 책을 바친다. 그리고 우리 세 사람에게 가르칠 기회를 준 훌륭한 제자들에게도 감사를 표한다. 마지막으로, 언젠가는 직접 창업을 할 것을 꿈꾸며 앞으로도 열심히 공부하고 가르칠 것을 다짐한다.

2014년 8월

김성철 · 이치형 · 주형철

나남신서 1770

창업기획

창업, 어떻게 실행할 것인가?

차례

PART I

어떤 사업인가?

제1장
· · ·
어떤 가치를
제안할 것인가?

│

기업은 고객이 원하는 가치를 제공하고 그에 대한 대가를 받는 경제주체이다. 기업으로서 생존하고 발전하기 위해서는 그 기업만이 제공할 수 있는 가치가 있고, 그 가치를 고객이 인정해야 한다.

따라서 기업이 어떤 가치를 제공하며 그 가치가 아직까지 충족되지 않은 고객의 욕구를 만족시킬 수 있는가를 점검하는 것은 사업을 시작할 때 제일 먼저 해야 할 일이다.

이 문제는 곧 그 기업의 업(業)이 무엇인가를 정의하는 것이다.

기업이 사업을 영위한다는 것은 제품이건, 아니면 서비스이건 특정 상품을 만들거나 조달해서 고객에게 팔고 매출을 올려서 이익을 실현하는 것을 의미한다. 고객이 특정 상품을 사는 것은 곧 일정한 금액을 지불하는 것인데, 만약 그 상품이 제공하는 가치가 없다면 거래는 성립할 수 없다. 즉, 모든 기업은 상품을 통해 고객이 원하는 가치를 제공하고 그에 대한 대가를 받게 된다. 따라서 사업을 해서 돈을 벌겠다는 기업가가 제일 먼저 해야 할 고민은 고객으로부터 대가를 받기 위해 나는 어떤 가치를 제공할 것인가 하는 점이다.

통상적으로 사업적인 의미에서 가치(價值, *value*)란 우리의 일상생활에서 욕구를 충족하는 것을 말한다. 욕구를 충족할 수 있다는 의미에서 모든 상품은 가치를 제공한다고 할 수 있다. 가치가 욕구의 충족으로 정의될 수 있다면, 가치는 구체적으로 무엇을 말하는가? 이 질문에 답을 하려면 먼저 고객, 곧 소비자가 가진 욕구가 무엇인지를 알아야 한다.

그렇다면 욕구란 무엇인가? 욕구란 무엇을 얻거나 무슨 일을 하고자 바라는 일로 정의되는데, 욕구를 가졌을 때는 이를 얻고자 하는 긴장 상태가 생기며, 욕구가 충족되면 긴장은 해소된다. 인간의 기본적인 욕구에는 식욕, 수면욕, 성욕 등이 있는데, 매슬로의 욕구단계설에 따르면 인간의 욕구는 생리적 욕구, 안전 욕구, 애정·소속 욕구, 존경 욕구, 자아실현 욕구 등 그 중요도별로 위계를 이룬다.1 우선 생리적 욕구는 허기를 면하고 생명을 유지하려는 기본적인 욕구로서 의·식·

주를 향한 욕구에서 성욕까지를 포함한다. 안전 욕구는 생리 욕구가 충족되면 나타나는 욕구로서 위험, 위협, 박탈에서 자신을 보호하고 불안을 회피하려는 욕구이다. 애정·소속 욕구는 가족, 친구, 친척 등과 친교를 맺고 원하는 집단에 귀속되고 싶어 하는 욕구이며, 존경 욕구는 어느 집단의 단순한 구성원 이상이 되고 싶은 욕구이다. 마지막으로 자아실현 욕구는 자기발전을 위해 자신의 잠재력을 최대한 발휘하려는 욕구이다.

이와 같이 인간의 욕구가 생리적 욕구, 안전 욕구, 애정·소속 욕구, 존경 욕구, 자아실현 욕구로 구분된다면 기업의 상품은 최소한 이 욕구 중 하나 이상을 충족해야 소비자의 선택을 받을 수 있다. 이 경우 기업이 상품을 통해 제공하는 가치는 생리적 욕구의 충족, 안전 욕구의 충족, 애정·소속 욕구의 충족, 존경 욕구의 충족 그리고 자아실현 욕구의 충족이 된다.

인터넷 서비스를 예로 들면, 인터넷 이용자들이 네이버나 구글 등의 인터넷 서비스를 이용하는 목적은 대개 정보를 얻거나 다른 사람들과 상호작용을 하는 것이다. 그런데 사람들은 한편으로는 오락이나 재미를 위해서, 때로는 시간을 때우기 위해서 인터넷을 이용하기도 한다. 따라서 인터넷 서비스 기업들은 정보추구 욕구, 사회적 상호작용 욕구,

---

1 매슬로의 욕구단계설(Maslow's hierarchy of needs)은 인간의 욕구가 그 중요도별로 일련의 단계를 형성한다는 동기이론의 일종이다. 하나의 욕구가 충족되면 위계상 다음 단계에 있는 다른 욕구가 나타나서 그 충족을 요구하는 식으로 체계를 이룬다. 가장 먼저 요구되는 욕구는 다음 단계에서 달성하려는 욕구보다 강하고, 그 욕구가 만족되었을 때만 다음 단계의 욕구로 전이된다(위키백과).

오락추구 욕구, 시간 보내기 욕구 등을 충족하는 가치를 제공하기 위해 노력하며, 이러한 가치는 그들이 제공하는 상품에 담기게 된다. 즉, 네이버가 정보추구 욕구를 충족하는 검색 서비스를 제공하고, 싸이월드가 사회적 상호작용 욕구를 충족하는 소셜미디어 서비스를 제공하며, 넥슨이 오락추구 욕구나 시간 보내기 욕구를 충족하는 온라인 게임 서비스를 제공하는 것은 특정 욕구의 충족이라는 가치를 제공하는 것으로 이해할 수 있다.

최근에 스마트폰과 광대역 LTE 네트워크가 보급되면서 언제, 어디서나, 누구와도 통신을 하고 다양한 일을 할 수 있는 모바일 미디어 시대가 열리고 있다. 스마트폰 기반의 수많은 앱들이 등장하고 모바일 인터넷을 기반으로 한 새로운 서비스들이 출시되는 것은 모바일 미디어가 기존의 미디어와 차별되는 가치를 제공하기 때문이다.

그렇다면 모바일 미디어가 제공하는 가치는 무엇일까? 첫째, 모바일 미디어는 편재성(*ubiquity*)이라는 가치를 제공한다. 즉, 기존의 미디어가 가졌던 장소의 제약을 벗어나고 싶다는 욕구를 충족하는 것이다. 둘째, 편리함(*convenience*)이라는 가치를 제공한다. 시간과 장소의 제약을 벗어나서 편리하게 미디어를 이용하고 싶다는 욕구를 보다 잘 충족하는 것이다. 셋째, 개인화(*personalization*)라는 가치를 제공한다. 기존의 미디어는 다른 사람과 공유하는 매스 미디어였지만 모바일 미디어는 개인적인 미디어로서 나만의 맞춤형 미디어를 향유하고 싶다는 사람들의 욕구를 충족한다. 넷째, 모바일 미디어는 위치기반(*localization*)이라는 가치를 제공한다. 이용자의 정확한 위치를 기반으로 상황에 맞는 서비스를 제공함으로써 보다 스마트한 서비스를 즐기고 싶다는 욕구를 해결해준다. 따라서 모바일 미디어 관련 사업을 시작하고 싶은 사업가는 편재성, 편리함, 개인화, 위치기반이라는 모바일 미디어의 가치 중에서 어떤 가치를 어떻게 구체적으로 구현할 것인가를 우선적으로 고민해야 한다.

■■■ 아직까지 충족되지 않은 욕구를 충족하는가?

새로운 기업가가 새로운 사업을 시작하면서 새로운 상품을 기획한다면 당연히 어떤 가치를 제공할 것인가, 즉 고객의 어떤 욕구를 충족할 것인가를 고민해야 한다. 그런데 여기에서 중요한 것은 새로운 기업가가 주목해야 하는 욕구는 기존의 시장에서 아직 충족되지 않은 욕구이어야 한다는 점이다.

　예를 들어, 새로운 기업가가 사람들의 사회적 상호작용 욕구에 주목하여 이를 충족할 수 있는 새로운 소셜미디어 서비스를 준비한다면 이미 시장에 이러한 욕구를 충족하는 기존의 서비스 기업들이 자리를 잡고 있기 때문에 성공하기 쉽지 않을 것이다. 반면에 프리챌이 온라인 커뮤니티 서비스를 출시했을 때는 온라인에서 모임을 갖고자 하는 욕구를 충족하는 서비스가 존재하지 않았고, 싸이월드가 등장했을 때에도 온라인에서 친구를 맺고자 하는 욕구를 충족하는 서비스는 없었다. 결국 프리챌이나 싸이월드는 그때까지 충족되지 않은 욕구(unmet needs)를 충족하는 가치를 제공했기에 성공적인 벤처기업으로 자리를 잡았다고 볼 수 있다.

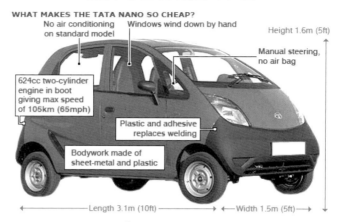

〈그림 1-1〉 초저가 자동차 타타 나노

자료 : www.bbc.co.uk

　　충족되지 않은 욕구를 충족하는 가치를 제공해서 성공한 대표적인
사례로는 타타자동차가 제조한 타타 나노(Tata Nano)를 꼽을 수 있다.
타타자동차 회장 라탄 타타(Ratan Tata)는 인도에서 스쿠터 한 대에 대
여섯 명의 가족이 타고 가는 모습을 보면서 스쿠터 가격인 10만 루피
(2,100달러)에 판매할 수 있는 초저가 자동차를 설계하여 만들게 되었
다. 〈그림 1-1〉에서 볼 수 있듯이 타타 나노는 길이가 3.1미터, 폭이
1.5미터, 높이가 1.6미터, 엔진 배기량은 624cc에 불과하지만 4인용 4
도어로 설계되어 있다. 다만 가격을 낮추기 위해 에어컨이나 에어백이
없고, 수동 변속장치와 수동 창문작동을 기본으로 한다. 자동차를 소
유하는 것은 저소득층 가구에게는 충족되지 않은 욕구였는데, 타타자
동차는 가장 낮은 가격의 자동차를 만들어 판매함으로써 이 욕구를 충
족할 수 있었고, 결과적으로 큰 성공을 거두었다.

미국의 대표적인 온라인 비디오 스트리밍 서비스 기업인 네트플릭스(Netflix) 역시 충족되지 않은 욕구에 주목하여 그 해법을 제시함으로써 사업적인 성공을 거둔 사례이다. 네트플릭스가 등장하기 전 미국의 가정에서 영화를 즐기려면 공중파 TV 채널, 케이블 TV 영화채널 또는 PPV(Pay-per-view)를 통해 방송되는 영화를 시청하거나, 블록버스터(Blockbuster)나 할리우드 비디오(Hollywood Video) 등의 대여점에서 비디오나 DVD를 빌리는 것이 보편적인 방법이었다. 비디오나 DVD를 빌릴 경우, 자신이 원하는 시간에 자유롭게 영화를 볼 수 있다는 장점이 있는 반면에 비디오나 DVD를 빌리고 반납하기 위해 오프라인 가게에 직접 가야 한다는 부담이 있었다. 더욱 문제가 된 것은 반납기일을 지키지 못할 경우 부담하는 연체료가 상당하다는 점이었다. 즉, 비디오나 DVD를 빌리러 갈 때는 영화를 보고 싶은 마음에 기꺼이 가게 되지만, 영화를 다 본 후에는 귀찮거나 잊어버려서 반납이 지체되는 경우가 종종 발생하였다. 이때 고객이 부담하는 연체료가 비디오 대여점의 주요 수익원이 되었지만, 고객들은 연체료에 대해 상당한 불만을 가졌다.

네트플릭스는 연체료를 없애는 것이 고객의 욕구이자 신규사업자가 제공해야 하는 가치임을 깨닫고 연체료가 없는 비즈니스 모델을 개발하였다. 즉, 네트플릭스는 매월 일정 금액의 가입비를 내는 서비스 회원이 온라인에서 보고 싶은 DVD를 찾아서 주문하면 이를 우편으로 집까지 배달하고 우편으로 반납받는 상품을 개발함으로써 연체료를 없애는 데 성공하였다. 〈그림 1-2〉를 보면 네트플릭스가 광고에서 강조하는 점들 중 하나가 "연체료 부담이 없다"(No Late Fees)는 것임을 알 수 있다. 결과적으로 네트플릭스는 20여 년간 비디오 대여시장에서 1위를

〈그림 1-2〉 네트플릭스 초기 광고문안

자료: www.mrdvdrental.com

유지하던 블록버스터를 꺾고 DVD 대여시장의 최강자가 되었고, 최근
에는 온라인 비디오 스트리밍 서비스로 전환하여 OTT(Over-the-top)
서비스 시장의 선두주자로 자리를 잡았다.

애플(Apple)의 아이폰(iPhone) 역시 충족되지 않은 욕구를 충족하는
가치를 제공한 사례로 볼 수 있다. 아이폰이 세상에 나오기 전에는 스
마트폰은 주로 기능으로 승부를 했다. 첨단 기술이 적용된 최신 기능을
강조하는 것이 스마트폰 마케팅의 대세였고, 노키아(Nokia)나 삼성전
자 등 기존의 스마트폰 제조업체들은 대부분 기능적인 측면에서 고객의
욕구를 충족하려는 노력을 기울였다. 그러나 애플이 만든 아이폰은 기
능도 나름대로 훌륭했지만 디자인과 사용자 인터페이스에서 기존 제품
과는 차별되는 혁신적인 경험을 제공했다. 결과적으로 아이폰 사용자
들은 즐거움이라는 새로운 가치를 향유하게 되었고, 아이폰에 대한 고
객들의 반응은 거의 종교적인 수준으로까지 이어졌다.

〈그림 1-3〉 아이폰은 종교?

i don't need
Religion.
i've got an
iphone.

hvgh

자료 : humancapitalleague.com

〈그림 1-3〉을 보면 아이폰을 가졌기에 종교가 필요 없다는 재미있는 문구가 나오기도 한 것을 알 수 있다. 결국 스마트폰에 대한 기능적인 욕구가 아닌 정서적인 욕구를 충족한 것이 아이폰의 주요 성공요인이라고 볼 수 있을 것이다.

■■■ '가치 > 가격 > 원가' 공식이 성립하는가?

새로운 사업을 시작하기 위해 새로운 상품을 만들려면 원가가 발생한다. 즉, 제조원가를 비롯해서 개발비용, 영업비용, 광고비용 등 다양한 비용을 감수해야 한다. 그런데 만약 상품가격이 경쟁 등의 이유로 원가 이하로 책정된다면 이 사업은 적자를 볼 수밖에 없고, 적자가 해소되지 않는다면 사업은 손해를 보고 망하게 된다. 따라서 상품가격을 원가 이상으로 책정하는 것은 사업의 기본이라고 할 수 있다. 이때 가격은 단순히 원가 이상으로 책정하는 것이 아니라 원가에 일정한 이익을 더한 수준으로 설정해야 한다. 결국 '가격>원가'의 공식이 성립해야 사업을 제대로 영위할 수 있다.

1999년에 창업하여 2000년대 초반에 온라인 커뮤니티 서비스의 원조로 불렸던 프리챌은 기본적으로 무료 서비스를 제공했다. 프리챌은 이러한 무료 서비스를 기반으로 온라인 커뮤니티 붐을 일으키는 데 성공해서 1천만 명 이상의 가입자와 100만 개가 넘는 온라인 커뮤니티를 보유하게 되었다. 그러나 가입자와 온라인 커뮤니티가 증가하면서 서버 투자비 등 비용이 급증하는 문제에 봉착하게 되었다. 결국 제공하는 서비스의 가격은 사실상 제로인데 원가는 높은 사업구조를 탈피하고 '가격>원가'의 공식을 적용하기 위해 프리챌은 2002년 11월 전격적으로 유료화를 실시했고, 이 유료화가 실패하면서 사업도 실패의 길을 걷게 되었다.

한편 가격은 시장에서 상품을 구매하기 위해 소비자가 실제로 지불하는 금액이다. 가격이 원가를 상회하는 것이 당연하지만, 더 중요한 것은 상품이 제공하는 가치가 가격을 상회하는 것이다. 만약에 상품이 제공하는 가치가 가격보다 작다면 소비자는 이 상품을 구매하지 않을 것이다. 그리고 지불한 금액과 동일한 크기의 가치를 얻게 된다면 소비자의 만족도는 그다지 크지 않을 것이다. 결국 실제로 지불하는 가격에 비해 획득하는 상품의 가치가 클 경우에 소비자는 만족하게 되고, 이 거래는 반복되거나 다른 소비자로 확대될 가능성이 커진다. 다른 각도에서 보면, 상품의 가치는 그 상품에 대해 소비자가 지불할 의사가 있는 금액이라고 할 수 있다. 즉, 소비자가 가진 지불의사에 비해 낮은 가격으로 상품을 구매할 때 소비자의 후생은 증가하는 것이다. 따라서 '가치>가격'의 공식도 성립해야 사업을 제대로 영위할 수 있다.

프리챌의 예를 다시 들면, 프리챌의 유료화가 실패한 이유는 그들의 기대와는 달리 유료화에 대한 사용자들의 반발이 심했고, 이러한 반발은 이탈로 이어졌기 때문이다. 서비스가 무료일 때는 기꺼이 이용했지만, 유료화 이후에도 요금을 부담하면서까지 프리챌 서비스를 이용하고 싶지는 않다는 것이 대부분 사용자들의 생각이었다. 즉, 프리챌은 월 3천 원 정도의 커뮤니티 이용요금을 부과하기로 결정했지만, 프리챌의 온라인 커뮤니티 서비스는 사용자들이 지불하는 가격 이상의 가치를 제공하지 못하는 것으로 평가를 받았고, 결과적으로 유료화는 처참하게 실패한 것이다.

정리해보면, 새로운 상품이 기존의 상품이 충족하지 못한 고객의 욕구를 충족하는 가치를 제공한다고 해도 '가치>가격>원가' 공식이 성립하지 않는다면 그 상품은 성공할 수 없고, 그 상품에 기반을 둔 사업도 지속될 수 없다.

이리듐(Iridium) 사업도 이 공식이 성립하지 않은 대표적인 사례라고 할 수 있다. 미국의 모토로라(Motorola)는 1990년대에 66기의 저궤도 위성을 발사하여 세계를 단일 통신권으로 묶는 야심적인 프로젝트인 이리듐을 추진했으나, 서비스 가격이 높음에도 불구하고 원가를 보전하지 못했다. 더 나아가 셀룰러 이동통신의 글로벌 로밍이 시작되면서 소비자들이 평가하는 이리듐의 가치가 가격에 비해 낮게 평가되어 이리듐은 파산신청을 하고 서비스를 중단하게 되었다.

〈그림 1-4〉 아이폰 5S 최초 구매자

자료: www.latimes.com

　'가치＞가격＞원가' 공식을 가장 성공적으로 적용한 사례로는 애플의 아이폰을 다시 언급할 수 있다. 2013년 9월 아이폰 5S가 출시되었을 때, 수천 명의 아이폰 팬들은 새로운 아이폰을 다른 사람보다 먼저 사기 위해 애플스토어 앞에서 줄을 서 밤을 새웠다. 이러한 장면은 애플이 신제품을 발표할 때마다 벌어지는 익숙한 광경이다. 애플의 아이폰은 제조원가에 비해 당연히 가격이 높으며 높은 이익률을 자랑한다. 가격이 높아도 문제가 되지 않는 이유는 구매자들이 아이폰을 통해 얻는 가치가 가격에 비해 상당히 높기 때문이다. 〈그림 1-4〉는 아이폰 5S를 제일 먼저 구매하기 위해 4박 5일간 줄을 서 기다린 프란시스코 나란조 (Fransisco Naranjo)라는 미국 청년의 모습을 보여준다.

■■■ 결국 나의 '업'이 무엇인가?

기업이 어떤 가치를 제공하며, 그 가치가 아직까지 충족되지 않은 고객의 욕구를 만족시킬 수 있는가를 점검하는 것은 사업을 시작할 때 제일 먼저 해야 할 일이다. 그리고 사업을 성공시키려면 '가치 > 가격 > 원가' 공식을 제대로 적용할 수 있는가를 점검해야 한다. 결국 이러한 점검과정은 곧 그 기업의 '업'(業)이 무엇인가를 근본적으로 정의하는 과정이라고 할 수 있다.

예를 들어 설명해보자. 〈그림 1-5〉는 필자가 중국 상하이 근처의 명소 주가각(朱家角)을 방문했을 때 거리에서 발견한 두 찻집의 모습을 찍은 것이다. 왼쪽의 찻집은 차를 파는 곳이라는 것을 알려주기 위해 '茶'라는 한자를 문에 붙여놓았다. 찻집의 업을 차라는 상품을 파는 것으로 한정한 것이다. 반면에 오른쪽의 찻집은 이 가게에서 기본적으로 제공하는 차나 음식뿐만 아니라 음악, 불, 와이파이, 햇빛, 그리고 미소까지 로고로 만들어서 문에 붙여놓았다. 결국 이 찻집은 자신의 업을

〈그림 1-5〉 주가각의 두 찻집

단순히 차라는 상품만을 파는 것이 아니라, 잠시 편안하게 쉬고 싶다는 사람들의 욕구를 충족하는 것으로 정의한 셈이다. 그렇다면 이 두 찻집 중 어느 쪽이 손님을 더 많이 끌 수 있을까? 답은 뻔할 것이다. 실제로 필자가 관찰한 바에 따르면 오른쪽 찻집에 손님이 더 많았다.

미국 뉴욕 맨해튼의 스타벅스도 비슷한 사례이다. 새로운 커피전문점이 늘어나면서 미국에서 스타벅스의 입지는 점점 위축되고 있다. 그런데 유독 맨해튼에는 스타벅스가 190개 이상 성업 중이며, 거의 모든 주요 건물의 1층에는 스타벅스가 입주해 있다. 그 이유는 맨해튼의 스타벅스가 화장실을 무료로 개방하기 때문이다. 공중화장실을 찾기 어려운 맨해튼에서 사람들은 커피를 마시기 위해서도 스타벅스를 찾지만, 화장실에 가고 싶을 때는 자연스럽게 스타벅스를 방문하게 된다. 이 때문에 스타벅스는 '맨해튼의 화장실'(Toilet of Manhattan)이라는 별명을 얻기도 했다. 맨해튼의 스타벅스는 자신의 업을 커피만을 제공하는 것이 아니라 사람들의 기본적인 욕구를 해결해주는 것으로 정의함으로써 단순한 커피전문점을 넘어 도심 속의 쉼터로 자리 잡은 것이다.

커피전문점 사례를 하나 더 들자면, 고려대 후문 앞에 있는 커피전문점 빈트리이백이십오에 가면 "커피를 팔지 않고 우리 삶의 가치와 땀과 사랑을 판매한다"는 선언문을 볼 수 있다. 〈그림 1-6〉 역시 필자가 직접 찍은 사진이다. 빈트리이백이십오가 생각하는 자신의 업은 결코 커피를 파는 것이 아니다. 자신이 추구하는 가치와 땀과 사랑을 커피를 통해 파는 것을 업으로 생각한다. 기업이 자신의 업을 어떻게 생각하는가에 따라 보통의 커피전문점이 될 수도, 가치를 파는 곳이 될 수도 있는 것이다.

〈그림 1-6〉 빈트리이백이십오의 업

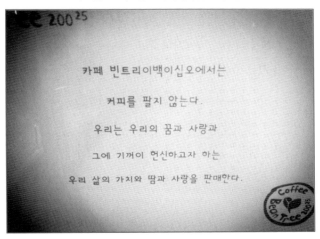

카페 빈트리이백이십오에서는

커피를 팔지 않는다.

우리는 우리의 꿈과 사랑과

그에 기꺼이 헌신하고자 하는

우리 삶의 가치와 땀과 사랑을 판매한다.

프리챌의 예를 다시 들어보자. 프리챌은 온라인 커뮤니티 서비스를 제공함으로써 인터넷 사용자와 인터넷 광고주를 만족시키는 것으로 자신의 업을 정의했다. 그런데 광고수익이 원가를 보전할 만큼 충분하게 성장하지 않자 인터넷 사용자에게 직접적으로 이용 대가를 받는 유료화를 전격적으로 시행했다. 그렇다면 과연 좋은 인터넷 서비스를 만들어서 파는 것이 인터넷 기반 미디어기업의 업인가? 그렇지는 않다.

미디어기업은 기본적으로 사용자와 광고주를 엮어주는 양면시장 (Two-sided market) 비즈니스 모델을 근간으로 한다. 2 양면시장 비즈니

---

2 한쪽(subsidy side)에서는 무료로 서비스를 제공하면서 다른 한쪽(money side)에서는 수익을 창출하는 사업 형태를 양면시장 비즈니스 모델이라고 한다. 즉, 양면시장이란 한 기업이 제공하는 플랫폼에서 두 개의 서로 다른 이용자 그룹이 상호작용을 하면서 가치를 창출한다는 의미이다.

스 모델은 신용카드, 교육, 환경, 전화, PC 운영체제 등 다양한 시장에서 찾아볼 수 있는데, 특히 신문, 방송, 인터넷 포털 등 미디어 산업에서 주로 찾아볼 수 있다. 인쇄 미디어 시장에서는 신문이나 잡지사가 플랫폼 제공자인 동시에 콘텐츠 공급자로서 역할을 하면서 독자와 광고주 모두로부터 수수료를 받는 구조이지만, 지면광고의 비중이 높다. 방송 미디어 시장에서는 콘텐츠 제작(또는 제작의 일부)을 외주제작사에 맡김으로써 콘텐츠 공급과 플랫폼 제공의 분화가 일어나기도 하지만 그 본질은 시청자의 주의(attention)와 광고주의 광고비를 방송 플랫폼이 연결하는 것이다. 예를 들어 지상파 TV 방송사는 콘텐츠를 무료로 제공하는 대신에 시청률을 근거로 광고주로부터 광고비를 받는다. 우리나라의 경우 지상파 TV 광고는 통상 프로그램 앞뒤에 붙는데, 최근에는 제작비를 환수하는 방법으로 프로그램에 상품을 간접적으로 노출하는 간접광고(PPL: Product Placement)도 흔하게 사용된다.

한편 인터넷 미디어 시장에서는 대개 외부 콘텐츠와 내부 커뮤니티 등을 활용하여 접속자를 확대해서 이를 기반으로 광고주로부터의 광고수입을 기대하는 구조를 갖는다. 예를 들어 네이버나 구글 같은 인터넷 포털 기업들은 이용자에게 무료로 인터넷 서비스를 제공하면서 단순하게 광고를 노출하는 디스플레이형 광고나 검색을 통해 광고주가 원하는 사이트로 이동하는 검색광고를 통해 수익을 달성한다.

신문, 방송, 인터넷 포털 등 미디어 기업들처럼 프리챌의 주 수익모델은 일반이용자와 광고주를 엮어주는 양면시장 비즈니스 모델이었고, 따라서 프리챌의 업은 다양한 이해관계자를 엮어주는 '네트워킹'이라고 할 수 있다. 만약에 프리챌이 자신의 업을 네트워킹으로 정의했다면 설

부른 유료화를 단행하지 않고 가입자와 커뮤니티를 바탕으로 새로운 가치를 만들어내는 데 집중할 수 있었을 것이다.

미국의 〈앨투나 미러〉(*The Altoona Mirror*)라는 지역신문은 신뢰할 만한 동반자라는 이미지를 통해 지역사회 모임의 장(*community gathering spot*) 역할을 담당함으로써 지역축제, 장터, 교육 등 여러 이벤트 마케팅의 주최가 되는 방식으로 가치를 창출하고 있다. 전 세계적으로 신문산업이 사양산업으로 간주되고 있지만, 이 신문은 자신들의 사업의 본질은 신문이라는 제품을 파는 것이 아니라 독자라는 제품을 만드는 것임을 잘 인식하여 성공을 거두고 있는 것이다.

모바일 메신저의 대표주자로서 '카톡한다'는 용어를 만들어낸 카카오의 경우에도 사업 초기에 '모바일 메신저를 만드는 것'으로 정의한 자신의 업을 '사용자(전화번호)와 모바일 콘텐츠 등을 엮는 것'으로 바꿈으로써 단순한 콘텐츠 기업을 넘어 강력한 콘텐츠 플랫폼으로 진화할 수 있었던 것으로 판단된다.

선생의 업이 단순히 지식을 전수하는 것이라면 학생들의 미래는 그다지 밝지 않다. 반면에 선생이 자신의 업을 지식을 전수하는 것을 넘어 학생들에게 영감을 주는 것으로 정의한다면 이 선생은 학생들의 미래를 바꿀 수 있다. 마찬가지로 새로운 사업을 시작하는 기업가가 자신의 업을 어떻게 정의하는가에 따라 사업의 성패는 달라진다. 따라서 기업가는 단순히 상품을 파는 데 그치지 않고 기존에 충족되지 않은 욕구를 충족하는 가치, 그리고 원가와 가격 이상의 가치를 제공하는 것을 업으로 생각해야 한다. 다시 말해 나의 업이 무엇인가를 구체적으로 정의하는 것이 사업의 시작이어야 한다.

시티즌사이드가 제공하는 가치

시티즌사이드(www. citizenside. com)는 프랑스 기반의 시민 저널리즘 서비스이다. 즉, 이 회사는 사용자제작 콘텐츠(UGC: User-generated content) 중에서 주로 사진과 동영상을 시민들로부터 제공받아 언론사에 판매하는 서비스 사업자이다. 시티즌사이드의 전신은 2006년 세 명의 동업자에 의해 설립된 스쿠프라이브(www. scooplive. com)이다. 개설 1년 만에 경쟁자들을 제치고 세계 최대의 시민 저널리즘 에이전시로 성장한 스쿠프라이브는 성장을 계속해서 세계 5대 통신사 중 하나이자 프랑스 유일의 통신사인 AFP 등 여러 언론사로부터 출자를 받음과 동시에 시티즌사이드로 개명했다. 이 회사는 7천여 명의 활동적인 회원을 포함한 3만 5천여 명의 회원들로부터 하루에 600여 개의 사진을 제공받아 전 세계 7천여 개의 언론사에 판매하는 규모로 성장하였다.

시티즌사이드는 직접 운영하는 www. citizenside. com이라는 웹사이트를 통해 UGC를 수집한다. 누구든지 간단한 절차를 통하여 시티즌사이드의 회원으로 가입하면 직접 촬영한 사진이나 동영상을 업로드 할 수 있다. 사진, 동영상을 업로드 할 때는 직접 제목과 설명, 촬영한 장소와 함께 관련 키워드를 태그로 입력하도록 되어 있다. 업로드 된 사진과 동영상은 시티즌사이드 편집위원회(*editorial committee*)의 검토를 거쳐 특종 여부에 따라 다르게 취급된다. 특종일 경우에는 시티즌사이드가 3개월의 독점 판매 대행권을 갖고 주요 언론사와의 협상을 통하여 판매하고, 특종이 아닐 경우에는 홈페이지에 주제별로 공개하여 전 세

〈그림 1-7〉 시티즌사이드 홈페이지

계 언론사가 정찰가로 구매할 수 있도록 한다.

또한 시티즌사이드는 직접 개발한 UGC 커뮤니티 플랫폼을 언론사에 판매한다. 언론사는 시티즌사이드의 플랫폼을 자신의 웹페이지에 적용하거나 별개의 UGC 커뮤니티 페이지를 구성하여 시민들이 UGC를 제공할 수 있는 플랫폼을 제공한다. 2008년 9월 출시된 '리포터 킷' (*reporter kit*)이라 불리는 이 플랫폼은 시민들이 언론사의 웹사이트에 직접 사진이나 동영상 콘텐츠를 올릴 수 있는 방법을 제공하며 언론사가 손쉽게 해당 UGC의 진위 등을 판명할 수 있도록 돕는다. 언론사는 리포터 킷을 통해 업로드 된 UGC를 구매하여 뉴스에 직접 사용한다.

시티즌사이드는 보유하고 있는 회원정보를 이용하여 특종 기사가 일어난 지역의 회원을 접촉해 중요한 UGC가 존재하는지 여부를 확인하고, UGC가 있을 경우 그것을 확보한다. 최근에는 모바일 애플리케이션을 출시해 시티즌사이드를 이용할 수 있는 방법을 확장하였다.

시티즌사이드 이전에도 UGC 포토저널리즘을 표방하는 서비스들이 있었으나 큰 성공을 거두지는 못하였다. 시티즌사이드만의 차별점은 UGC의 진위나 조작 여부를 판가름하는 메커니즘이다. 사용자가 UGC를 등록하면 시티즌사이드는 UGC가 촬영된 카메라 모델이나 해상도, 촬영 날짜 등을 인식할 수 있으며, 자동으로 조작 여부를 판명한다. 또한 사용자의 IP 주소를 사용해 UGC가 어느 지역에서 등록되었는지를 인지한다. 자동화된 시스템과 더불어, 중요한 사건에 대한 UGC일 경우 시티즌사이드는 전화나 이메일로 직접 사용자와 접촉해 UGC에 대하여 확인한다. 이것은 시티즌사이드가 언론사에 제공하는 UGC를 더 가치 있게 만든다. 시티즌사이드는 UGC 검증을 시스템화하여 그 절차를 더 쉽고 빠르게 함으로써 UGC가 다른 전문적인 정보와 마찬가지로 취급될 수 있도록 했고, UGC를 거래가 가능한 양질의 콘텐츠로 바꾸어 놓았다.

시티즌사이드는 사용자에게는 UGC 판매를 통한 수익을 제공하고, 언론사에게는 유용한 콘텐츠를 공급하며, 시티즌사이드 자체적으로는 사업적인 수익을 실현했다. 또한 사용자에게 지속적으로 양질의 UGC를 생산하고 제공할 수 있는 동기를 부여하고 언론사에게는 그 양질의 콘텐츠를 지속적으로 구매하도록 유도함으로써 사업이 지속될 수 있는 선순환 구조를 만들어냈다.

토론을 위한 질문

1. 시티즌사이드가 제공하는 가치는 무엇인가?

2. 시티즌사이드는 기존에 충족되지 않은 욕구를 충족했는가?

3. 시티즌사이드는 '가치 > 가격 > 원가' 공식을 성공적으로 적용했는가?

4. 결국 시티즌사이드의 '업'이 무엇인가?

제2장

· · ·

누가
나의 고객인가?

기업이 제공하는 가치를 정의할 때 제일 고민되는 부분은 고객을 정의하는 것이다. 결국 누구를 대상으로 기업의 가치를 제공할 것인가를 결정하는 것은 사업의 기초적인 의사결정이라고 할 수 있다. 즉, 잠재고객을 세분화하고 그중에 목표시장을 정하며 그 목표시장이 가진 수요, 필요, 그리고 욕구를 파악하는 것은 기업이 제공하는 가치가 통할 수 있는 대상을 찾는 기본적인 과정이다.

고객은 지역에 따라 국내 시장, 글로벌 시장으로 구분되기도 하며, 개인 소비자 시장과 기업 시장으로 나눌 수도 있다. 또한 미디어 등 양면 시장의 성격을 갖는 업종에서는 고객이 사용자와 광고주 등 복수가 되기도 한다. 만약 매각을 통한 사업철수를 생각한다면 고객이 내 기업을 인수할 수 있는 잠재기업일 수도 있다. 이 경우에는 처음부터 팔 것을 가정하고 팔릴 만한 기업을 창업하는 것이 필요하다.

기업은 고객이 원하는 가치를 제공하고 그에 대한 대가를 받아 돈을 번다. 여기에서 고민해야 할 또 하나의 중요한 문제는 누구를 대상으로 가치를 제공하고 대가를 받을 것인가 하는 점이다. 다시 말해 어떤 가치를 제안할 것인가도 중요하지만, 누구를 대상으로 가치를 제안할 것인가 역시 매우 중요하다. 결국 '누가 나의 고객인가'라는 문제를 결정하는 것이 사업의 성패를 결정짓는다.

그런데 기업이 수익을 극대화하고 기업가치를 제고하기 위해서는 잠재고객 모두를 내 고객으로 만드는 것이 바람직하다. 중국이 새로운 수출시장으로 부상했을 때 우스갯소리로 중국 인구 13억 명에게 하나씩만 물건을 팔아도 큰돈을 벌 수 있다고 말하는 사람들이 많았다. 그러나 실제로 그렇게 하는 것은 거의 불가능하다.

국민가수라는 칭호가 있다. 수많은 불후의 명곡들로 한 시대를 풍미하고 남녀노소를 불문하고 모든 국민에게 사랑을 받는 존재가 된 최고의 가수에게만 적용되는 영예로운 호칭이다. 아마 가왕 조용필이나 김건모 등이 국민가수 범주에 포함될 수 있을 것이다. 그러나 대부분의 가수들은 국민가수라는 칭호를 받지 못한다. 통상적으로 특정 팬들로부터만 지지를 받기 때문이다. 예를 들어 젊은이들은 아이돌이나 걸그룹을 선호하지만 기성세대는 이들에게 그다지 큰 관심을 보이지 않는다. 기성세대가 좋아하는 트로트 음악을 청소년들이 가까이하지 않는 것도 같은 이치이다. 결국 성공하는 가수가 되기 위해서는 '누구를 위한 음악을 할 것인가'라는 문제를 먼저 결정해야 한다.

전통적으로 신문이나 방송은 이른바 매스미디어로 인식되어왔다. 주요 일간신문이나 지상파 방송국들은 매스, 즉 일반 대중을 목표로 콘텐츠를 만들고 유통해온 것이다. 우리나라 방송 역사상 드라마 시청률 1위는 KBS에서 방영된 〈첫사랑〉(65.8%), 2위는 MBC에서 방영된 〈사랑이 뭐길래〉(64.9%) 그리고 3위는 SBS에서 방영된 〈모래시계〉(64.5%)라고 한다. 이 드라마들은 모두 지금으로서는 상상조차 할 수 없는 높은 수준의 시청률을 기록하면서 국민 드라마의 반열에 올랐다. 특히 〈모래시계〉는 퇴근시계라는 별명을 얻을 정도로 선풍적인 인기를 모았고, 1995년 당시 신생 방송국이던 SBS의 입지를 다지는 데 크게 기여했다. 그러나 유료방송 채널이 증가하고 특히 디지털 TV, 스마트 TV 환경에서 다양한 콘텐츠가 공급되면서 이제는 지상파 방송의 콘텐츠들도 두 자릿수 시청률을 기록하는 것이 쉽지 않게 되었다. 매스미디어, 브로드캐스팅(broadcasting)의 시대는 가고 내로캐스팅(narrowcasting)의 시대가 도래함에 따라 방송국들도 이제는 국민 모두를 대상으로 하는 프로그램이 아니라 특정 시청자 계층을 염두에 둔 프로그램을 제작하고 있다.

싸이월드나 네이버 그리고 카카오톡 등 국민 대다수가 이용하는 인터넷 서비스들도 처음부터 모든 국민을 대상으로 개발되었다고는 볼 수 없다. 오히려 청소년이나 청년 등 디지털 세대, 다른 각도로 말하면 디지털 기기나 서비스의 조기 수용자들을 대상으로 기획되었고, 이후 점차 대중적으로 확산되었다고 보는 것이 타당하다. 따라서 사업을 시작하면서 고객을 정의할 때 모두가 다 내 고객이라고 생각하는 것은 위험하며, 최대한 구체적으로 내 고객을 정의할 필요가 있다.

거미는 절지동물인데, 그물 같은 거미집을 쳐놓고 파리나 잠자리 같은 벌레가 걸리면 잡아먹는다. 박쥐는 포유류 동물인데, 먹이를 기다리는 대신 전파를 사방으로 보내 공중의 여러 물체에 부딪혀 되돌아오는 전파를 분석하여 먹잇감의 위치를 파악해서 공격한다. 거미가 아무나 걸리기를 기다리는 수동적인 스타일인 반면에 박쥐는 특정 목표를 정하고 공격하는 능동적인 스타일인 셈이다. 박쥐처럼 내가 목표로 하는 고객을 구체적으로 정의하는 것을 마케팅 용어로는 타기팅(targeting)이라고 한다.

그렇다면 타기팅은 어떻게 해야 하는가? 내가 목표로 하는 고객을 구체적으로 정의하려면 우선 잠재고객 전체를 의미 있는 기준에 의해 여러 개로 쪼개어 나누어보는 것이 필요하다. 특정 고객을 선택할 수 있도록 전체 고객을 일정한 기준으로 분류한다면 목표고객을 선정하는 것은 마치 다지선다형 문제를 푸는 것과 같이 쉬워진다. 이렇게 타기팅을 위해 고객을 분류하는 것을 마케팅 용어로는 세분화(segmentation) 또는 시장세분화라고 한다.

이제 시장세분화를 어떻게 할 것인가를 고민해야 하는데, 세분화를 하려면 기준의 선정이 제일 중요하다. 가장 널리 이용되는 세분화 기준은 고객들의 인구통계학적 정보라고 할 수 있다. 예를 들어 성에 따라 남성과 여성으로 구분할 수 있는데, 최근 미국에서 인기가 많은 SNS 핀터레스트(Pinterest)는 다른 선발 SNS들과는 달리 여성 사용자들에게 초점을 맞추고 있다. 핀터레스트는 사용자들이 특정 주제의 사진들

〈그림 2-1〉 여성이 주로 사용하는 핀터레스트 화면의 예

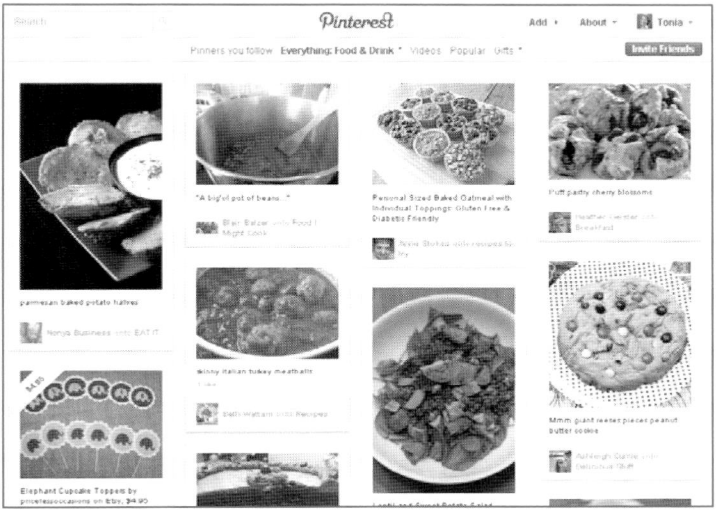

을 수집하고 관리할 수 있게 해주는데, 여성들이 좋아하는 패션, 요리, 인테리어 등에 관련된 사진들이 많이 있어서 여성용 서비스로 특화된 것으로 보인다(〈그림 2-1〉 참조).

나이 역시 시장세분화 기준으로 널리 사용된다. 1999년 이전까지는 이동통신 시장에 세분화의 개념이 없었으나, 1999년에 SK텔레콤이 20대를 겨냥한 TTL 브랜드를 출시하면서 이동통신은 젊은 세대들에게 급속히 확산됐다. 이후 SK텔레콤의 TTL에 대응하여 KTF와 LG텔레콤도 각각 Na와 Khai 등의 브랜드를 출시하면서 나이에 의한 시장세분화는 이동통신 마케팅의 기본으로 자리 잡게 되었다. 〈그림 2-2〉는 국내 이동통신 시장 최초의 티저(teaser) 광고인 TTL 광고지면이다. TTL 브랜드는 젊은 세대의 라이프스타일에 맞는 다양한 요금제를 제공하는 동

〈그림 2-2〉TTL 광고 예

시에 젊은이들의 휴식공간인 TTL존(Zone), 그리고 젊은이들이 애용하는 서비스에 대한 할인혜택을 주는 TTL카드까지 제공하면서 젊은이들을 위한 복합적인 문화상품 브랜드로 진화한 것으로 평가할 수 있다.

인구통계학적 변수로 시장을 세분화할 경우에는 소득수준이나 교육수준 등도 주요 고려대상이 된다. 소득수준이 높은 고객들을 대상으로 VIP 마케팅을 하거나 저소득층을 대상으로 박리다매 상품을 개발하는 것이 대표적인 사례일 것이다.

그런데 사회가 복잡해지고 문화의 다양성이 증가하면서 소비자들도 매우 이질적인 집단들로 쪼개지는 현상이 심화됨에 따라 단순하게 인구통계학적 변수들로만 시장을 세분화하는 것은 피하게 됐다. 이에 대안으로 등장한 기준 중 하나가 고객들의 라이프스타일에 따라 분류하는

〈그림 2-3〉 보잉고의 서비스를 소개하는 스크린샷

것이다. 라이프스타일에 따라 시장을 세분화하여 목표시장을 선정한 대표적인 벤처기업이 보잉고(Boingo)이다.

보잉고는 2001년 미국에서 설립되어 2011년 나스닥에 상장한 벤처기업으로서, 전 세계적으로 약 70만 개의 와이파이 핫스팟(WiFi hot spot)을 제공하는 세계 최대의 와이파이 서비스 사업자이다. 보잉고는 출장이 잦은 직장인(road warriors)들을 목표시장으로 설정하고, 이들이 출장 중에 스타벅스, 공항, 호텔 등의 주요 장소에서 저렴하고 편리하게 모바일 인터넷을 사용하도록 와이파이 서비스를 제공하고 있다. 통상 와이파이 핫스팟은 파편화되어 있어 사용자가 특정 사업자의 와이파이 서비스에 가입해도 그 사업자의 핫스팟을 벗어나면 서비스를 이용할 수 없었다. 또한 과금이나 고객지원 등의 사용자 접점도 일원화되어 있지 않아 사용자는 불편을 겪을 수밖에 없었다. 보잉고는 사용자들이 당면한 이러한 문제점에 주목하여, 보잉고 서비스에 가입하고 일정한 요금을 부담하면 세계 어디로 이동하던지 주요 지점에서는 모바일 인터넷을

사용할 수 있는 서비스와 고객 접점을 제공하기 시작하였다.1 〈그림 2
-3〉은 보잉고의 서비스를 소개하는 스크린샷인데, 이를 통해 출장이
잦은 직장인들을 목표시장으로 하였음을 쉽게 짐작할 수 있다.

■■■ 목표시장을 어떻게 선정할 것인가?

잠재고객 전체를 적절한 기준에 의해 세분화한 다음에는 타기팅, 즉 목
표시장(*target market*) 선정을 해야 한다. 그렇다면 분류된 고객집단 중
에서 어떤 고객집단이 최적의 목표시장인가? 그리고 만약 여러 개의 고
객집단을 선택할 수 있다면 우선순위는 어떻게 부여해야 하는가?

목표시장을 선정할 때 가장 우선적으로 고려해야 할 사항은 내 사업
이 제공하는 가치와 목표시장의 욕구 간에 정합성이 있어야 한다는 점
이다. 쉽게 말하자면 내가 제공하는 가치와 목표시장 고객의 욕구 사이
에 궁합이 잘 맞아야 한다. 가치는 결국 욕구의 충족이기 때문에 내가
제공할 수 있는 것(가치)과 내 고객이 원하는 것(욕구) 사이에 간극이
크다면 결코 사업에 성공할 수 없다. 결국 '어떤 가치를 제안할 것인가'
라는 질문은 '누가 나의 고객인가'라는 질문과 따로 떼어 생각할 수 없고
동시에 고민해야 하는, 동전의 앞뒷면과 같은 문제이다.

그런데 특정 고객집단의 욕구를 내 사업이 제안하는 가치가 잘 충족

---

1 이홍규·김성철(2011), 《뉴미디어 시대의 비즈니스 모델: 창조와 변형의 바이블》,
한울아카데미, 254~258쪽.

할 수 있다고 해도 만약 그 고객집단의 시장매력도가 약하다면 굳이 목표시장으로 선정할 필요가 없다. 목표시장의 매력도가 높다는 것은 우선 시장의 규모가 충분히 크다는 것을 의미하는데, 시장의 규모가 크려면 고객 수가 많거나 고객당 예상 매출액이 커야 한다. 한편 시장규모가 커도 시장이 성장하지 않고 정체되어 있으면 매력적인 시장으로 볼 수 없다.

목표시장을 선정하는 또 하나의 기준은 해당시장에서의 경쟁 정도가 될 수 있다. 아무리 매력적인 시장이라고 해도 이미 강력한 경쟁기업들이 포진해 있다면 상당한 비용과 위험을 감수해야 하기 때문에 그다지 좋은 시장이라고는 할 수 없을 것이다. 특히 후발주자일 경우에는 해당시장에서 선발기업의 우위가 발휘되는가를 면밀하게 분석할 필요가 있다. 그러나 경우에 따라 후발주자의 우위를 향유할 수도 있기 때문에 목표시장에 경쟁이 있다고 반드시 나쁘게 생각할 필요는 없다.

앞서 설명한 보잉고의 사례를 다시 들면, 보잉고가 제공하는 가치, 즉 많은 장소에서 인터넷 연결이 되는 것(Not always but many where on)과 출장이 잦은 직장인들의 욕구 간에 궁합이 잘 맞는다는 것을 확인할 수 있다. 국제화와 디지털화가 진전되면서 출장은 더 증가하고, 출장 중에도 인터넷 연결을 원하는 사람들이 증가하고 있기 때문에 이 목표시장은 충분히 매력적으로 보인다. 또한 전 세계적인 규모로 와이파이 서비스를 제공하는 사업자는 없기에 해당 시장에서의 경쟁 정도도 약하다. 따라서 보잉고는 매우 적절하고 적합한 목표시장을 선정한 사례라고 할 수 있을 것이다.

지금까지 논의한 시장세분화와 목표시장 선정은 개인 소비자를 대상으로 제품이나 서비스를 제공할 경우를 가정했다. 그러나 만약 내가 제공하는 제품이나 서비스의 고객이 개인이 아닌 조직이라면 내 고객을 정의하는 과정은 매우 달라진다. 제품이나 서비스의 유형에 따라 달라지겠으나 고객이 개인이 아니라 법인이나 기관 등 조직이라면 일단 잠재고객은 기업, 정부, 비영리기관 등으로 구분할 수 있다.

기업시장은 우선 업종으로 세분화하는 것이 일반적이며, 기업의 규모에 따라 대기업, 중견기업, 중소기업 시장으로 나누기도 한다. 내 제품이나 서비스를 소비하는가 아니면 마진을 붙여서 다시 판매하는가에 따라 소비기업과 유통기업으로 구분할 수도 있다. 소비기업도 원재료로 소비하는 경우와 최종적으로 소비하는 경우로 나뉜다. 기업시장은 고객의 수가 개인 소비자 시장보다는 적은 대신에 고객의 구매규모가 크다. 그리고 가격에 상대적으로 덜 민감하며 대신 수요의 변동이 심하다. 또한 구매의사 결정과정이 복잡하고 체계적으로 이루어진다는 특성을 갖는다.

정부시장은 중앙정부, 지방자치단체 그리고 기타 공공기관으로 세분화된다. 지방자치단체는 다시 광역단체와 기초단체로 구분할 수 있다. 정부시장의 수요는 안정적이며, 예산의 범위 내에서 공개된 법과 규정에 따라 구매절차가 진행되기에 투명성이 높다. 그러나 한편으로는 후진국일 경우 권력형 부패가 개입될 여지가 크다.

비영리기관 시장은 종교기관, 학교, 병원, 복지시설 등을 포함하는

데, 통상적으로 예산의 제약을 많이 받는다.

　기업, 정부, 비영리기관 등 조직 고객을 세분화한 다음에 특정 목표시장을 선정하는 타기팅 기준은 개인 소비자 시장에서 적용되는 기준과 유사하다. 즉, 특정 고객집단의 욕구를 내 사업이 제안하는 가치가 잘 충족하는 정도와 그 고객집단의 시장매력도, 그리고 해당시장에서의 경쟁 정도를 고려해서 목표시장을 선정해야 한다. 그런데 조직 고객 중에서 목표시장을 선정할 경우에는 일회성 거래대상인가, 아니면 장기적인 관계를 유지할 수 있는 거래 파트너인가를 추가적으로 고려해야 한다. 목표시장으로서의 여러 조건을 충족한다고 해도 장기적인 관계를 바탕으로 반복적인 구매가 이루어지지 않는다면 효과보다는 비용이 더 클 수도 있기 때문이다.

　트롤테크(Trolltech)는 1994년에 설립된 노르웨이 소프트웨어 기업인데, 공개 소프트웨어 리눅스 기반의 GUI(Graphical User Interface) 솔루션 Qt로 유명하다. 트롤테크는 듀얼 라이센싱(*dual-licensing*) 비즈니스 모델로 성공을 거두어 2008년에 노키아에 인수되었는데, 인수 당시에 전 세계적으로 약 4천 개의 기업고객과 1,340만 달러의 연 매출액을 기록하기도 했다. 트롤테크의 듀얼 라이센싱 비즈니스 모델이란 개인 사용자에게는 무료로 솔루션을 제공하지만 상업적인 목적을 가진 기업고객에게는 라이선스 비용을 청구하는 이중적인 비즈니스 모델을 말한다. 즉, 트롤테크는 개인 소비자 시장과 조직시장으로 시장을 구분한 후 기업시장을 목표시장으로 선정하였다. 그리고 개인 소비자 시장에서의 평판을 바탕으로 기업시장에서 수익을 창출하는 비즈니스 모델을 성공적으로 적용했다. 이러한 이중적인 비즈니스 모델에서 해당 제

〈그림 2-4〉 트롤테크 공개 소프트웨어 Qt의 설치화면

품을 강아지 제품(*puppy-dog sale product*)이라고 하는데, 그 이유는 강아
지를 무료로 나누어주어도 강아지 사료나 옷 등 관련 수요가 발생하듯
이 개인 소비자 시장에서 소프트웨어를 무료로 나누어주어도 이 무료
소프트웨어에 익숙해진 기술자들이 기업에서 일을 할 때 이 소프트웨어
를 정식으로 구매함으로써 수익을 창출할 수 있기 때문이다.

〈그림 2-4〉는 트롤테크 Qt의 설치화면인데, 무료로 보급하는 공개
소프트웨어임이 명시되어 있다. 우리나라에도 이렇게 개인 소비자를
대상으로 제품이나 서비스를 제공하지만 사실상 수익을 올리는 목표시
장은 기업이나 정부 등 조직인 사례가 많은데, 대표적인 것이 안랩의
V3라고 할 수 있다.

▬▬▬ 해외시장으로 확장할 것인가?

창업 초기부터 수출을 염두에 두거나 해외시장 자체를 목표로 설정하는 경우도 있지만, 대부분의 신생기업은 한정된 자원과 역량 탓에 국내시장에 우선적으로 집중한다. 그런데 국내시장의 규모가 그다지 크지 않거나, 크더라도 성장이 더디다면 해외시장 진출을 고민할 수밖에 없다. 더군다나 국내시장에 동종의 외국기업이 진입해온다면 방어적인 목적에서도 해외시장으로의 확장을 고려해야 한다. 결국 우리나라처럼 내수시장이 작아서 국내시장에서 계속 성장하는 데 한계가 있는 상황에서 해외에 내가 제안하는 가치에 반응하는 고객들이 있다면 해외시장으로의 진출은 불가피하다.

그런데 해외시장으로 진출하는 것은 결코 쉽지 않다. 해외시장은 기본적으로 정치적, 법·제도적, 경제적 환경이 매우 다르다. 특히 문화적 차이로 인해 해외 소비자들은 국내 소비자들과는 상이한 가치관과 행동양식을 갖고 있다. 또한 관세나 무역쿼터 등 해외시장 진출의 제약조건들도 존재한다. 따라서 해외시장에 진출하려면 통상적인 시장세분화와 타기팅에 더해서 해외시장 환경에 대한 면밀한 분석이 이루어져야 한다.

그렇다면 어느 나라를 먼저 선택해야 하나? 당연히 내 목표시장이 존재하면서도 제반 환경의 차이에서 오는 위험이 적은 나라에 진출하는 것이 바람직하다. 또한 진출하더라도 수출을 할 것인가 아니면 현지에 직접적으로 투자하는 형태로 진출할 것인가를 신중하게 고민해야 한다. 현지에 투자를 하는 경우 위험을 최소화하기 위해 대개 현지사정에 정통한 현지기업과 합작을 하는데, 합작도 실패로 끝나는 사례가 많기 때문에 합작 파트너를 선정하고 관리하는 것에도 신중을 기해야 한다.

미니홈피 아이디어와 도토리라는 디지털 아이템의 유료화 성공으로 국내에서 2,500만 명 이상의 사용자를 확보하여 세계적으로 주목을 받은 토종 SNS 싸이월드는 2005년부터 중국, 일본, 대만, 베트남, 미국, 독일 등 6개 해외시장에 의욕적으로 진출하였으나 모두 실패했다. 싸이월드는 해외시장에서도 국내에서처럼 10대 후반과 20대 초반 젊은 층을 목표시장으로 설정했으나 별다른 반응을 이끌어내지 못했다.

싸이월드가 해외시장에서 실패한 원인은 여러 가지가 있으나, 가장 큰 요인은 언어 등 문화적인 격차를 극복하지 못한 것이었다. 싸이월드는 현지 인력을 고용하는 등 나름대로의 현지화 노력을 기울였으나 기본적으로 우리나라에서 성공한 서비스를 그대로 해외에 이식하는 접근 방식을 취했다. 또한 도이치텔레콤과 합작한 독일을 제외하고는 현지 법인 형태로 해외시장에 진출했다. 현지에 이미 경쟁 서비스들이 자리 잡고 있는 상황에서 싸이월드는 결국 저조한 실적을 기록하고 철수할 수밖에 없었다.

한편 라인(Line)은 싸이월드와는 다른 결과를 보이고 있다. 라인은 네이버의 자회사인 라인코퍼레이션이 제공하는 모바일 메신저 서비스로서 네이버의 일본 계열사인 네이버재팬이 2011년 6월 처음 출시했는데, 2013년 말 기준으로 전 세계 사용자 수가 3억 명을 넘어섰다. 라인 가입자가 1천만 명 이상인 나라는 일본, 태국, 대만, 스페인, 인도네시아, 인도 등 6개국에 이른다. 또한 스마트폰 보급률이 높은 아르헨티나, 멕시코, 칠레 등 남미 국가에서도 인기가 빠르게 증가하고 있다.

결과적으로 라인의 사용자 수는 국내에서는 카카오톡에 뒤지지만 글로벌 시장 기준으로는 왓츠앱에 이어 2위를 차지했다.

〈그림 2-5〉 라인 포스터

사실 네이버는 국내시장에서 네이버톡을 출시했으나 실패한 바 있다. 네이버는 새로운 서비스를 준비하는 사이에 카카오톡이 국내 모바일 메신저 시장을 선점하자 해외시장으로 눈을 돌렸다. 네이버가 라인의 최초 시장으로 일본을 선택한 이유는 네이버의 한게임이 2000년 일본에 진출해서 게임포털 1위를 유지하고 있고 라이브도어(Livedoor)라는 포털을 인수해서 검색서비스 경험도 쌓는 등 일본시장을 잘 알고 있었기 때문이다. 네이버는 철저한 일본 현지화 전략을 통해 스티커 등 일본 사용자들이 선호하는 속성들을 잘 구현했고, 10대 후반에서 20대 초반의 여성층을 주요 목표시장으로 공략하여 일본 시장을 사실상의 홈마켓으로 만들 수 있었다. 〈그림 2-5〉는 무료 통화와 문자메시지 그리고 스티커를 강조하는 라인 포스터이다.

■■■■ 누가 또 고객인가?

1장에서 설명한 바와 같이 내 목표시장이 양면시장의 특성을 갖고 있다면 내 고객도 양면시장의 각 면을 담당하는 두 종류의 상이한 주체가 된다. 예를 들어 신문, 방송, 인터넷 포털 등 미디어기업들은 광고를 주수익모델로 삼는데, 이 경우 서비스 사용자뿐만 아니라 광고주도 고객이 된다. 즉, 광고는 서비스를 미끼로 사용자의 한정된 주의(attention)를 끌어 모아서 이를 광고주에게 팔아 수익을 달성하는 방식이다. 결국 사용자 고객에게는 무료로 원하는 서비스를 제공해야 하고, 광고주 고객에게는 유료로 사용자들의 주의를 끌어다주는 것이 필요하다.

그렇다면 고객으로서 광고주는 어떤 요구사항을 갖고 있을까? 광고주는 자신의 상품을 알리고 궁극적으로는 구매를 유도하기 위해 미디어를 선택하여 광고 메시지를 전달하고 광고비를 지불한다. 따라서 자신의 목표시장이나 상품의 특성에 잘 맞는 최적의 미디어를 선택하여 한정된 예산으로 최대한의 광고효과를 달성하고자 한다. 즉, 광고효과는 극대화하면서 광고비 절감을 추구하는 것이다.

그런데 일반 소비자들은 상업적인 광고 메시지가 범람함에 따라 광고에 대한 무관심이나 저항을 나타내는 경우가 많고 광고를 회피하는 경향도 크다. 채널을 변경하거나 광고지면을 건너뛰는 것은 고전적인 광고회피 방식이고, 요즈음에는 다시보기 방식으로 비디오 프로그램을 시청하면서 광고를 건너뛰는 경우도 많다. PPL 등 회피하지 못하는 간접광고에 대한 수요가 증가하는 것은 이러한 광고회피에 대한 광고주들의 우려를 시사한다.

따라서 고객으로서의 광고주를 만족시키기 위해서는 광고주가 지불하는 광고비를 정당화할 수 있는 근거, 즉 광고효과를 입증하는 객관적인 자료를 제시할 필요가 있다. 예를 들어 시청률, 구독률, 클릭 횟수 등 단순한 지표에 의존하기보다는 실제적인 소비자 행동을 측정할 수 있는 새로운 광고효과 측정지표를 개발하고 제시할 필요가 있을 것으로 보인다. 실제로 광고회피가 있을 경우 그 수준에 따라 광고주에게 환불을 하는 것도 광고주 고객에게 신뢰를 주는 방법이 될 수 있다.

■■■ '천송이' 효과에 '라인' 승승장구

지난달 27일 종영한 TV 드라마 〈별에서 온 그대〉(별그대)의 인기에 힘입어 이 드라마에 간접광고(PPL)를 했던 모바일 메신저 '라인'이 이용자들의 관심을 끌고 있다. 별그대는 마지막 방송에서 28.1%의 시청률로 전체 2위를 차지했다. 네이버가 운영하는 라인은 주인공 천송이(전지현)와 도민준(김수현)이 스마트폰으로 메시지를 주고받는 매체로 이용됐다. 드라마 방영 이후 라인은 주요 앱 장터에서 다운로드 순위가 급상승했다. 하루 평균 60~70만 건의 다운로드를 기록하면서 지난달 6일에는 국내 이용자가 1천만 명을 넘어섰다. 3일 글로벌 앱 분석업체 앱애니에 따르면 별그대 방송 마지막 주였던 지난달 26일과 27일 라인은 애플 앱스토어 국내 인기 무료 앱 순위에서 각각 11위와 14위를 차지했다. 구글플레이에선 국내 인기 무료 앱 10위에 올랐다. 네이버가 별그대에 PPL을 시작한 1월 16일만 해도 앱스토어에서 81위, 구글플레이에서 72위였던 것과 비교하면 드라

〈그림 2-6〉 '별에서 온 그대'에서 천송이가 라인을 이용하는 장면

마에 등장한 뒤 60~70위 가량 순위가 뛰어오른 것이다. 네이버는 별그대
를 소재로 한 스티커도 무료로 배포해 PPL과 시너지를 꾀했다. 해외에서
도 별그대 덕분에 라인에 대한 관심이 높아지고 있다. 중국에서는 천송이
가 언급한 '치맥'(치킨과 맥주), 도민준이 추천한 한국 고전소설 〈구운
몽〉이 매진되는 가운데 라인의 중국 내 앱스토어 순위도 지난달 27일 9위
로 상위권에 올랐다. 네이버는 이를 동남아시아에서도 라인의 인지도를
높일 수 있는 기회로 보고 있다.

― 〈한국경제〉 2014년 3월 3일

〈그림 2-6〉은 SBS에서 방영되어 큰 인기를 끈 〈별에서 온 그대〉에서
주인공 천송이가 모바일 메신저 라인을 이용하는 장면이다. 앞의 기사

에서 보도했듯이 라인은 드라마 간접광고를 통해 국내에서 부족했던 인지도를 높이고 한류가 통하는 해외에서도 저변을 넓히는 기회를 가질 수 있었다.

새롭게 창업해서 사업을 시작하는 입장에서 고려해야 할 또 하나의 고객은 투자자이다. 우리나라의 경우 혁신적인 아이디어와 기술을 기반으로 창업을 시도해도 초기에 필요한 자금을 조달하는 것이 매우 어렵다. 적당한 담보가 없으면 금융기관에서 대출을 받는 것이 거의 불가능하기 때문에 사실상 타인자본의 조달은 어렵고, 결국 투자자 유치를 통해 자기자본을 조달하는 수밖에 없다. 그런데 벤처캐피털(*venture capital*, 창업투자회사 또는 창업투자펀드)이나 엔젤투자자로부터 투자를 유치하려면 이들이 투자에 대해 가진 기준이나 목표 등을 명확하게 이해하고 이를 충족해야 한다. 즉, 투자자를 고객으로 볼 필요가 있는 것이다.

일반인들은 창업을 하는 기업가의 궁극적인 목표를 주식시장에 상장해서 엄청난 기업가치를 실현하는 것으로 생각한다. 그러나 현실적으로 상장이라는 관문을 통과할 때까지 기업을 유지하고 성장시키기는 쉽지 않다. 그리고 공시 의무 등 상장기업이 될 경우에 따라오는 불편함도 있을 수 있다. 그렇기에 미국의 실리콘밸리에서 창업을 하는 대부분의 벤처기업 창업주들은 상장까지 가기 전에 M&A를 통해 성공적인 철수(*exit*) 내지 수확(*harvest*)을 하는 것을 더 선호한다. 이 경우 내 기업을 좋은 가격으로 인수할 수 있는 투자자나 기업들이 또 하나의 고객이 된다. 결국 때로는 이들이 관심을 갖고 인수하고 싶어 하는 회사를 만드는 것이 기업의 목표가 되기도 하는 것이다.

우리나라에서는 대기업이 작은 규모의 벤처기업을 인수하는 것을 문어발식 확장이라고 비판하는 등 부정적으로 보는 시각이 강하다. 그러나 이러한 M&A는 인수 대상이 되는 벤처기업 입장에서는 원하는 시기에 수확을 할 수 있는 기회이며, 인수하는 대기업에게는 내부적으로 추진하지 못하는 혁신을 기업 내부로 가져오는 좋은 전략이 될 수 있음을 기억할 필요가 있다.

■ 고객의 역할은? 고객을 어떻게 활용할 것인가?

고객은 나와 가치를 교환하는 거래의 대상이지만, 단순하게 제품이나 서비스를 구매하고 대가를 지불하는 역할에 그치지 않는다. 과거에는 고객이 상대적으로 수동적인 역할을 수행했지만 인터넷이 등장하고 모바일 미디어가 대중화되면서 이제 고객은 가치사슬의 모든 단계에 적극적으로 참여하는 동반자가 되었다. 예를 들어 고객은 제품이나 서비스에 대한 아이디어를 제기하거나 설계하는 과정에 적극적으로 참여한다. 집단지성이나 오픈 이노베이션의 개념도 고객의 지성을 R&D에 활용하자는 동기에서 비롯되었다고 볼 수 있다. 때로는 고객이 직접 생산에 참여하기도 한다. 사용자제작 콘텐츠가 대표적인 예이다. 디지털 상품에 국한되기는 하지만 고객은 P2P 사이트 등을 통해 직접 유통에 참여하기도 한다.

아무래도 고객의 역할이 가장 두드러지는 영역은 홍보나 광고 등 촉진활동 영역이다. 특히 최근에 인터넷 기반의 소셜미디어가 급속도로 보급되면서 고객들은 온라인 환경에서 SNS를 통해 소문을 만들고 전파하는 역할을 적극적으로 수행하고 있다. 따라서 이제는 벤처기업들도 고객이 스스로 제품이나 서비스에 대한 좋은 소문을 내도록 유도하고 이를 마케팅에 활용하는 이른바 바이럴 마케팅을 시행할 필요가 있다.

예를 들면, 이음소시어스는 2010년 5월에 문을 연 벤처회사로서 20~30대 싱글들이 회원 가입을 하고 자신의 정보를 입력하면 매일 두 명의 이성 회원을 소개해주는 이음 앱을 제공한다. 유료 서비스인데도 2013년 11월에 회원이 100만 명을 넘어섰는데, 젊은 직장인 여성을 중심으로 이음의 서비스는 믿을 만하다는 입소문이 퍼지면서 회원들의 가입이 꾸준히 이어졌다.

고객을 좋은 의미에서 집단지성이나 바이럴 마케팅 파트너로 활용하려면 고객들을 팬클럽으로 조직화할 필요가 있다. 팬클럽은 일종의 브랜드 커뮤니티로서 튼튼한 수익원이 되며 고객과의 거래관계를 애정관계로 바꾸는 역할을 한다. 예를 들면, 아이돌 가수들은 음원이나 음반을 판매해서 충분한 수익을 거두지는 못한다. 그런데 음악을 통해 형성된 팬클럽은 콘서트 티켓 구매, 부가상품 구입 등의 방법으로 가수들에게 수익을 안겨준다. 이들은 홍보에도 자발적으로 참여한다. 일본에서는 이러한 현상을 응원소비라고도 한다. 사실 사업실적은 부침을 겪을 수 있고 보통 고객들은 떠날 수 있으나 팬들의 애정은 식지 않는다.

코자자의 목표시장 선정

코자자는 2012년 초에 창업하여 '빈방 공유 소셜 민박'이라는 신개념 서비스를 제공하는 벤처기업이다. 마치 엄마가 아기에게 "코~자자"라고 속삭이듯이 남아도는 빈방을 공유함으로써 '어느 곳에서나 집처럼 코~자자' 할 수 있는 환경을 제공하는 커뮤니티로 진화하고 있다.

코자자는 전국 주요 관광지 주변에서 여행객들이 머물 수 있는 가정집이나 게스트하우스 등에 대한 정보를 모아 인터넷 공간에 소개하고 여행객들과 연결해준다. 여행객은 자기 취향에 맞는 숙소를 찾아 집 같은 분위기에서 경제적으로 머물 수 있고, 집주인은 남는 방을 공유함으로써 수익을 올리고 친구도 사귈 수 있는 구조이다. 코자자는 각종 마케팅과 예약 대행 등을 해주고 수익의 일부를 수수료로 가져간다. 일종의 공유경제 커뮤니티인데, 미국에서 큰 인기를 얻고 있는 글로벌 숙박 공유 서비스인 에어비앤비(Airbnb)와 유사하다고 할 수 있다. 〈그림 2-7〉은 코자자가 제공하는 빈방 공유 플랫폼의 개념을 도식화해서 보여준다.

코자자는 특별히 가장 한국적인 숙소를 빌려주는 '한옥 스테이'를 본격화하고 있다. 전국에는 약 9만 채의 한옥이 있지만 이를 외국인에게 연결해주는 곳을 찾기는 힘들었다. 한옥의 남는 방을 외국인 여행객에게 빌려주면 집주인은 수입을 얻을 뿐만 아니라 한국을 홍보하는 보람도 느낄 수 있다. 외국인 여행객은 저렴한 가격에 숙박을 해결하고 한국문화도 체험하니 호응이 좋다. 아울러 지방자치단체도 관광숙소 부

〈그림 2-7〉 코자자의 빈방 공유 플랫폼의 개념

자료: www.kozaza.com

족 문제를 해결하고 지역관광을 활성화할 수 있기에 코자자 서비스를 필요로 한다. 코자자는 빈방 공유라는 단순한 아이디어로 집주인, 여행객 그리고 사회가 모두 만족하는 1석 3조의 효과를 거두고 있다.

코자자를 설립한 조산구 대표는 미국에서 박사학위를 받은 뒤 2000년 실리콘밸리에서 위치정보 서비스인 넷지오(NetGeo)를 세워 운영하기도 했으며, 2007년 귀국해 KT와 LG유플러스에서 신규사업 담당 임원으로 일하다가 2012년에 코자자를 설립했다. 조산구 대표는 창업을 위해 정부 지원을 받고자 했지만 창업자의 나이가 많다는 이유로 성공하지 못했고, 결국 민간 투자를 유치하여 코자자를 설립했다. 코자자는 창업 2년 만에 2천여 명의 외국인 여행객이 코자자를 통해 한국에 머무르는 성과를 거두었다. 한옥 스테이를 경험한 외국인들이 코자자를 인터넷에서 소개하면서 외국인들 사이에 입소문이 나고 인기를 끌게 되었다.

토론을 위한 질문

1. 코자자의 고객은 누구인가?

2. 코자자의 주요 목표시장은 무엇인가?

3. 누가 또 코자자의 고객인가?

4. 코자자의 주요 고객들이 코자자를 위해 어떤 역할을 해주고 있는가?

제3장
· · ·
누가
경쟁자인가?

기업이 제공하는 가치가 명확하고 그 가치를 필요로 하는 목표시장이 존재한다고 해도 경쟁자가 있다면 기업의 성공은 보장받기 어렵다. 경쟁자는 눈에 보이는 존재뿐만 아니라 보이지 않거나 아직 출현하지 않은 기업일 수도 있다. 결국 경쟁의 차원이나 범위를 어떻게 설정하는가에 따라 경쟁의 모습이나 내용은 매우 달라진다. 또한 한때의 경쟁자가 다른 때는 협력의 대상이 될 수도 있는 것이 사업의 속성이다.

자본주의 경제하에서 시장에서의 경쟁은 필연적이다. 과거 철도, 통신, 전기 등 사회기간산업에서는 자연독점의 논리에 의해 독점적인 기업이 존재했으나 요즈음에는 민영화 또는 경쟁도입 정책에 의해 대부분의 기간산업에 경쟁이 도입되었고, 이제는 어느 산업에서도 독점은 찾아보기 어렵다.

처음 창업을 하는 기업가 입장에서는 자신이 제공하는 가치, 즉 자신의 업에 잘 맞는 목표시장을 선정해야 하는데, 이때 경쟁자의 수와 상대적인 경쟁력은 주요한 고려사항이 된다. 유명한 블루오션 전략에 따르면, 블루오션 시장은 현재 존재하지 않거나 알려지지 않아 경쟁자가 없는 유망한 시장을 가리킨다. 블루오션은 아직 시도된 적이 없는 잠재력을 지닌 시장이기에 경쟁이 없다. 반면에 레드오션 시장에서는 이미 진입해 있는 경쟁자가 많아 경쟁이 매우 치열하다.

신생기업이 블루오션 시장을 창출하면서 세상에 나오는 것은 모든 기업가의 소망이지만 현실에서 이는 쉽지 않다. 결국은 레드오션까지는 아니어도 경쟁자가 이미 있는 목표시장에 진입하는 경우가 많다. 후발주자로서 선발기업 또는 유사한 신생기업과의 경쟁을 피할 수는 없는 것이다. 경쟁을 피할 수 없다면 먼저 누가 나의 경쟁자인가를 명확하게 파악해야 한다.

모바일 메신저 돈톡은 2013년 12월 출시된 새로운 모바일 메신저인데, 2014년 3월 현재 MBC에서 방영 중인 수목 미니시리즈 〈앙큼한 돌싱녀〉에서 주인공 차정우(주상욱 분)가 성공시킨 벤처 아이템으로 나

〈그림 3-1〉 돈톡 100만 다운로드 기념 광고

자료: www.etnews.com

오고 있다. 이는 돈톡을 서비스하는 회사 브라이니클이 이 드라마 제작을 지원하기 때문이다. 돈톡은 출시한 지 두 달 만에 안드로이드 기준 98만 건, iOS 기준 21만 건의 다운로드를 기록하여 100만 다운로드를 달성했고, 2014년 3월 현재 200만 다운로드를 기록했다. 이러한 성과는 이미 포화시장으로 간주되던 모바일 메신저 시장에서는 이례적인 성과라고 볼 수 있다. 〈그림 3-1〉은 돈톡 100만 다운로드 기념 광고이다.

사실 모바일 메신저 시장에는 브라이니클의 돈톡이 상대하기에는 버거운 경쟁자들이 이미 자리를 잡고 있다. 김범수 이사회 의장의 주도로 2006년 12월 설립된 카카오는 국내 모바일 메신저 시장에서 압도적인 점유율로 시장을 선도하고 있다. 카카오는 모바일 메신저 서비스인 카카오톡(KakaoTalk)을 주요 플랫폼으로 삼아 카카오아지트, 카카오스토리, 카카오앨범, 카카오뮤직 등 다양한 서비스를 제공하고 있는데, 2012년에는 461억 8,147만 원의 매출을 달성하며 설립 6년 만에 흑자

전환에 성공했다.

　라인은 네이버가 100% 출자한 자회사인 라인 주식회사가 2011년 6월에 출시한 모바일 메신저로서, 일본에서 강세를 보이고 있으며 태국, 대만, 스페인 등 여러 국가에 진출해 있다. 챗온(ChatON)은 삼성전자에서 2011년 10월 서비스를 시작한 모바일 메신저 서비스로서, 전 세계 237개 국가에서 63개 언어를 지원하며 스마트폰뿐만 아니라 PC, 삼성 피처폰 등에서도 이용이 가능하다. 조인(Joyn)은 국내 이동통신 3사(SK텔레콤, KT, LG유플러스)가 2012년 12월에 공동 출시한 RCS(Rich Communications Suite) 기반 서비스이다. RCS는 GSMA(Global System for Mobile Communications Association, 세계이동통신사업자협회)가 기존의 문자메시지 서비스를 대체하기 위해 2008년부터 구상한 기술로, 하나의 애플리케이션에서 텍스트, 음성통화, 화상통화, 멀티미디어 파일 전송 등 다양한 통신 서비스를 통합하여 제공한다.

　결국 모바일 메신저 시장은 시장을 선도하는 카카오의 카카오톡, 국내 최대 포털 네이버의 라인, 글로벌 제조업체 삼성전자의 챗온 그리고 이동통신사업자들이 연합하여 출시한 조인 등이 모두 참여하고 있는 매우 경쟁적인 시장이다. 따라서 이러한 시장에 돈톡이 새롭게 등장했다는 것은 기존의 경쟁자들을 충분히 인식하고 있고, 나름대로 이들과 경쟁할 수 있는 전략이 준비되어 있기 때문이라고 할 수 있다. 돈톡의 경우에는 경쟁자가 명확하게 보이기에 경쟁자를 인식하고 공격하는 데 별다른 어려움은 없다. 그런데 많은 경우 경쟁자는 내 시야 밖에 있거나 생각지 못한 곳에서 출현하기도 한다.

　통상 고려대학교의 경쟁자가 누구냐고 묻는다면 대개 연세대학교라고 답할 것이다. 서울대학교와는 약간의 격차가 있는 데 반해서 연세대학교는 전통적으로 고려대학교의 라이벌 사학으로 인식되어왔기 때문이다. 고연전 또는 연고전이라는 행사가 양 교의 경쟁관계를 잘 나타낸다. 그런데 과연 연세대학교가 고려대학교의 경쟁자인가? 물론 경쟁자이기는 하다. 좁은 의미에서 양 교는 국내에서 입시, 교수 및 재원 확보 등을 놓고 경쟁한다. 그러나 큰 의미에서 보면 양 교는 경쟁자이면서 동시에 동반자이기도 하다. 사실 양 교의 진정한 경쟁자는 따로 있다. 글로벌 대학평가가 시행되고 외국의 유수한 대학들과 교육과 연구 측면에서 경쟁하는 현 상황에서 양 교의 경쟁자는 외국의 유사하거나 더 우수한 대학들이라고 보아야 한다.

예를 들어 국내 고등학교를 졸업한 우수 인재들이 국내 대학이 아닌 외국 대학에 진학하는 일이 늘고 있다. 일종의 인재 경쟁(war for talent)인 셈이다. 또한 양 교 졸업생들은 취업할 때 외국에서 유학한 인재들과 경쟁해야 한다. 양 교의 교수들도 해외 유명 학술지에 논문을 게재하고 특허를 따기 위해서 해외 학자들과 치열한 경쟁을 한다. 그렇기에 고려대학교와 연세대학교 상호 간에 경쟁을 하는 것도 중요하지만, 둘이 힘을 합쳐서 국내 대학의 국제 경쟁력을 제고하는 것이 더 절실한 문제가 된다. 따라서 고려대학교의 경쟁자가 연세대학교, 연세대학교의 경쟁자가 고려대학교일 때 양 교의 발전은 정체될 수밖에 없으며, 양 교는 경쟁자의 정의를 보다 확대해야만 한다.

K리그의 대표적인 라이벌은 FC 서울과 수원 삼성 블루윙즈다. 축구 팬들은 FC 서울과 수원 삼성 블루윙즈의 라이벌 매치를 슈퍼매치라고 부르며, 실제로 K리그에서 가장 많은 관중을 동원한 경기는 대부분 이

두 팀 간의 맞대결이다. 그렇다면 FC 서울의 경쟁자는 수원 삼성 블루윙즈, 수원 삼성 블루윙즈의 경쟁자는 FC 서울인가? K리그 관중동원이나 성적만을 놓고 보면 이 두 팀은 경쟁자가 맞다. 그렇다면 FC 서울이나 수원 삼성 블루윙즈는 상대방을, 그리고 기타 K리그 팀들을 이기면 경쟁에서 승리하는 것인가?

현실은 그렇지 않다. 우선 두 팀은 좋은 선수를 확보하기 위해 서로 경쟁하는데, 두 팀이 탐을 내는 우수한 선수들은 대개 해외 리그에 진출한다. 영국 프리미어리그나 독일 분데스리가, 그리고 일본 J리그에 소속된 팀들이 경쟁자가 되는 셈이다. 무엇보다도 중요한 것은 우리나라 축구팬들의 관심과 시간 그리고 돈이 K리그 팀이 아닌 해외 팀으로 향한다는 점이다. 축구팬들은 시차가 있음에도 불구하고 박지성 선수가 뛰는 모습을 보기 위해 영국 맨체스터 유나이티드나 네덜란드 PSV 아인트호벤의 경기를 시청한다. 또한 그 팀의 유니폼 등 기념품을 구매하며, 가끔은 해외에 직접 나가서 경기를 관람하기도 한다. 스포츠 방송이나 뉴스에서도 해외 축구경기를 비중 있게 취급하고, 우리나라의 대표적인 기업들도 기업 이미지를 제고하기 위해 해외 축구팀의 스폰서가 되는 경우가 많다.

따라서 K리그에 속한 구단들이 경쟁의 범위를 K리그 내로 국한한다면 K리그의 발전은 기대하기 어렵다. 오히려 FC 서울과 수원 삼성 블루윙즈가 경쟁자를 해외 명문리그에 있는 팀들로 정의하고 이들에게 축구팬들의 관심을 뺏기지 않기 위해 힘을 합쳐서 노력할 때 K리그의 살길을 찾을 수 있을 것이다.

아일랜드의 저가 항공사 라이언에어(Ryanair)는 오랫동안 적자에 시

달렸으나 1994년 새로운 CEO가 취임하면서 경쟁자를 다른 항공사가 아닌 버스, 기차 회사로 새롭게 정의하고 경쟁의 틀을 바꿨다. 버스나 기차와 경쟁하기 위해 항공기 티켓 값을 획기적으로 낮췄고, 이를 위해 다양한 혁신적 아이디어를 적용했다. 라이언에어로 인해 저렴한 외국 여행이 가능해졌고, 라이언에어의 승객 수는 날로 증가하여 이 회사는 국제선 승객 수 세계 1위가 되었다.

2G이동통신 단말기, 즉 피처폰 시장에서 강력한 시장지배력을 가졌던 노키아에게 타격을 입히고 추락시킨 경쟁자는 기존에 동일한 시장에서 경쟁하던 기업이 아니라, 휴대폰과는 상관없는 컴퓨터 시장에서 활동하던 애플이다. 오프라인 책 판매시장의 선두기업이었던 반스앤노블(Barnes & Noble)을 밀어낸 경쟁자도 동종의 서점이 아니라 온라인을 기반으로 하는 아마존이다. 미국에서 DVD 대여시장을 장악했던 블록버스터를 곤경에 빠뜨린 경쟁자도 동종 업체가 아니라 온라인 주문과 오프라인 배달의 결합이라는 새로운 개념의 비즈니스 모델로 무장한 네트플릭스이다. 미국 인터넷 시장에서 잘나가던 야후(Yahoo)는 검색광고를 무기로 새롭게 등장한 구글(Google)에게 시장을 뺏겼고, 소셜미디어의 대명사이던 마이스페이스(Myspace)도 하버드대학교 학생들이 만든 복병 페이스북(Facebook)에게 처참히 밀려났다. 만약 노키아, 반스앤노블, 블록버스터, 야후, 마이스페이스 등이 시야에 보이는 경쟁자들만을 의식하지 않고 언제 어디서 출현할지 모르는 잠재적인 경쟁자들에게도 신경을 썼다면 그렇게 허무하게 추락하지는 않았을 것이다.

100년 전통의 신문 〈뉴욕타임스〉(New York Times)가 유료화 시도에도 불구하고 온라인 시장에서 고전을 한 데는 블로그를 기반으로 시작

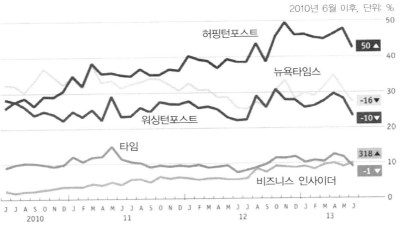

〈그림 3-2〉 미국 주요 신문, 잡지의 온라인 방문자 수

2010년 6월 이후, 단위: %

허핑턴포스트 50 ▲

뉴욕타임스 -16 ▼

워싱턴포스트 -10 ▼

타임 318 ▲

비즈니스 인사이더 -1 ▼

J J A S O N D J F M A M J J A S O N D J F M A M J J A S O N D J F M A M J
2010　11　12　13

자료: www.comscore.com

한 〈허핑턴포스트〉(*Huffington Post*)의 무서운 성장도 상당 부분 기여했다. 2013년 8월 아마존 창업자인 제프 베조스가 미국의 전통 신문사 〈워싱턴포스트〉(*Washington Post*)를 인수한다고 발표했는데, 이 역시 〈허핑턴포스트〉의 약진과 무관하지 않다. 〈그림 3-2〉를 보면 2010년 이후 미국 주요 신문, 잡지의 온라인 방문자 수를 알 수 있다. 〈워싱턴포스트〉는 2010년 7월경에 월 방문자 수에서 〈허핑턴포스트〉에 추월당했고, 이후 방문자 수가 약 10% 정도 감소하면서 결국 제프 베조스에게 매각되었다. 〈뉴욕타임스〉 역시 2011년 초부터 월 방문자 수에서 〈허핑턴포스트〉에게 뒤졌는데, 이후 〈허핑턴포스트〉의 월 방문자 수는 50% 증가한 반면 〈뉴욕타임스〉의 월 방문자 수는 16% 감소했다. 〈허핑턴포스트〉는 2005년 이전에는 언론의 영역에 존재하지 않았고 종이신문이나 전통적인 웹페이지 대신에 블로그라는 형식을 가졌지만

설립 6년 만에 〈뉴욕타임스〉나 〈위싱턴포스트〉를 대체하는 강력한 경쟁자로 부상함으로써 6살짜리 꼬마가 100세 노익장을 꺾었다는 평을 얻게 되었다.

시장에서 경쟁을 피할 수 없다면 먼저 누가 나의 경쟁자인가를 알아야 한다. 결국 경쟁자를 어떻게 정의하는가에 따라 사업전략이 달라지며 결과적으로 사업의 성패에도 영향을 준다. 새롭게 시장에 진입하는 신생기업 입장에서는 목표시장에서 명확하게 공격해야 할 경쟁자를 설정하는 것이 중요한 반면에, 이미 기존 시장에 자리 잡고 있는 기업 입장에서는 눈에 보이는 경쟁자만을 견제할 것이 아니라 보이지 않는 경쟁자들에게도 주의를 기울여야 한다.

경쟁자의 범위를 넓게 정의한다는 것은 다시 말하면 경쟁의 차원을 달리한다는 것이다. 즉, 경쟁을 수요 차원에서 정의하면 내 경쟁자는 구매력이 동반된 수요를 놓고 경쟁하는 눈에 보이는 경쟁자들로 한정된다. 그러나 경쟁을 고객의 욕구 차원에서 정의한다면 경쟁자는 그 범위가 확대되며 전형적인 시장경계 밖에서 오는 경우가 많다. 이른바 시야에 없던 다크호스가 갑자기 경쟁자로 부상할 가능성이 높은 것이다.

새로운 여성 대상 온라인 잡지를 창간하는 경우를 예를 들어보자. 구독료보다는 광고를 주 수익모델로 할 경우 일단 경쟁자는 기존에 있는 여성 대상 온라인 잡지가 된다. 조금 넓게 보면 일반 성인 대상 온라인 잡지도 경쟁자가 될 수 있다. 온라인 잡지에 대한 수요를 중심으로 생각할 경우 경쟁자는 명확하게 정해지는 것이다. 그러나 온라인 잡지의 업이 결국 고객의 흥미 욕구나 시간 때우기 욕구를 채우는 것이라고 생각하면, 이러한 욕구를 채우기 위해 경쟁하는 경쟁자들은 매우 많아진다. 이렇게 욕구 차원에서 생각하면 여성 대상 온라인 잡지의 경쟁자는 동종 잡지뿐만 아니라 TV 프로그램, 게임, 쇼핑, 여행 또는 지금은 존재하지 않는 회사가 될 수 있다. 또한 잡지의 주 수익모델이 광고이고 광고는 결국 인간의 주의(attention)를 확보하기 위한 것이므로 여성 대상 광고를 수익모델로 하는 모든 미디어가 경쟁자에 포함될 수 있다.

유유제약의 베노플러스는 타박상이나 벌레 물린 데 바르는 일반약 연고제다. 20년도 더 된 제품이지만 브랜드는 거의 알려지지 않았고 매출도 정체상태였다. 이 회사는 방대한 소셜미디어 자료에 대해 빅데이터 분석을 시행함으로써 여성들이 멍에 대해 이야기를 많이 하는데 이때 연관 검색어로서 주로 계란이나 쇠고기가 나타나는 것을 발견했다. 결국 이 회사는 멍을 치료하는 것을 베노플러스의 가치제안으로 삼고 주요 목표시장을 아이들에서 성인 여성으로 변경했고, 경쟁자는 멍을

〈그림 3-3〉 베노플러스 광고의 변화

치료하는 민간요법이었던 계란과 쇠고기로 정의했다.

유유제약은 "계란은 팔 아프다. 소고기는 비싸다. 멍 빼야 할 땐 베노플러스"라는 카피문구로 마케팅을 시도했다. 그 결과 매출이 전년 대비 62% 성장하였으며, 포털 사이트에서 멍 빨리 없애는 법을 검색하면 베노플러스가 검색되는 경우가 늘어났다. 〈그림 3-3〉은 베노플러스 광고의 변화를 보여준다. 왼쪽 광고에서 베노플러스는 아이들을 대상으로 한 타박상 연고제로, 일반 연고제가 주요 경쟁자였다. 그러나 오른쪽 광고에서 베노플러스는 여성을 대상으로 한 멍 치료제로서, 멍을 치료하는 전통적인 민간요법이 경쟁자로 간주되었다.

▰▰ 경쟁자와 어떻게 차별화할 것인가?

내가 목표로 하는 시장에서 눈에 보이는 경쟁자뿐만 아니라 보이지 않는 경쟁자들까지도 정의했다면 이 경쟁자들과의 경쟁에서 승리해야 한다. 경쟁에서 진다면 당연히 기업의 생존을 장담할 수 없고, 성장은 꿈도 꾸지 못한다. 그렇다면 경쟁자를 이길 수 있는 방법은 무엇인가?

경쟁에서 이기려면 고객 입장에서 내가 경쟁자와 달리 보여야 한다. 고객이 볼 때 특별한 차이가 없이 비슷하다면 굳이 경쟁자가 아닌 나를 선택할 이유가 없는 것이다. 즉, 경쟁에서 이기는 비결은 차별화에 있다. 차별화를 하는 최선의 방법은 경쟁자가 제공할 수 없는 가치를 제공하는 것이다. 다시 말하면 경쟁자들이 아직 충족하지 못한 고객의 욕구를 충족해야 고객의 선택을 받고 경쟁에서 이길 수 있다.

앞서 거론된 기업들의 사례를 각도를 달리 해서 다시 한 번 반복해보자. 애플은 노키아가 스마트폰의 기능에 집중할 때 정서적인 욕구에 주의를 기울여서 아이폰을 차별화했다. 스마트폰과 콘텐츠와의 결합을 제공한 것도 노키아와 차별화한 점이었다. 네트플릭스는 연체료를 없앰으로써 블록버스터 등 기존 경쟁자와의 확실한 차별화를 달성했다. 아마존은 반스앤노블이 충족하지 못한 개인화된 추천서비스를 제공하여 차별화했고, 새로운 승자가 되었다. 야후가 일방적인 디스플레이 광고에 안주하는 동안 구글은 능동적인 광고방식에 대한 욕구를 검색광고로 충족함으로써 차별화를 도모했고, 결과적으로 야후를 꺾고 인터넷 시장을 선도하게 되었다. 마이스페이스가 젊은 층에게 몰두할 때 페이스북은 기성세대의 소셜미디어 욕구를 자연스럽게 충족하면서 차별화하기 시작했고, 마침내 세계 최대의 소셜미디어로 자리를 잡았다. 〈허핑턴포스트〉는 전문 언론인들에 의해 운영되어온 〈뉴욕타임스〉 등이 충족하지 못한 시민참여 저널리즘에의 욕구를 블로그를 통해 실현함으로써 기성언론과는 완전히 차별화된 대안언론으로 등장했고, 가장 많은 방문자 수를 가진 온라인 미디어가 되었다.

그런데 현실적으로 경쟁자가 제공할 수 없는 가치를 제공함으로써 차별화하는 것은 결코 쉽지 않다. 따라서 온전한 차별화가 어렵다면 부분적인 차별화로 승부를 걸어야 한다. 그렇다면 부분적인 차별화 방법은 무엇이 있을까?

가장 흔한 방법이 가격 차별화다. 타타자동차는 스쿠터 수준의 가격으로 자동차를 만들어 판매함으로써 기존의 자동차와 차별화를 달성할 수 있었다. 기능적인 측면에서는 떨어지지만 가격이 워낙 낮았기에 나름대로 성공할 수 있었던 것이다. 한편 타타자동차는 스쿠터와 경쟁하는 측면에서는 가격은 유사한 반면에 기능이 우수했기 때문에 확실한 차별화를 이룰 수 있었다. 라이언에어도 버스나 기차 요금 정도의 낮은 가격으로 차별화에 성공한 경우라고 할 수 있다.

모바일 메신저 시장에 새로 진입한 돈톡은 카카오의 카카오톡, 네이버의 라인, 삼성전자의 챗온 그리고 이동통신사업자들의 조인과 경쟁하기 위해 품질 차별화를 선택했다. 모바일 메신저 시장에서 충족되지 않은 욕구를 해결할 정도로 획기적인 가치를 제공하는 것도 아니고 무료 서비스이기 때문에 가격 차별화도 불가능한 상황에서 자연스럽게 품질을 차별화하는 방향을 잡은 것이다.

돈톡은 잘못 보낸 메시지를 상대방이 읽기 전이라면 언제든지 회수할 수 있는 차별화된 기능을 제공한다. 비밀스러운 메시지는 일정시간이 지나면 사라지는 펑 메시지 기능도 있고, 단체 채팅방에서 대화를 원하는 이들만 골라 대화할 수 있는 귓속말 기능도 제공한다. 또한 돈톡은 돈톡의 대화로 쌓은 포인트를 브라이니클 쇼핑몰에서 사용할 수 있도록 해서 젊은이들로부터 호평을 받고 있다. 실제 돈톡을 주로 사용하는 10대부터 20대 초반의 젊은이들이 하루에 전송하는 메시지는 평균적으로 약 300만 건이다. 돈톡은 이미 강력한 경쟁자들이 자리 잡고 있는 모바일 메신저 시장에 후발주자로 진입했지만 기존 모바일 메신저와는 차별화된 품질을 제공함으로써 선전하고 있는 것이다.

할리스 커피는 1998년 설립된 국내 첫 에스프레소 커피전문점이다. 커피전문점 시장은 다양한 해외 브랜드 기업이 치열하게 경쟁하는 시장인데, 할리스 커피는 고품질의 원두를 국내 로스팅을 통해 갓 볶아 신선한 커피만을 제공함으로써 꾸준히 성장해왔다.

할리스 커피는 커피의 신선도가 해외 브랜드와 차별화하는 요소라고 판단하고 패키지를 뜯어 공기에 노출된 원두는 1주일 이내, 분쇄된 원두가루는 1시간 이내, 추출된 에스프레소는 10초 이내에 커피음료를 만드는 데 사용하는 매뉴얼을 철저하게 적용하고 있다. 또한 할리스 커피는 메뉴를 차별화하기 위해 요거트 셰이크 음료인 아이요떼와 고구마마끼아또, 마론 카페모카 등 할리스 커피에서만 맛볼 수 있는 음료를 개발했다. 결국 할리스 커피는 커피의 신선도와 창의적인 음료 메뉴 등 커피전문점의 품질 차별화에 성공함으로써 경쟁적인 시장에서 좋은 성과를 내고 있는 것이다.

■■■ 경쟁자와 협력할 수 있는가?

경쟁자와는 당연히 경쟁을 해야 한다. 주어진 게임의 법칙에 따라 공정하게 경쟁하는 것이 자본주의 경제를 지탱하는 힘이다. 경쟁을 통해 혁신이 이루어지고 소비자가 누리는 후생은 증가한다. 만약 경쟁자끼리 경쟁하지 않고 부당한 방법으로 담합을 하면 공정거래위원회 등으로부터 제재를 받게 된다.

한편 협력은 일반적으로 거래관계가 있는 기업들, 아니면 특정 기업 집단에 소속된 기업들 간에 이루어진다. 따라서 경쟁자와 협력하는 경우, 즉 적과의 동침을 도모하는 경우는 매우 드물었다.

그런데 기업 생태계가 등장하면서 생태계에 속한 기업들끼리 경쟁과 협력을 동시에 추구하는 이른바 코피티션(co-opetition) 전략이 등장하게 되었다. 예를 들어 모바일 생태계에서는 애플이나 구글이 생태계 리더인 주춧돌(keystone) 기업으로서 다양한 니치 기업들과 공생할 수 있는 플랫폼을 제공한다. 주춧돌 기업과 니치 기업, 그리고 니치 기업들 간의 관계는 제로섬 게임이 아니라 상생하는 관계이므로 이들 기업들은 때로는 경쟁하고 때로는 협력하면서 함께 진화한다.

경쟁자와 때로는 협력해야 하는 이유는 여러 가지가 있다. 첫째, 거래비용을 줄일 필요가 있을 때 협력할 수 있다. 각 기업이 각자의 사설 표준을 추구하지 않고 업계 공통의 표준을 제정하고 따르는 것이 대표적인 예이다. 표준이 주는 경제적인 가치가 있을 때 경쟁자들은 협력하게 된다. 물론 복수의 표준이 경쟁할 때는 몇 개의 컨소시엄으로 뭉쳐서 컨소시엄 안에서는 협력을, 컨소시엄 간에는 경쟁을 하게 된다. 와이브로, LTE 등 이동통신 표준이나 모바일 페이먼트 표준 등에서 나타나는 기업 간의 상호작용이 코피티션에 해당한다.

둘째, 경쟁자끼리 자원의 공유가 필요할 때 협력할 수 있다. 서로 보유한 자원이 상이하고 서로의 자원을 교환하는 것이 필요할 때는 경쟁 기업 간에도 협력을 할 수 있다. 삼성전자가 구글이나 시스코(Cisco) 등과 특허공유 협정을 맺고 애플과 경쟁하는 것이 대표적인 사례이다. 즉, 안드로이드 진영 안에서는 특허라는 중요한 자원을 공유함으로써 생태계 전체의 경쟁력을 높이고 애플 생태계와의 경쟁에서 유리한 고지를 점령하려 하고 있다.

셋째, 게임이론의 관점에서 보면 라이벌 경쟁기업과의 전략적 제휴나 협력적 행위가 최선의 시나리오를 가져올 수 있다. 각자가 자신의 이익만을 생각하고 선택하는 경우가 각자가 집단의 이익을 생각하고 선택하는 경우보다 더 나쁜 결과를 낳는다는 이른바 죄수의 딜레마가 주는 교훈을 따르는 것이다. 그러나 이 경우 담합 혐의를 받을 수도 있으므로 주의가 필요하다.

경쟁자끼리 협력한 대표적인 사례로 미국의 레드박스(Redbox)와 버라이즌(Verizon)이 합작하여 시작한 레드박스 인스턴트 서비스를 들 수 있다. 레드박스는 미국 전역에서 DVD 대여 키오스크를 35,900개 정도 운영하는 기업이다. 레드박스의 키오스크는 68%의 미국인이 5분 내에 도달할 수 있는 거리에 설치되어 있어 사람들이 새로 나온 영화 DVD를 하룻밤에 1달러 정도의 가격으로 편하고 부담 없이 빌려볼 수 있는 서비스를 제공한다. 레드박스는 DVD 대여시장에서 오프라인의 블록버스터나 온라인의 네트플릭스와의 치열한 경쟁 속에서도 콘텐츠 수급에서의 강점을 살려 선전을 해왔다. 다만 영화를 온라인에서 스트리밍 방식으로 보는 사람들이 증가하면서 키오스크 기반 사업의 지속가능성에 대해 고민하게 되었다.

한편 버라이즌은 1억 명 이상의 이동통신 가입자를 보유한 미국 최대의 통신사업자이며 음성, 초고속인터넷에 이어 IPTV 서비스를 번들로 제공하고 있다. 버라이즌의 IPTV 서비스는 FiOS TV라는 브랜드를 갖고 있는데, 출시 초기의 큰 기대와는 달리 성과가 그다지 좋지 않은 형편이었다. 대형 케이블 TV 사업자나 인터넷을 기반으로 영화 스트리밍 서비스를 제공하는 OTT 사업자와의 경쟁이 치열하기 때문이다. 더군다나 버라이즌은 통신사업자이다 보니 새로운 콘텐츠를 확보하는 데 어려움을 겪어왔다.

〈그림 3-4〉 레드박스 인스턴트 광고

레드박스와 버라이즌은 영화 서비스 시장에서 서로의 약점을 보완하고 자원을 합쳐서 네트플릭스 등 강력한 경쟁자와 맞서기 위해 합작으로 레드박스 인스턴트라는 OTT 서비스를 새롭게 출시하였다. 레드박스의 콘텐츠 수급능력과 버라이즌의 고객기반이 결합된 레드박스 인스턴트는 OTT 시장의 다크호스로 부상하고 있다. 레드박스 인스턴트가 레드박스의 키오스크 기반 서비스나 버라이즌이 수년간 공들인 IPTV 서비스를 대체할 수 있는 OTT 서비스임에도 불구하고 양 사가 경쟁자와의 협력을 통해 이를 추진하는 것은 매우 신선한 시도라고 볼 수 있다. 〈그림 3-4〉는 적과의 동침을 통해 탄생한 레드박스 인스턴트의 광고화면을 보여준다.

메가스터디가 경쟁에서 이길 수 있었던 비결

메가스터디는 유명한 입시학원 강사였던 손주은이 2000년에 설립한 온라인 사교육 서비스 기업이다. 2004년 코스닥에 상장한 메가스터디는 하루 평균 173편씩 신규 강의를 제작하고 매일 평균 54만 회나 동영상 강의가 재생되는 등 온라인 사교육 시장의 강자로 자리 잡았다.

우리나라에서는 입시경쟁이 어느 나라보다도 치열하여 오프라인 학원 등을 통한 사교육이 성행하는데, 국민의 상당수에게는 이러한 사교육이 경제적으로 부담이 된다. 이렇게 경제적으로 여유가 없거나 지역적으로 소외되어 학원에 가기 어려운 학생들을 위해 교육방송(EBS)이 무료로 수능강의를 제공하고 강남구청 등의 정부기관 역시 무료로 인터넷 강좌를 제공하고 있으나, 수험생들의 높은 기대를 충분히 만족시키지는 못했다.

학원가에서 사회과목 강사로 명성을 쌓은 손주은 대표는 전직 엔지니어인 동생의 도움을 받아 동영상 강의를 인터넷으로 제공하는 사업을 구상하고 메가스터디를 창업했다. 우리나라의 높은 인터넷 보급률, 그리고 PMP, MP3, 전자사전 등 다양한 전자기기의 보급에 힘입어 메가스터디는 성장을 거듭했고, 오프라인 사교육 학원이나 교육방송과의 경쟁에서 승리했다.

메가스터디가 경쟁에서 이길 수 있었던 비결은 다양하고 수준 높은, 독보적인 품질의 동영상 강의를 제공한 데 있다. 메가스터디는 학원에 비해 저렴한 가격에 무료인 교육방송은 제공하지 못하는 유명 강사의 강의를 제공함으로써 결국 품질 차별화를 달성했다.

2011년에 에듀플레이어라는 기업이 에듀플이라는 인터넷 강의 전용 학습기기를 처음으로 출시했는데, 메가스터디는 동종업계의 다른 경쟁 기업들과 함께 에듀플레이어와 제휴를 맺었다. 이는 인터넷 강의업체들 간의 경쟁은 불가피하지만 시장의 파이를 키우기 위해서는 공용으로 쓸 수 있는 인터넷 강의 전용 학습기기의 개발이 필요하다는 인식 때문이었다. 이에 에듀플로 볼 수 있는 인터넷 강의는 메가스터디, 엠베스트, 비타에듀, 이투스, EBSi 등에서 제공하는 중·고교용 학습 콘텐츠뿐 아니라 어학·고시·공무원 시험용 콘텐츠들도 포함하게 되었다.

메가스터디의 매출은 매년 급격한 증가세를 보였고, 2013년에는 3,168억 원의 매출을 기록했다. 그 결과 2000년 자본금 3억 원으로 시작한 메가스터디는 2014년 3월 말 현재 시가총액 4,539억 원을 달성하여 코스닥 시가총액 순위에서 46위를 달리고 있다.

토론을 위한 질문

1. 메가스터디의 경쟁자는 누구인가?
2. 메가스터디는 경쟁자를 어떻게 이겼나?
3. 메가스터디가 추구한 차별화의 핵심은 무엇인가?
4. 메가스터디는 경쟁자와 협력을 하는 경우가 있었나?

제4장

어떻게 기업이
지속가능할 수 있는가?

기업을 성공적으로 설립하고 가치제안, 고객 확보나 경쟁 차원에서 초기의 고비를 극복한다고 해도 그 기업이 지속적으로 생존하고 성장하는 것은 또 다른 도전이다. 즉, 한때 성공을 유도했던 공식이 미래의 성공을 가로막는 장애요인이 되는 경우가 많으므로 기업은 끊임없이 비즈니스 모델을 재창조하는 혁신을 해야 한다. 또한 기업이 계속해서 발전하기 위해서는 사회적인 책임이나 환경적인 문제에 대해서도 적극적으로 대응해야 한다.

■■■ 지속가능경영이란 무엇인가?

기업의 지속가능성은 기업을 바라보는 시각에 따라 그 의미가 변해왔다. 과거에는 기업을 독립적이고 자율적인 주체로 보았으나 지금은 사회적 환경 속에서 상호작용하는 주체로 인식하면서 지속가능경영의 개념은 주주주의에서 이해관계주의로, 다시 생태계주의로 확장되었다.

주주주의는 기업의 행위를 기본적으로 자원을 효율적으로 활용하여 기업가치, 즉 주주의 이익을 증가시키는 행위로 한정 짓는다. 한편 경제주체로서 기업의 비중이 커짐에 따라 기업의 사회적 책임에 대한 관심이 증가했고, 그 결과 이해관계주의가 탄생하게 된다. 즉, 고객, 경쟁자, 지역사회 등 다양한 이해관계자들과 조화로운 관계를 맺는 것이 중요하다는 것이다. 최근에는 기업들이 생태환경과 조화를 이룰 것을 요구받고 있다. 생태계주의에 따르면 기업은 미래 세대의 욕구를 충족할 수 있는 능력을 훼손하지 않는 범위 내에서 현 세대의 욕구를 충족해야 한다.

지속가능경영의 기본 개념은 학계와 산업계에서 오랫동안 논의되어 왔으나 최근에 들어서야 지속가능경영이 장기적인 경쟁우위를 확보할 수 있는 수단으로 재조명되고 있다. 그런데 기업마다 처한 사업환경과 쟁점으로 부각되는 이슈나 요구사항이 다르기 때문에 지속가능경영에 대한 정의도 각양각색이다. 지금까지 기업의 지속가능성을 측정하기 위해서 여러 방법이 연구되어왔는데, 다우존스 지속가능지수가 가장 대표적인 척도이다. 다우존스 지속가능지수는 경제적, 사회적, 환경적 측면에서 지속가능성을 평가할 수 있는 지표를 정하고 각 지표에 해당하는 정보를 바탕으로 산출한다. 매년 세계 2,500여 개(60개 산업) 기업 중 상위 10% 기업을 대상으로 평가가 이루어진다.

- 경제적 지속가능성: 주주에게 평균 이상의 지속적인 이윤을 제공하고 회사의 유동성을 확보할 수 있는 충분한 현금흐름을 보장.
- 사회적 지속가능성: 인적 자본뿐만 아니라 사회적 자본을 증가시켜 기업이 활동하는 사회에 가치를 제공.
- 환경적 지속가능성: 자연적 생산능력이나 대체재의 개발속도를 고려하여 자원을 최소한으로 사용하는 친환경적 기업행위.

〈그림 4-1〉은 상기한 세 가지 측면을 아우르는 지속가능경영의 개념을 보여준다.

〈그림 4-1〉 지속가능경영의 개념

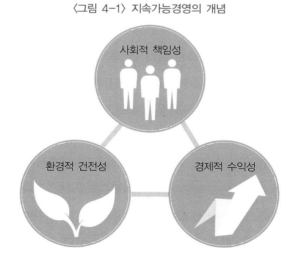

사회적 책임성

환경적 건전성

경제적 수익성

어떻게 지속적으로 수익을 창출할 수 있나?

기업을 설립하고 적절한 가치를 제안하여 목표시장의 고객을 확보하고 경쟁에서도 우위를 달성하면 그 기업은 성공했다고 평가받게 된다. 그런데 한 번 또는 일시적으로 성공했다고 해도 그 기업의 지속적인 생존이나 성장이 보장되는 것은 아니다. 그 이유는 무엇일까? 사업환경이 매우 빠르게 변화하기 때문이다. 예를 들어 기술은 빠르게 변화한다. 고객의 욕구도 변할 수 있고 규제도 세월이 가면서 바뀐다. 경쟁환경도 시시각각으로 변한다. 이러한 환경에서 지속적으로 매출이나 이익을 유지하고 성장시키는 것은 결코 쉽지 않다.

그렇다면 어떻게 하면 지속적으로 수익을 창출하여 경제적 지속가능성을 달성할 수 있을 것인가? 가장 중요한 비결은 비즈니스 모델을 재창조하는 일이다. 비즈니스 모델은 기업이 가치를 창출하는 방식이자 수익을 창출하고 지속하는 방식이기 때문에 이를 환경변화에 맞게 재창조해야 격변하는 환경에서 살아남을 수 있다.

비즈니스 모델은 1990년대에 벤처창업이 활성화되면서 관심을 불러일으키는 유행어가 되었다. 일반적으로 전략은 기업이 행하는 근본적이고 장기적인 선택이나 계획을 의미하며, 비즈니스 모델은 전략적인 도구에 해당한다. 비즈니스 모델은 일종의 사업방식인데, 목표시장, 고객가치, 핵심역량, 수익모델, 경쟁우위 등을 포함하는 개념이기도 하다. 또한 비즈니스 모델에는 가치제안, 목표시장, 가치사슬, 수익메커니즘, 또는 생태계와 경쟁전략이 포함된다. 비즈니스 모델은 살아있는 동물과 같이 늘 변화해야 하며, 비즈니스 모델을 구성하는 요소들은 하나로 통합되어야 한다.

비즈니스 모델을 재창조한 대표적인 사례는 애플이다. 애플의 전통적인 비즈니스 모델은 하드웨어 판매였으나 아이폰이라는 새로운 하드웨어를 개발하는 데 그치지 않고 하드웨어와 앱스토어 그리고 콘텐츠를 연결하는 생태계를 구축하여 파트너와 수익을 공유하는 비즈니스 모델을 창출함으로써 관련 산업의 게임의 룰을 바꾸고 모바일 생태계의 주춧돌 기업으로 부상했다.

아마존(Amazon) 역시 비즈니스 모델을 여러 번에 걸쳐 성공적으로 재창조해온 기업이다. 아마존은 온라인 서점(e-bookstore)으로 출발했는데, 이때의 비즈니스 모델은 소매상점 모델이었다. 이후 아마존은 점차 품목을 확대하여 다양한 제품을 판매하는 온라인 장터(e-market) 비즈니스 모델로 변화하게 된다. 최근에는 웹서비스와 클라우드 서비스를 기반으로 전자책뿐만 아니라 음악, 영화, 소프트웨어 등을 판매하는 일종의 ASP(Application Service Provider) 비즈니스 모델로 변신하고 있다. 아마존은 비즈니스 모델을 여러 차례 혁신하면서 그때마다 다양한 파트너들과 새로운 생태계를 창출함으로써 강력한 생태계를 구축하고 진화시켜왔다.

국내 기업 중에서 아마존처럼 비즈니스 모델을 수차례에 걸쳐 성공적으로 재창조한 기업으로는 네오위즈를 꼽을 수 있다. 1997년 설립한 네오위즈는 초기에는 인터넷 접속 서비스를 제공하였으나 1999년에 세계 최초로 웹 기반 커뮤니티인 세이클럽을 상용화했다. 2000년에는 세이클럽에서 세계 최초로 온라인 캐릭터 유료 서비스를 시작했고, 2004년에는 음악 전문 포털 쥬크온을 오픈했다. 2003년에는 게임 포털 피망

<그림 4-2> EA와 네오위즈가 공동으로 개발한 '피파 온라인 2' 게임 포스터

을 선보이면서 온라인 게임 서비스를 제공하기 시작했는데, 월 사용료를 받던 기존의 비즈니스 모델을 가상재화를 판매하여 수익을 올리는 부분정액제 모델로 대체하면서 게임업계의 선두주자로 부상했다.

세계적인 게임업체 EA는 네오위즈의 이러한 비즈니스 모델 혁신능력을 높이 평가하여 '피파 온라인'(*FIFA Online*)이라는 온라인 축구게임을 공동으로 개발하는 파트너로 발탁하기도 했다. 〈그림 4-2〉는 EA와 네오위즈가 공동으로 개발한 게임 '피파 온라인 2'의 포스터이다. 이 포스터에는 EA의 로고와 함께 네오위즈의 게임 포털인 피망의 로고도 함께 포함되어 있다. 또한 세계적인 축구선수인 루니와 카카뿐만 아니라 한국의 이청용 선수가 모델로 등장한다.

그렇다면 많은 기업들이 비즈니스 모델의 재창조에 실패하여 한때의 성공을 뒤로 하고 몰락하는 원인은 무엇인가?

비즈니스 모델을 재창조할 시기나 기회를 놓치는 기업들을 보면 한때 그 기업의 성공을 유도했던 공식이 혁신을 가로막는 장애요인이 되는 경우가 많다. 이른바 혁신가의 딜레마(*innovator's dilemma*)에 빠지는 것이다. 혁신가의 딜레마는 시장을 선도하는 기업이 어느 시점에서 더 이상 혁신을 이뤄내지 못하고 새로운 기술을 가진 후발기업에게 시장을 잠식당하는 상황을 말한다. 성공한 기업들은 대개 성공한 제품이나 서비스를 개선하는 데 관심을 기울일 뿐 급진적인 혁신을 추구하는 것은 주저한다. 혁신을 추구함으로써 기존 제품이나 서비스의 기반을 무너뜨리는 이른바 자기잠식(*cannibalization*)을 두려워하는 것이다. 결과적으로 충분히 비즈니스 모델을 재창조하여 새로운 시장의 판도를 열수 있는 자원을 갖고 있음에도 불구하고 실행을 미루다가 새로운 혁신의 주인공이 등장하면서 몰락의 길을 걷게 된다. 어찌 보면 과거의 성공이 변화를 방해하기에 기업은 끊임없이 혁신해야 하는지도 모른다.

아날로그 휴대폰 시장의 선도기업이었던 모토로라가 디지털 휴대폰의 출시를 미루다가 노키아에게 그 자리를 넘겨준 것이나, 노키아가 스마트폰 기술을 갖고 있음에도 불구하고 스마트폰 시장을 주도적으로 열지 못하고 애플에게 주도권을 뺏긴 것도 혁신가의 딜레마를 극복하지 못한 사례라고 볼 수 있다.

중국 무협지에 보면 "장강후랑추전랑"(長江後浪推前浪)이라는 표현이 자주 나온다. 큰 강의 뒷물결이 앞 물결을 밀어낸다는 뜻이다. 즉,

성공해서 지금 정상에 있어도 혁신으로 무장한 후발주자에 의해 밀려난다는 것이다. 문제는 요즈음처럼 격변하는 시장환경에서는 추락하는 것에는 날개가 없고 한번 추락하면 회복이 어렵다는 점이다. 따라서 기업이 경제적인 지속가능성을 달성하려면 한때의 성공에 안주하지 말고 혁신가의 딜레마를 극복하여 비즈니스 모델을 재창조하려는 노력을 계속해야 한다.

■■■ 사회적인 책임은 왜 수행해야 하나?

기업이 비즈니스 모델의 재창조를 통해 지속적으로 수익을 창출하여 경제적 지속가능성을 달성한다고 과연 안심할 수 있을까? 아니다. 아무리 기업이 이윤을 추구하는 존재라고 해도 경제적 지속가능성만으로는 기업의 생존과 성장을 보장할 수 없다. 기업은 사회 속의 기업시민으로서 사회적 책임을 다해야 한다. 즉, 경제적 지속가능성과 함께 사회적 지속가능성을 동시에 달성해야 하는 것이다.

기업의 사회적 책임(CSR: Corporate Social Responsibility)은 기업이 지속적으로 존속하기 위한 이윤추구 활동 이외에 법령과 윤리를 준수하고 기업의 이해관계자 요구에 적절히 대응함으로써 사회에 긍정적 영향을 미치는 것을 의미한다. 기업의 사회적 위치가 커짐에 따라 기업이 감당해야 하는 사회적 책임도 커지게 되었는데, 이러한 사회적 책임은 고용을 창출하고 회계의 투명성을 유지하며 성실하게 세금을 납부하고 소비자의 권익을 보호하는 것을 포함한다. 또한 윤리경영과 다양한 사회공헌 활동도 기업의 사회적 책임으로 볼 수 있다.

만약 기업이 사회적 책임에 소홀하면 법적, 윤리적 제재를 받게 되는데, 더 심각한 것은 기업의 브랜드 이미지가 실추되고 평판이 나빠져 이해관계자들의 신뢰를 잃게 된다는 것이다. 결국 기업은 사회적 책임을 다하지 못하면 지속가능성에 커다란 타격을 받는다.

엔론(Enron)은 뉴욕 증권거래소에 상장된 세계적인 에너지 기업 가운데 하나였다. 경제잡지 〈포춘〉(Fortune)에 의해 미국에서 가장 혁신적인 기업으로 선정되기도 한 엔론은 분식회계를 한 사실이 드러나 결국 파산했다. 미국 7대 기업에 속했으나 회계의 투명성을 지키지 못해 한순간에 망한 것이다. 엔론 회장이었던 케네스 레이(Kenneth Lay)와 CEO였던 제프리 스킬링(Jeffrey Skilling)은 연방법원에서 사기와 내부자 거래 등으로 각각 징역 24년 4개월과 24년 형을 선고받았다. 당시 엔론의 외부 감사를 맡고 있던 회계법인 아서 앤더슨(Arthur Andersen)도 미국 5대 회계법인 중 하나였으나 엔론 사건으로 인해 영업정지를 당하고 결국 파산했다.

최근에는 기업의 사회적 책임을 넘어선 개념으로서 공유가치경영 (CSV: Creating shared value)이 부각되고 있다. 공유가치경영은 경제적 가치(기업의 이익)를 사회적 가치(공공의 이익)와 결합한 공유가치를 기업경영의 목표로 삼는 것으로, 하버드대학교의 마이클 포터(Michael Porter) 교수에 의해 제시되었다. 공유가치경영의 개념에 따르면 기업의 사회공헌은 기업의 경쟁력 향상과 장기적인 발전을 위한 투자로 보아야 한다.

기업이 지속적으로 수익을 달성하고 사회적 책임을 다해도 환경경영에 실패하면 지속가능하기 어렵다. 즉, 기업의 지속가능성은 경제적, 사회적 측면과 함께 환경적인 측면을 요구하는 것이다. 환경적 지속가능성이란 기업의 고유한 활동에 의해서 파생되는 환경적 훼손을 최소화하면서 환경적으로 건전한 발전을 도모하는 것을 의미한다.

만약 어느 기업이 공장 폐수를 무단으로 강이나 바다로 방출하거나 유해물질을 노출하여 환경을 오염시킨다면 법적인 처벌을 받을 뿐만 아니라 사회적으로도 엄청난 비난을 받게 된다. 자기의 욕구를 충족하고자 미래 세대의 욕구를 충족할 수 있는 능력을 훼손했기 때문이다.

전자쓰레기(*e-waste*)의 예를 들어보자. 최근 컴퓨터, 모바일 기기 등의 보급이 증가하면서 전자쓰레기가 늘어나고 있다. 미국의 경우 매년 약 3억 8천만 대의 전자기기가 버려지는데, 재활용되는 비율은 20%가 되지 않는다. 즉, 전자쓰레기는 대부분 제대로 처리되지 못하고 매립되거나 소각되는데, 이 경우 기기의 중금속이 땅이나 지하수를 오염시켜 심각한 환경오염 문제를 야기할 수 있다. 중고 휴대폰의 경우 사회단체나 개발도상국에 재분배하는 등 재사용이 가능함에도 불구하고 이를 위한 이동통신사업자들의 자발적인 노력이 절대적으로 부족한 실정이다. 유럽에서는 WEEE(Waste Electrical and Electronic Equipment) 지령을 통해 전자업체에게 수명이 다된 전자제품을 수거할 것을 요구하고 있다. 미국의 캘리포니아 법도 텔레비전이나 컴퓨터 모니터를 매립하거나 소각하는 것을 금지하고 있으며, 2006년부터 이를 모든 전자쓰

레기에 적용하고 있다.

마크 볼스(Mark Bowles)라는 기업가는 2008년 미국 샌디에이고에서 에코에이티엠(ecoATM)이라는 기업을 설립했다. 이 기업은 중고 휴대폰을 현금과 교환할 수 있는 자동화기기를 운영한다. 마크 볼스는 자동화기기를 통해 전자쓰레기 문제를 줄이겠다는 생각으로 7개의 관련 특허를 확보하고 7,200만 달러의 투자비를 마련하여 자동화기기를 개발했다. 이 기업은 미국의 24개 주에서 350개의 자동화기기를 운영하면서 수많은 중고 휴대폰을 수거하고 있다.

에코에이티엠은 수거한 중고 휴대폰을 청소하여 다시 개발도상국이나 중고시장에 판매하거나, 또는 분해하여 필요한 부분만 판매함으로써 현금을 돌려줄 수 있는 수익을 확보한다. 에코에이티엠의 사례는 전자쓰레기 문제를 창업을 통해 해결한 모범사례로서, 환경적 지속가능성을 달성한 좋은 예라고 볼 수 있다. 〈그림 4-3〉은 마크 볼스와 그가 만든 에코에이티엠의 모습이다.

그런데 환경적 지속가능성 문제는 물리적 환경에만 적용되는 것이 아니다. 인터넷이 생활화되면서 사이버환경 역시 매우 중요해졌다. 예를 들어 우리나라는 온라인 게임 종주국으로, 게임산업은 연 매출액이 10조 원 규모를 넘어서며 우리나라 콘텐츠 수출의 60% 이상을 담당한다. 게임산업이 산업적인 측면에서 우리 경제의 착실한 효자 노릇을 하는 것이다. 그러나 게임은 순기능에 비해 역기능이 매우 심각하다. 게임 기반 학습 등 게임을 생산적으로 활용하는 사례도 있지만, 대부분 오락용으로 활용된 게임은 결과적으로 게임중독자를 양산하는 결과를 낳았다.

　심각한 게임중독 문제를 해결하기 위해 정부나 정치권에서는 강력한 게임규제를 도입하려 하나, 막상 게임업계는 규제에 반대할 뿐 게임중독의 사회적 예방과 치료에는 큰 노력을 기울이지 않고 있다. 담배회사들이 담배를 팔면서 담배의 해악을 명시적으로 알리듯이, 게임업계도 게임으로 돈을 벌기에 게임의 역기능을 미리 알리고 사후적으로 치료하는 데 적극적으로 투자할 필요가 있다. 게임산업이 아무리 큰 수익을 창출해도 사이버환경을 중독으로 오염시킨다면 우리 사회에서 지속가능하기 어렵기 때문이다.

네이버의 지속가능경영

국내 최대 인터넷 포털인 네이버는 검색시장에서의 압도적인 시장점유율을 바탕으로 지속적인 매출과 이익의 증가를 누려왔다. 특히 일본시장을 통해 출시한 모바일 메신저 라인이 세계적인 성공을 거두면서 네이버의 주가는 가파르게 상승했다.

그런데 네이버는 2013년부터 경제민주화의 기조 속에서 골목상권 침해, 시장지배력 남용 등으로 비판받으면서 국회에서 네이버 규제법이 발의되는 등 정치적, 사회적 압박을 받게 되었다. 공정거래위원회는 당초 네이버의 공정거래법 위반에 대해 거액의 과징금을 부과하려 했으나 네이버가 직접 마련한 시정방안을 공정거래위원회가 수용하는 이른바 동의의결을 통해 과징금 부과는 면제됐다. 네이버는 앞으로 3년 동안 공익법인 설립과 소비자 후생복지, 그리고 중소상공인 상생지원에 총 1천억 원을 집행하기로 했다.

네이버는 나름대로는 사회적 책임을 다했지만 사회적 위치에 비해 상대적으로 책임에 소홀했기에 기업의 지속가능성에 타격을 입을 수 있는 공세에 직면하였으나, 자발적으로 적극적인 상생방안을 마련함으로써 위기를 벗어날 수 있었다. 네이버는 2014년 3월 31일부로 메인 페이지를 개편하면서 공익·상생·나눔 활동에 대한 정보를 제공하는 상시 노출 영역을 추가했다(〈그림 4-4〉 참조).

한편 네이버는 기능성 환경게임 '에코프렌즈'를 출시하고, 초록지구를 위한 'Be Green Go Green' 환경 캠페인을 진행하며, 에코라이프 클

〈그림 4-4〉 개편된 네이버의 메인 페이지

〈그림 4-4〉 개편된 네이버의 메인 페이지

럽과 어스아워(Earth Hour) 클럽을 통해 에코라이프를 추구하는 영상을 제작하기도 했지만 업종의 성격상 환경경영 활동은 활발하지 않다. 또한 게임중독 등을 해결해 사이버환경을 정화하려는 노력도 아직은 구체적이지 않은 것으로 보인다.

토론을 위한 질문

1. 네이버는 혁신자의 딜레마에서 자유로운가?
2. 네이버는 경제적으로 지속가능한가?
3. 네이버는 사회적 책임을 제대로 수행하고 있나?
4. 네이버는 환경문제에 적극적으로 대응하고 있나?

PART II

무엇을 설계해야 하나?

제5장
· · ·
상품을 어떻게
만들 것인가?

■■■ 델 컴퓨터의 생산시스템 1

세계적으로 유명한 컴퓨터 회사인 델 컴퓨터(Dell Computer)는 1983년
당시 18세 청년이었던 텍사스대학교 학생 마이클 델(Michael Dell)에
의해 설립되었다. 델 컴퓨터는 설립 다음 해 Turbo PC라는 이름으로
조립 PC를 팔아 600만 달러의 매출을 올렸고, 1985년에는 소비자주문
형 컴퓨터를 공급하여 7천만 달러의 매출을 올렸다. 그리고 5년 후에는
5억 달러, 2000년 말에는 250억 달러의 매출을 올렸다. 이러한 성장세
에 힘입어 델 컴퓨터는 1992년 세계 500대 기업이 되었고 CEO인 델은

---

1 출처: www. marsdd. com, "Case study: Dell–Distribution and supply chain inno-
vation".

〈포춘〉지가 선정한 500대 기업 중 가장 젊은 CEO가 되었다. 이와 같은 성장의 배경에는 델만의 독특한 유통시스템과 생산방식이 있었다.

특히 생산시스템의 경쟁력은 공급자와의 통합전략에서 찾을 수 있다. 델은 컴퓨터 부품을 직접 만들기보다는 최상의 부품 공급자를 발굴하여 장기적인 신뢰관계를 형성하는 데 집중했다. 그리고 이들을 컴퓨터 조립라인 가까운 곳에 위치하게 하여 신속하게 원하는 부품을 공급받을 수 있게 했다. 이렇게 함으로써 델은 재고 비용을 줄이면서 새로운 제품을 출시하는 시간을 획기적으로 줄일 수 있었다. 또한 이는 전통 방식으로 재고를 관리하던 경쟁사에 비해 원가를 획기적으로 낮추는 계기가 되었다. 델의 파트너 전략은 회사가 직접 수조 원을 생산시설에 투자하지 않아도 생산에서 경쟁력을 갖도록 했다.

델은 1997년에는 조립라인에 혁신을 도입했다. 기존 라인에서는 개별 종업원이 단일한 단순 업무를 반복했으나, 새로운 시스템에서는 종업원을 단위로 묶어 PC 조립을 완결하게 했다. 그 결과 단위면적당 생산성은 두 배로 높아졌고, 생산시간은 75% 단축되었다.

〈그림 5-1〉의 벽화는 이집트 테베(Thebes) 서쪽 지구 제 19왕조(B. C. 1320~1200년경)인 센네젬(Sennedjem)의 묘에서 발견된 것으로, 쟁기질하는 농부의 모습을 그리고 있다. 쟁기로 논밭을 갈면 흙에 공기가 많아져 작물을 심기가 쉬워지고 작물이 쉽게 뿌리를 내리게 하기 때문에 수확량을 늘리는 데 도움이 된다고 한다.

인류가 지금처럼 발전한 이유 중 하나는 생산기술을 진화시킬 수 있었기 때문이다. 동물들은 자연에서 자신들에게 필요한 것을 찾아 이곳저곳을 헤매지만, 인간은 먼 옛날부터 뛰어난 지능을 가지고 자연환경

을 이용하여 자신에게 필요한 것을 만들어 사용했다. 이 과정에서 좀더 좋은 것을 풍족하게 얻기 위해 끊임없이 더 나은 원료를 찾고 성능이 좋은 도구와 생산방법을 개발하려 했다. 그러한 노력으로 인류는 농업사회, 봉건사회, 산업사회를 거쳐 지금의 경제적인 성과를 얻었다.

우리는 앞에서 비즈니스 모델 설계를 통해 상품의 개념, 고객에게 전달할 가치, 경쟁자에 대해 알아봤다. 이제 이 아이디어를 상품의 형태로 구체화해야 한다. 구체화하는 것이 무엇인가? 사용자의 요구를 만족시키는 상품을 만드는 것으로, 상품을 기획하고 필요한 자재와 인력을 확보하며, 생산관리를 통해 품질, 물량, 그리고 원가를 관리하는 것을 말한다.

어떻게 기획하나?

상품을 만들기 위해 가장 먼저 어떤 상품을 만들지 구체적으로 정하는 작업이 필요하다. 이런 구체화 과정을 상품기획이라고 하는데, 이는 고객의 욕구를 충족할 수 있도록 상품의 속성, 기능, 원가, 외관, 이용절차 등을 구체적으로 정하는 과정이다. 가령 새로운 스마트폰용 게임을 기획한다고 하자. 이때 상품기획은 게임에 등장할 캐릭터 형태를 설계하고, 화면구성과 작동방법 등 세세한 부분을 정하는 것을 말한다.

그럼 상품기획의 출발점은 어디인가? 어디에 초점을 두느냐에 따라 두세 가지 방식이 있다. 첫째는 시장에서 원하는 것에 초점을 맞추어 상품을 만드는 것이고, 둘째는 내가 가진 기술을 중심으로 상품을 만드는 것이다. 물론 지금 언급한 두 가지 방식을 조합하는 경우도 있다.

각 방식에는 장단점이 있다. 시장 중심으로 상품을 만들면 팔 수 있는 가능성이 높으나 만드는 과정에서 내 능력에 버거울 수 있다. 자연스럽게 제작비용이 높아질 가능성도 있다. 반면 내가 가진 기술 중심으로 상품을 만들면 상품을 만들어낼 수 있는 가능성이 높다. 하지만 결정적으로 고객이 원하지 않을 수 있는 위험이 있다. 이 둘의 단점을 보완한 것이 있는데, 바로 내가 가진 기술과 시장의 요구조건을 동시에 고려하여 상품을 기획하는 것이다. 이 방식은 영업부서와 기술부서의 친밀한 커뮤니케이션이 필요하다. 가장 이상적인 방식일 수 있으나, 기획과정에 시간이 많이 걸리는 것이 단점이다.

각 방식은 언제 유리할까? 산업 특성상 기술 의존도가 크지만 기술

변화속도가 빠르지 않은 경우 기술 중심으로 상품을 기획하면 유리하다. 반면, 상품에서 기술이 차지하는 역할이 크지 않고 고객의 요구가 자주 바뀌는 경우에는 시장 중심의 상품을 기획하는 게 유리하다. 창업 초기에는 시장요구와 기술능력을 동시에 고려한 상품기획이 필요한데, 상품기획 단계에서부터 시장정보를 공유하고 이를 기획과 개발에 반영해야 한다.

상품기획은 전사가 참여하는 프로세스다. 고객이 가진 욕구의 세세한 부분을 상품 설계에 그대로 반영하는 것이 아니라 투입될 원가, 현재 기업에서 보유한 기술수준, 시장 환경적인 요인 등을 종합적으로 고려해서 상품의 구체적인 사양을 결정한다. 따라서 마케팅, 생산, 기술개발, 재무회계 부서 모두가 참여하여 상품 기능과 사양을 결정하는 것이다. 고객이 간절히 원하더라도 기술적으로 구현하는 데 많은 비용이 들거나 경쟁회사의 현재 수준으로 봐서 굳이 그럴 필요가 없을 수도 있기 때문이다.

상품기획이 무엇인지 이해하기 위해 NHN 인재채용 사이트에 있는 기획자의 일상에 대한 묘사를 보자. 상품기획이 무엇인지 잘 보여준다.

… 새로운 흐름에서도 변치 않을 인간의 보편적인 니즈를 발견해내고 결국 어떤 서비스를 만들어갈지 결정하는 …

… 아무리 작은 기능이라도 사용자들에게 필요한 것인지 고민하고, 그것이 실제로 유용하게 사용되는 모습을 보며 기쁨을 느낄 수 있습니다. …

… 서비스에서 사용자들이 원하고 필요로 하는 부분을 찾아냈다면 그것을

최선의 방법으로 구현해낼 수 있는 끈기가 필요합니다. 수많은 디자인이나 UX 검토, 다양한 개발방법 중에서도 사용자가 가장 쉽고 유용하게 이용할 수 있는 이상적인 방법을 디자이너, 개발자와 함께 찾아내야 합니다. …

무엇을 결정하는 것인가?

이제 기획 프로세스로 들어가보자. 상품기획에 정해진 프로세스가 있는 것은 아니다. 제공하는 상품이 공산품인지 서비스인지, 처음 등장한 개념인지 기존 상품의 개선인지 등 상황에 따라 절차가 조금씩 달라질 수 있다. 그렇지만 어떤 상황이든 기본적으로 고객과 시장을 감안하여 콘셉트를 잡고, 경제적·기술적 제약을 따져 상품의 사양을 결정한다. 〈그림 5-2〉는 일반적으로 상품을 기획하는 과정을 묘사하고 있다.

기획단계에서는 가장 먼저 상품의 큰 방향을 잡아야 한다. 이를 상품

〈그림 5-2〉 상품기획 절차

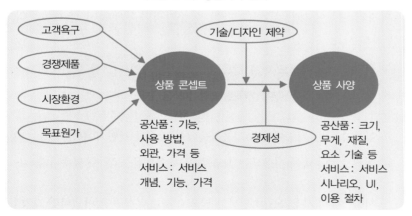

콘셉트 개발이라고 하는데, 상품 아이디어를 이용자의 관점에서 보다 구체화하는 작업이다. 즉, 소비자들은 구매를 계획할 때 비슷한 상품 간에 속성을 비교·평가하는데, 상품 콘셉트의 개발은 이러한 속성을 파악하는 작업이라고 할 수 있다. 고객 욕구를 이해하는 데 있어 경쟁 제품에 대한 이용자의 평가는 중요한 정보를 제공한다.

그럼 어떤 요소를 고려하여 콘셉트를 구체화하나? 상품의 큰 방향이 정해지고 나면 방향에 맞게 세부 요소를 구성해야 한다. 어떤 세부적인 기능이 필요한지, 어떤 부품을 사용할 것인지, 크기는 어떻게 할 것인지 등을 기술적 그리고 디자인적 제약과 경제성을 평가하여 결정한다. 이 과정에서 여러 구성요소를 정해 기술적으로 개발이 가능한지, 디자인에 흡수시킬 수 있는지, 원하는 목표가격 안에 들어오는지를 검토하면서 최적의 사양을 찾는다.

기획단계에서 정보수집은 아주 중요하다. 어떤 방법으로 정보를 모을 것인가? 고객 설문이나 인터뷰, 관련 자료 분석, 경쟁제품의 해부, 구성원 간의 협의 등이 유용한 수단이다. 설문이나 인터뷰 과정에서 고객이 가진 직접적인 욕구뿐만 아니라 드러내지 않는 욕구까지도 파악해야 하는데, 필요하면 전문가의 도움을 받아야 한다. 대부분의 기획과 마찬가지로 구성원들 간의 아이디어 회의도 도움이 된다. 브레인스토밍(brainstorming)은 그룹 구성원이 자유롭게 토론하여 아이디어의 질과 양을 풍성하게 하는 대화법으로, 혼자일 때보다 더 많은 아이디어를 낼 수 있는 것으로 알려져 있다. 특히 정형화되지 않은 문제를 풀 때 구성원 간에 격 없이 서로 비판하지 않고 다양한 의견을 내게 함으로써 의외의 유용한 결과를 얻기도 한다.

어떻게 시제품을 검증하나?

상품 사양이 결정되면 바로 개발 혹은 생산에 들어가나? 그렇지 않다. 정식으로 상품을 만들어 시장에 내놓기 전에 상품을 검증해야 한다. 기획이 현실에서 그대로 받아들여진다는 보장이 없지 않은가. 자칫 검증되지 않은 상품이 시장에 성급히 출시되어 나쁜 첫인상을 남길 경우 치명적인 결과를 초래할 수 있다. 나머지 5%, 10%를 채우지 못해 숱한 시간과 비용의 투자를 물거품으로 만들어버릴 수 있기 때문이다.

어떻게 검증할 것인가? 먼저 시제품을 시장에 배포해 반응을 수집해야 한다. 개발한 게임의 베타 테스트를 진행하거나 신상품을 사전에 표적고객의 일부가 사용하게 해 피드백을 받는 것이 검증의 일종이다. 표적고객 응답자들로부터 각 속성의 수준에 대한 효용을 측정한다. 다수의 소비자 응답자료를 이용하여 효용의 추정 및 최적 상품의 선택을 밝힌다.

다른 검증은 없나? 대량생산 전에는 생산성에 대한 테스트가 있어야 한다. 대량생산에는 막대한 투자가 필요하기 때문에 기획한 상품이 실제로 만들어질 수 있는지 테스트하는 것이다. 먼저 상품 콘셉트에 포함된 핵심적 속성들이 실제 구현되는지, 정상적 용도와 사용조건하에서 제대로 작동하는지, 예정된 원가로 생산이 가능한지 등을 시제품을 생산해봄으로써 검증한다. 제품원형이 완료되면 다시 기능 테스트와 소비자 테스트를 거치게 된다. 테스트를 통과하면 생산 준비단계에 들어간다.

상품을 만들기 위해서는 여러 요소를 갖추어야 한다. 음식이 여러 재료를 조합하여 만들어지듯이. 그럼 이 모든 요소들을 기업이 직접 다 만들 것인가? 이것은 중요한 결정이다.

크게는 직접 만들거나(개발하거나) 외부에서 확보하는 방법이 있다. 외부에서 확보하는 것은 다시 사오거나 서로 제휴하는 경우로 나눌 수 있다. 자동차회사는 새로운 자동차에 필요한 엔진을 직접 만들 수도 있고 엔진 전문기업으로부터 사올 수도 있다. NHN 한게임 서비스는 필요한 게임을 자체적으로 만들 수도 있고 외부 게임업체와 제휴하여 확보할 수도 있다. 제휴하는 경우에는 한쪽에서 다른 쪽으로 돈을 지불하지 않고 통상 한쪽에서 번 돈을 서로 나누어갖는 방식을 취하게 된다.

외부에서 가져오면 어떤 장단점이 있나? 최근 들어 모든 것을 내부에서 만들지 않고 외부 파트너와 협력하여 확보하는 추세가 늘어나고 있다. 특히 IT 분야는 다른 산업에 비해 기술 표준화가 잘 되어 있어 아웃소싱(outsourcing)이 활발한 편이다. 아웃소싱은 비용을 낮추고 기업의 경쟁력을 높일 수 있는 장점이 있다. 또 자신이 가지지 못한 역량을 외부에서 가져와 역량의 공백을 매울 수 있다. 반면 외부에 대한 의존도가 높아지고 내부 프로세스와의 통합에 문제가 발생할 수도 있다는 점을 염두에 두어야 한다.

내부에서 만들지 외부에서 확보할지 어떻게 판단을 내리나? 한번 내려진 결정은 쉽게 바꿀 수 없지만 기업의 상품 경쟁력에 크게 영향을 미치기 때문에 중요한 결정이다. 먼저 상품을 구성하는 요소를 도출한다.

그런 다음 각 요소별로 평가가 필요하다. 기술이 최근에 등장한 뜨는 기술인지 이미 보편화된 일반적인 기술인지, 내부에서 개발에 성공할 가능성이 있는지, 확보방식에 따라 비용은 어떻게 차이 나는지, 외부에서 가져왔을 때 다른 요소와 통합의 문제는 없는지, 기술이 차별화의 핵심 역할을 할 수 있는지, 외부 공급자가 많은지 등을 따져서 내부생산(개발), 외부구매, 또는 외부와의 제휴 중에 결정한다.

▬▬▬ 어떻게 구매할 것인가?

구매는 일상적인 경영활동의 일부다. 기업이 구매를 전문부서까지 두면서 관리하는 이유가 무엇인가? 구매는 기업경영에 필요한 제품이나 서비스를 매입하는 행위로, 구매를 별도로 관리하면 원하는 상품을 최적의 조건으로 사는 데 유리하기 때문이다. 외부에서 구매한 재료나 서비스의 원가 비중이 높은 기업일수록 구매는 더욱 중요하다. 구매 전문가는 공급자 시장에 대한 지식과 네트워크, 그리고 협상 기술을 가지고 있으며 통합 구매로 협상력을 높일 수 있다.

구매부서는 수요부서와 어떻게 협조해야 하나? 구매부서는 사내 수요부서와 외부 공급원 사이를 연결하는 역할을 하며, 사내 부서에서 요구하는 상품을 파악하고 요구 조건을 만족하는 최상의 상품을 찾는다. 이를 위해 수요부서와 긴밀한 커뮤니케이션을 유지해야 하고, 공급시장에서 기존 거래처를 잘 관리함과 동시에 새로운 거래처를 발굴하기 위해서도 노력해야 한다. 또한 구매하고 사용하는 과정에서 수요부서가 느끼는 문제점을 지속적으로 피드백 받아 구매절차 개선에 반영해야 한다.

구매부서는 또한 수요부서의 요청을 받아 상품이 인도될 때까지의 전 과정을 관리한다. 구매는 독립적으로 일어나는 것이 아니라 수요부서, 기술부서, 자재부서 등 다양한 부서와의 커뮤니케이션을 통해 일어난다고 볼 수 있다.

구매관리는 무엇을 관리하는 것인가? 무조건 싸게 사면 좋은 것인가? 가격도 굉장히 중요하지만 품질, 수량 및 납기도 그에 버금가게 중요하다. 품질이 원하는 수준에 미달하거나, 부족한 수량을 받거나, 원하는 시기에 재료를 받지 못하면 상품을 만드는 과정에 치명적인 악영향을 줄 수 있다. 따라서 가격, 품질, 납기 세 요소가 중요한 관리요소라 볼 수 있다.

구매를 유리하게 하려면 어떻게 해야 하나? 시장조사를 철저히 하여 공급자 수를 늘리고 공급자 선정 기준과 절차를 공정하게 해야 한다. 공급 조건은 공급자와 구매자의 협상력에 따라 달라지는데, 통상 대안을 많이 가진 쪽이 유리한 입장에 놓이게 된다. 따라서 공급자 수를 늘려야 한다. 구매에서 발생할 수 있는 내부 비리도 관리해야 한다. 구매자는 대부분의 경우 공급자 대비 우월적인 지위를 갖기 때문에 비리가 발생하는 경우가 많다. 비리가 발생하면 비용이 올라가고 품질이 저하되어 경영성과를 크게 훼손할 수 있다. 이를 방지하기 위해 공급자 선정 기준과 절차는 투명하고 공평하게 문서화하는 것이 필요하다.

최대한 깎는 것이 최상인가? 가격은 합리적이어야 한다. 사회통념상 구매자는 조금이라도 싸게 사려고 하고, 공급자는 조금이라도 비싸게 팔려는 것이 인지상정이다. 기업은 적정한 표준을 설정하여 풍부한 자료를 갖추어놓고 되도록 과학적이고 타당한 가격으로 구매하도록 노력해야 한다. 가격을 너무 중시한 나머지 공급업자의 약점을 이용하여 부당하게 값을 깎으면 관계가 나빠지고, 공급이 부족한 때 공급업자의 협조를 받지 못할 수 있다는 것을 염두에 두어야 한다.

유리한 가격으로 협상하기 위해 어떻게 해야 하나? 정보 수집이 중요하다. 사전에 가격에 대한 정보를 수집하고 체계적으로 정리할 필요가 있다. 가격에 대한 주요 정보원은 관공서 통계, 민간자료, 표준자료, 거래처 재무정보 등이 있다. 관공서는 주요 공산품과 서비스에 대한 시장가격 동향을 정기적으로 제공하고 있어, 이를 분석하면 구매상품의 합리적 가격을 파악할 수 있다. 산업협회에서 발간하는 가격정보도 유용하게 이용될 수 있다. 신뢰성 있는 관련 데이터를 제시하고 합리적인 근거를 주장하여 유리한 가격을 얻어내야 한다.

그럼 액면가격이 낮으면 좋은 것인가? 반드시 그렇지는 않다. 중요한 점은, 구매담당자는 당장의 가격보다도 최종 비용이 낮은 것을 선택해야 한다. 최종비용이라는 것은 지금 지출하는 상품 가격과 상품을 유지하기 위해 필요한 지출을 합한 것이다. 예를 들어, 에어컨은 구입비 외에 사용하면 전기료를 내야 한다. 따라서 에어컨을 살 때는 가격뿐만 아니라 전기요금에 영향을 미치는 전기소모량을 같이 봐야 한다. 마찬가지로 자동차의 경우 연비도 같이 봐야 한다.

그 외 가격 부대조건도 같이 따져야 한다. 똑같은 금액이라도 나누어 낼 것인지 한 번에 낼 것인지에 따라 기업의 현금 부담이 달라진다. 제품의 품질보증 기간과 범위도 챙겨야 한다. 구매상품의 유지보수는 비용을 발생시키기 때문에 품질보증 조건도 유리하게 유도해야 한다. 그 외에 직원의 교육비용, 고장 발생 시 인력파견 관련 비용 등은 운용을 위해 중요한 가격 부대조건이다.

품질은 어떤 요소로 구성되나? 품질은 여러 측면에서 설명이 가능하다. 대표적인 것이 성능, 기능, 적합성, 신뢰성, 내구성, 편의성 등이 있다. '성능'은 상품 본질적인 운용특성으로, 이용자가 상품을 통해 얻는 기본적인 효능을 말한다. MP3는 음악을 깨끗하게 재생할 수 있어야 하고 자동차는 안전하고 빠르게 움직일 수 있어야 한다. 이런 것들을 성능이라고 한다. '기능'은 상품의 본원적인 성능 사용을 손쉽게 하는 보조적인 특성이다. 선곡을 쉽게 하는 MP3의 해상도 높은 디스플레이 기능, 쾌적한 공기를 마실 수 있게 하는 자동차의 선루프 기능 등이 그 예이다.

신뢰성은 정해진 조건하에서 정해진 기간 동안 성능을 발휘할 수 있는 능력을 말한다. 내구성은 기술적 또는 경제적 측면에서 수명을 나타내며, 편의성은 조작의 용이성, 서비스의 친절, 수선 용이성 등을 말한다. 그 외 품질로는 외관의 아름다움, 사전에 제시된 것과 실제의 차이를 나타내는 적합성 등이 있다. 구매관리에서 품질은 이 모든 요소를 포함한다.

이 많은 품질요소를 어떻게 다 관리할 것인가? 품질관리체계가 필요하다. 구매 자재의 품질을 일정 수준 이상으로 유지하기 위해서는 기업 내부뿐만 아니라 공급자가 품질관리체계를 가져야 한다. 기업은 구매 자재가 식별과 추적이 가능하게 해야 하며, 검사를 통해 불량품을 걸러낼 수 있는 절차를 갖추어야 한다. 기업 내부의 품질관리체계를 구축하고 나면 공급자와의 상호협력 품질관리체계로 확대해야 한다. 공급업체가 스스로 자재를 생산하고, 관리하고, 납품하며, 불량품을 처리하는 표준절차를 만들고 운용하도록 해야 한다.

필요한 자재를 미리 잔뜩 사놓을 것인가? 자재를 많이 보유하고 있으면 언제든지 생산에 투입할 수 있는 장점이 있으나, 대금을 미리 지불해야 하고 자재 보관비용도 발생한다. 반면 자재가 너무 적으면 비용이 적게 드는 장점이 있지만, 자재에 불량이 생기거나 생산량을 갑자기 늘리려고 할 때 문제가 발생한다. 결국 자재 재고는 적정수준일 때가 가장 좋다. 어느 수준이 적정인가? 이론적으로는 재고 유지비용과 주문에 소요되는 비용의 상관관계를 따져 최적 재고수준을 계산하지만, 현장에서 경험을 통해서 생산에 지장을 주지 않는 최소한의 물량으로 적정 재고량을 산정하기도 한다.

또한 납기관리를 잘해 재고비용을 줄여야 한다. 자재의 재고 수량은 주문 후 입고까지 소요되는 시간을 말하는 리드타임(lead time)과 밀접한 관련이 있다. 리드타임은 자재 공급자별로 다르다. 리드타임이 긴 자재는 적정 재고를 유지하기 위해 충분한 시간을 두고 미리 주문해야 한다. 이런 경우 재고 유지비용이 올라갈 수밖에 없다. 반면 리드타임이 짧으면 재고가 얼마 남지 않은 시점에 주문해도 된다.

어떻게 하면 좋은 공급자를 찾을 수 있나? 일반 경쟁입찰은 가장 일반적인 방식으로, 불특정다수의 입찰 희망자를 경쟁입찰에 참가시켜 그중에서 가장 유리한 조건을 제시한 자를 선정하는 방법이다. 공정한 방식이지만 자칫 가격에 중점을 두어 품질이 저하될 우려가 있다. 품질 저하를 방지하기 위해 기술력·신용 등에 있어서 적당하다고 인정하는 특정 다수를 경쟁입찰에 참가시키는 방식이 대안이 될 수 있다. 보안이 요구되거나 신속한 계약이 필요한 경우 경쟁입찰에 부치지 않고 특정 상대를 선정하여 그자와 조건만 협의하여 결정하기도 한다.

자재는 상품의 일부분을 구성하기 때문에 공급업체가 변경되면 때로는 전체 설계를 수정해야 할 수도 있다. 따라서 안정적으로 사업을 운영할 수 있는 능력을 가진 공급업체와 거래하는 것이 중요하다. 이런 이유 때문에 공급계약을 협의할 때 품질, 가격, 납기 이외에 기업의 재무적인 상태를 같이 확인하다.

구매계약서는 어떻게 만드나

계약이 무엇인가? 공급자와 구매자 간의 합의는 계약이라는 형태로 법적인 구속력을 갖는다. 계약은 당사자 간 의무와 권리를 규정한 법률행위다. 법률적 효력은 당사자 간의 법적 관계를 형성하는데, 구매계약의 경우 공급 가격, 공급 물량, 공급 시기 등에 관련한 공급자와 구매자의 의무와 권리가 계약대상이다. 법적 구속력을 갖는다는 것은 계약에 따라 상대에게 요구할 수 있고 계약을 위반한 자에게는 재산상, 형사상 책임을 물을 수 있다는 의미이다.

계약서가 있으면 항상 법적 효력이 발생하나? 꼭 그렇지는 않다. 서로 대립되는 의사표시는 동등하게 상호 교환되어야 한다. 가령, 조직폭력배에게 끌려가 강제로 집을 팔기로 계약했다면 법적으로 효력을 가질 수 없다. 또한 내용이 모호하거나 사회적 관례에 따라 실현 불가능한 것을 요구하거나 현행 법규에 반하거나 미풍양속을 해칠 수 있는 경우, 계약은 무효다(예: 도박에서 진 빚은 법적으로 갚지 않아도 됨).

경영자는 법적 사고(legal mind)를 가져야 한다. 우리나라는 서구에 비해 계약의 중요성을 간과하는 경향이 있다. 거래에 있어 계약보다는 서로 간의 관계가 더 중요하고 명문화된 계약 내용보다 구두로 약속한 내용이 더 중요하다고 보는 것이다. 이는 지난 몇십 년간 국내 산업계에서 어느 정도 관행적으로 내려온 전통이기는 하다. 하지만 이제 경제가 글로벌화되었다. 수많은 외국 기업이 국내에 진출해 같이 사업을 하며, 많은 국내 기업도 외국에서 사업을 한다. 법적 사고로 무장하지 않으면 결코 큰 기업으로 성장할 수 없다는 것을 기억해야 한다.

계약서에 명시된 내용에 따라 기업의 책임과 의무의 정도가 크게 달라지므로 조건들을 꼼꼼히 챙겨야 한다. 특히 한 계약으로 같은 구매가 반복적으로 일어나는 경우 조건은 더욱 중요하다. 계약서는 모든 일들이 정상적으로 진행될 때는 크게 필요 없다. 계약서를 작성하는 근본적인 목적은 문제가 생겼을 때 분쟁을 해결하는 기준을 미리 준비하는 것이다.

계약서에는 공급하는 자재가 어떤 것인지 정의하는 데서 시작하여 상품 품질 등에 대한 조건, 수량, 가격, 납품 시기, 대금 결제방식, 물

■ 계약에 필요한 조언

계약서를 작성할 때는 공급자의 책임은 최대한 구체적으로, 구매자의 책임은 최대한 단순하게 명기해야 한다. 구매자에게 유리한 조항의 예는 다음과 같다. 물품검사 항목, 납기 위반 시 벌금, 공급자의 사후책임 등은 구체적으로 명기하는 것이 유리하다.

품 인도조건, 손해배상 조건, 계약 기간 및 연장 등을 명기한다. 자재를 정의하는 데 있어서는 주요한 기능, 품질 수준, 기술적인 사양을 같이 포함하는 것이 일반적이다. 여기에 명기된 사양은 자재가 기업으로 납품될 때 품질시험의 근거가 된다. 가격은 수량이 늘어남에 따라 단가를 낮추는 방식과 수량에 상관없이 단가를 고정하는 방식이 있다. 공급계약이 장기간 지속될 경우 가격을 시장 주요 물가지수, 환율 등과 연동시키기도 한다.

공급자와 구매자 사이에는 물리적인 간격이 있다. 그렇기 때문에 공급자로부터 구매자에게 상품이 전달되는 과정에서 공급자가 어디까지 책임지는지도 꼭 챙겨야 한다. 특히 해외 구매인 경우 공급자가 구매자 지정 지역까지 책임지는지 공급자 국가에서 선적까지만 책임지는지에 따라 비용에 많이 달라진다. 공급이 늦어지거나 상품에 하자가 있을 때에 대한 대책도 있어야 한다. 이런 일이 발생했을 때 어떻게 손해를 보상하는지 규정하는 것도 일반적인 관행이다.

하지만 원칙적인 계약조건이 존재함에도 불구하고 이 모든 것이 공급자와 구매자의 협상 지위에 따라 달라진다는 것을 명심해야 한다. 아무리 법률적인 합리성을 가지고 구매자에게 유리한 주장을 하더라도 상대가 단독 공급자라면 받아들일 리 만무하다. 구매자의 최고의 협상력은 대량구매 능력에서 나온다. 따라서 창업 초기 대형 공급업체와 거래할 때는 구매협상력이 낮을 수밖에 없는 현실을 받아들여야 한다. 그럼에도 불구하고 협상 준비를 잘하면 어느 정도 비용을 절감할 수 있다.

저작물은 어떻게 확보해야 하나?

최근 들어 저작물을 이용한 상품이 많이 등장하고 있다. 슈퍼마켓이 손에 잡히는 물건을 판다면 유튜브(YouTube), 곰TV, 티빙(Tving) 서비스는 손에 잡히지 않는 무형의 콘텐츠를 판다. 그렇다면 이런 서비스를 제공하는 기업은 저작물을 어떻게 확보하나? 저작물 확보는 일반적인 자재 구매와 달라 저작물과 저작 권리에 대한 이해가 필요하다.

저작물은 눈에 보이는 상품과 어떻게 다른가? 통상 눈에 보이는 상품은 하나가 존재하고, 거래 시 상대에게 넘겨주면 소유권이 넘어간다. 이때 원 소유주에게는 더 이상 물건이 존재하지 않는다. 음악, 드라마, 영화, 소설 등 저작물은 어떠한가? 하나의 영화는 여러 개로 복사할 수 있다. 누군가에게 영화를 복사해서 팔았더라도, 다시 복사해서 다른 사람에게도 팔 수 있다. 즉, 눈에 보이는 상품은 상품과 소유권이 같이 붙어 있다면, 저작물은 상품과 소유권이 분리되어 있다. 그래서 거래가 복잡해진다는 것이다.

어떤 것을 저작물이라고 하나? 저작물은 어떤 아이디어를 독자적으로 표현한 창작물을 말한다. 지적·문화적 창작을 넓게 포괄하는데, 여기에는 문학작품(시, 소설, 각본), 논문, 강연, 작곡, 연극, 영화, 춤, 그림, 조각, 건축, 사진, 지도, 미술품, 컴퓨터 프로그램 등이 포함된다. 원 저작물뿐만 아니라 2차 저작물, 즉 원 저작물을 번역, 편곡, 변형, 각색, 영상제작, 그 밖의 방법으로 작성한 창작물과 편집 저작물도 이에 포함된다.

저작권은 무엇인가? 저작권은 저작물을 보호하기 위해 그 저작자에게 부여한 권리로, 저작권자만 저작물을 사용할 수 있게 하고(배타적 사용), 만일 다른 사람이 이용하려면 저작권자에게 허락을 받게 한 것이다. 물론 임의로 타인의 저작물을 이용했다면 법이 처벌한다. 저작권법의 취지는 일방적으로 권리자를 보호하자는 것이 아니라, 저작물의 공정한 이용을 유도하여 문화 발전에 기여하자는 것이다. 저작권 보호 기간은 기존에는 저작자 사후 50년까지였으나, 2013년 7월 1일부터 70년으로 늘어났다.

정신적 창작물은 모두 법적 보호를 받나? 나라마다 약간의 차이가 있다. 국내에서 저작물로 인정되기 위해서는 첫째, 문학, 학술 또는 예술의 범위에 속해야 한다. 둘째, 창작성이 있어야 한다. 이는 정신적인 노력의 소산이어야 하고 기존 작품과 구별되어야 한다. 셋째, 사상이나 감정을 표현해야 한다. 사실의 열거는 저작물이 될 수 없음을 의미한다. 넷째, 저작물이 유형물로 고정되어야 한다. 이 원칙에 의하면 제스처 같이 형태가 고정될 수 없으면 저작물로 인정되지 않는다. 저작권의 효력은 특허와 다르게 창작하면 바로 발생하고 보호되며, 어떠한 절차나 표시 또는 형식의 이행을 필요로 하지 않는다. 하지만 저작권 분쟁이 발생할 경우 최초 저작자를 가려내기 어려울 수 있기 때문에 창작시 저작권을 등록하는 것이 안전한 방법이다.

저작권자가 가진 권리는 저작물의 재산에 관한 것과 인격에 관한 것으로 구분할 수 있다(전자는 '저작재산권', 후자는 '저작인격권'이라고 한다). 재산권은 우리가 통상 물건을 소유했을 때 갖는 재산상의 권리와 같다. 특이한 것이 '저작인격권'이다. 남의 저작물을 이용하는 경우 돈을 주고 사용허가를 받았더라도 저작자가 누구인지 밝히지 않으면 법을 어기는 것이 된다. 저작자를 밝힘으로써 저작자의 인격을 보호해야 한다는 것이다. 재산권은 다시 복제할 수 있는 권리, 공연할 수 있는 권리, 방송할 수 있는 권리 등으로 세분화된다.

저작자는 직접 창작한 자로, 음악작곡가, 작사가, 영상제작자 등이 이에 해당한다. 또한 직접적인 창작자는 아니지만 그것을 해석하고 전파함으로써 문화 발전에 기여했다고 판단하면 이에 저작권에 인접한 권리를 일부 부여한다. 그런 취지에서 가수, 음반제작자, 방송사업자 등이 인접한 권리를 갖는다.

일반적인 상품은 돈을 지불하고 상품을 인도받으면서 거래가 마무리된다. 하지만 저작물은 배타적으로 거래(한 사람이 점유하면 다른 사람이 가질 수 없는 상황)되지 않기 때문에, 이용할 수 있는 권리만 사오는 것이 일반적이다. 예를 들어 케이블TV 채널은 자신들의 서비스에 필요한 저작물을 특정 지역에서 특정 기간 동안 방송할 수 있는 권리를 저작권자로부터 사온다. 가령 영화채널 OCN은 〈배트맨〉(Batman) 시리즈 중 〈다크 나이트 라이즈〉(The Dark Knight Rises)를 1년 동안 자신의 채널에 방영할 권리를 저작권자인 워너브라더스(Warner Bros.)로부터 사온다. 기간이 만료되면 콘텐츠를 가지고 있더라도 법적으로 더 이상 방영할 수 없다.

저작물을 직접 만드는 경우도 있다. 미국의 온라인 비디오 사업자 네트플릭스는 대부분의 영화에 대해서 콘텐츠 권리자로부터 일정 기간 사용할 권리를 사오지만, 2013년부터 일부 전략 콘텐츠를 자체 제작하여 권리를 모두 갖기도 한다.

그럼 저작권은 거래가 안 되나? 거래가 된다. 법적으로 창작자는 자신이 만든 것을 통째로 제 3자에게 팔 수 있다. 이때 제 3자는 저작권자가 된다. 지상파 방송국이 제작사가 만든 드라마 권리를 모두 구매하는 경우가 대표적이다. 이 경우, 방영할 수 있는 권리만 사는 경우보다 훨씬 많은 금액을 지불하는 것이 관행이다.

■■■ 어떻게 만들어야 하나?

어떤 요소를 관리해야 하나?

왜 생산이 중요한가? 생산은 자재와 인력을 투입하여 부가가치를 창출하는 과정이다. 생산이 거시적으로 인류사회를 진화시켰고 개별적으로는 생산능력의 차이가 부를 창출하는 능력의 차이를 만들었다. 생산시설을 갖춘 자는 상품을 만들어 팔아 부를 축적했고, 그 과정에서 좀더 효율적인 생산방식을 개발하여 남들보다 더 많은 부를 축적하려 했다. 이러한 이유로 생산능력은 기업경쟁력의 근간이다.

생산을 통해 무엇을 얻어야 하나? 경영학에 나오는 얘기를 빌리자면 기업의 경쟁력을 높여주는 능력은 차별화와 가격리더십이라 한다. 가격리더십은 경쟁자보다 원가를 낮추는 것이고, 차별화는 경쟁자보다 상품을 차별적으로 좋게 만드는 것이다. 생산과정을 통해 고객의 기대품질을 맞추고(품질), 원하는 상품을 신속하게 공급하며(납기와 유연성), 원가를 혁신적으로 낮추어야 한다. 즉, 이상적인 생산활동이란 낮은 원가, 좋은 품질, 신속한 납품, 높은 유연성을 동시에 달성하는 것이라고 볼 수 있다.

생산이 벤처기업에게 어떤 의미가 있는가? 벤처기업은 기존에 시장에서 자리 잡은 경쟁업체를 물리쳐야 하기 때문에 유사한 수준의 품질, 가격 그리고 유연성으로는 성공하기 어렵다. 원가든 품질이든 유연성이든 적어도 한두 분야에서는 월등히 우수한 능력을 가져야 한다. 공산품이 아닌 서비스라도 마찬가지다. 품질의 차별화, 가격의 혁신, 그리고 신속한 대응력은 여전히 핵심적인 요소일 수밖에 없다.

누가 참여하나?

생산부서 혼자 잘한다고 앞에서 언급한 생산목표를 달성할 수는 없다. 기업경영에서 대부분의 기능이 독립적이지 않듯이 생산도 마찬가지다. 생산하기 위해서는 시설을 갖추어야 하고, 재료도 미리 사두어야 하며, 시설을 운영할 인력도 미리 훈련시켜 배치해야 한다. 하지만 생산시설, 재료, 인력은 어떤 상품을 만들지, 상품별로 몇 개를 만들지에 따라 달라질 수밖에 없다. 수요도 끊임없이 변한다. 사람을 뽑아두면 고정적으로 인건비가 나가고, 자재를 미리 사두면 돈이 잠긴다. 그런 상황에서 어떻게 체계적으로 생산을 계획할 것인가?

생산은 수요 예측부터 상품 설계, 자재 구매, 생산, 물류, 영업 그리고 납기에 이르는 종합적인 경영활동 속에서 계획되어야 한다. 생산이 다른 기능과 따로 논다면 엄청난 비용이 발생할 수 있다. 팔리지 않을 상품을 만들어 재고가 쌓이거나 고객이 원하는 물건을 제때 공급하지 못해 매출이 줄어들 수 있다. 그래서 가장 비용 효율적으로 생산할 방법을 찾는 것이 중요하다.

생산계획의 시작은 수요 예측이다. 기업은 통상 향후 약 1년에 걸쳐

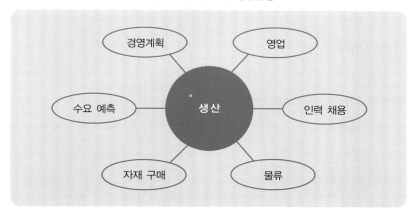
〈그림 5-3〉 생산과 경영활동

변화하는 수요를 예측하고 수요를 가장 경제적으로 충족할 수 있도록
월 단위 혹은 주 단위로 기업의 전반적인 생산수준, 고용수준, 잔업수
준, 하청수준 및 재고수준을 결정한다. 수요는 끊임없이 변하기 때문
에 수요 변화에 따라 생산비용을 조정할 수 있어야 한다.

　생산에서 비용은 가장 중요한 변수다. 비용은 생산량에 따라 변하는
변동비와 그렇지 않은 고정비로 구분된다(나중에 재무계획에서 다시 다
룬다). 장비는 주문량이 적어도 항상 필요하기 때문에 장비구입비는 고
정비이고, 재료는 주문량에 따라 늘어나기 때문에 재료비는 변동비에
가깝다. 만약 생산 관련 고정비가 많다면 수요에 따라 생산을 줄여도
비용은 줄어들지 않아 기업은 어려움을 겪을 수 있다. 따라서 기업은
수요가 변할 때 비용을 통제할 수 있는 수단을 가져야 한다. 예를 들어
늘어나는 생산을 감당하기 위해 추가로 인력을 채용하는데, 해고가 법
적으로 어렵고 비용이 많이 든다면 기존 직원에게 추가 업무를 유도하

는 것이 좋다. 마찬가지로 미래 수요가 불확실한 경우 당장 늘어나는 수요를 위해 생산설비를 늘리기보다 납품 일정을 늦추면서 앞으로의 상황에 대비해야 한다.

어떻게 생산원가를 낮출 것인가?

원가를 낮추는 것은 모든 기업에게 중요한 과제다. 특히 매출에서 원가가 차지하는 비율이 높은 기업일수록 원가는 더욱더 중요하다. 원가를 낮추면 이윤의 폭을 넓히거나, 이윤을 유지하면서 상품의 가격을 경쟁사보다 낮추어 더 많이 팔 수 있기 때문이다. 예를 들어 매출에서 원가가 차지하는 비율이 80%인 기업이 있다고 가정해보자. 이 기업의 매출 대비 이익은 20%인데, 원가를 10% 줄여 72%로 만들면 이익은 28%가 된다. 따라서 이익이 40% 증가하는 효과가 나타난다.

생산원가를 어떻게 낮출 수 있나? 원가를 구성하는 재료비, 인건비, 경비를 잘 관리하면 가능하다. 먼저 재료원가를 낮추기 위해서는 투입되는 재료비가 최소가 될 수 있게 상품을 설계하고 재료를 저렴한 가격에 구매해야 한다. 생산에 관련된 인건비를 낮추기 위해서는 무작정 투입인력 수를 줄이기보다는 설비 가동률을 높이고 시간당 생산량을 증대시키며 단위상품당 필요 인원수를 줄이는 게 현명하다. 또 비용을 줄이기 위해서는 운전비용(예: 전기, 상하수도)과 재고 유지비용을 줄이고 포장, 물류 등의 관련 비용을 낮추어야 한다.

또한 생산과정에서 불량을 최소화해야 한다. 불량은 생산원가를 올리는 주범이다. 가령 10개 중에 1개가 불량품이고, 이 불량품을 폐기해야 한다면 원가가 10% 올라가는 결과가 발생한다.

상품 R&D와 생산기술 고도화는 생산원가에 결정적으로 영향을 준다. R&D를 통해 품질이 저하되지 않는 선에서 원가를 낮출 수 있는 구조로 상품을 설계해야 하고(예: 구조를 단순화하여 필요한 자재 수와 양을 줄인다), 가격이 낮은 대체자재를 개발해야 한다. 불량을 최소화하고 최소 인원으로 생산할 수 있도록 불필요한 공정을 제거하고 좀더 효율적인 생산이 가능한 생산기술을 개발해야 한다.

어떻게 품질을 유지할 것인가?

품질은 상품 차별화의 핵심요소이다. 품질관리는 정해진 원가를 유지하면서 상품의 품질을 최상으로 유지하는 것이다. 원가를 고려치 않고 단순히 품질만을 높이는 것은 품질관리의 취지에 맞지 않다. 생산단계에서의 품질관리는 전사적인 품질관리의 일부분으로, 생산과정에서 불량을 최소화하고 상품 품질이 사전에 정해진 기준 이상이 되게 하는 것이다. 불량에는 현장검사에서 발견되는 것뿐 아니라 고객에게 팔리고 난 후 발견되는 것도 해당된다. 고객이 반품하면 돈을 돌려줘야 하기 때문이다.

어떻게 품질을 유지하는가? 품질에 대한 표준을 설정하고, 품질검사를 철저히 하며, 불량이 생기면 즉시 고쳐야 한다. 품질표준은 최종 평가자인 소비자의 관점에서 정해야 한다. 전 상품을 다 검사하거나 일부만 샘플링(sampling)하여 검사하기도 한다. 상품의 생산량이 많지 않거나 극히 낮은 불량을 요구하는 경우, 상품 모두를 시험하는 전수검사가 일반적이다. 검사를 통해 불량 원인을 찾고 문제를 해결하여 상품을 원하는 상태로 만들어야 한다.

품질관리에도 선택과 집중이 필요하다. 관리행위 자체가 비용을 발생시키기 때문이다. 전 영역을 모두 집중적으로 관리하면 품질은 좋아질 수 있으나 인력과 시간이 많이 소요되어 관리비용이 올라갈 수밖에 없다. 때문에 문제점을 예방하고 계획하는 단계에 역점을 둘지, 공정검사 단계에 중점을 둘지, 아니면 애프터서비스 단계에 주력할지를 결정해야 한다. 어디에 중점을 둘지는 각 단계별 비중, 시장의 특성, 기업의 전략에 따라 달라진다.

어떻게 납기를 맞출 것인가?

고객에게 상품을 빨리 전달하는 것보다 제때 전달해야 한다. 늦게 상품을 전달하면 고객이 불평하고 일찍 전달하면 비용이 올라간다.

어떻게 적정 시점에 전달할 것인가? 납기를 맞추기 위해서는 일정관리를 잘해야 한다. 일정관리는 납기가 마무리될 때까지 필요한 작업이 무엇인지 명확히 하고, 작업의 순서를 정하며, 각 작업별로 세부 시간계획을 세우는 것이다. 계획된 세부 과정이 원활히 진행되는지 모니터링하고 문제가 발생하면 즉각 원인을 제거해야 한다.

시설고장과 근무태만이 납기를 지연시킨다. 생산과정에서 설비기계 고장, 작업자 결근, 재료 입수 지연 등 예상치 못한 장애로 인해 납기가 지연되는 경우가 허다하다. 이를 극복하기 위해서는 회사 내 구매 프로세스와 긴밀하게 협업하고, 시설의 예비점검을 철저히 하며, 설비 고장 시 신속하게 복구할 수 있도록 설비업체와의 지원체계를 마련해야한다. 또 작업자 상태를 정기적으로 점검하고 근태나 업무몰입에 문제가 발생할 경우 대체인력 투입도 사전에 계획해야 한다.

어떤 관리지표를 관리할 것인가?

지금까지 원가, 품질, 그리고 납기에 미치는 요인을 살펴보았다. 그럼 여기서 등장한 여러 요인들을 제대로 관리하려면 어떻게 해야 하나? 관리를 위해서는 지표가 있어야 한다. 지표는 일종의 성적표다. 학생이 공부를 제대로 하는지는 성적을 보면 알 수 있다. 생산이 제대로 되고 있는지는 생산에 관련된 지표를 보면 알 수 있다. 어떤 지표가 필요한가? 다음은 생산과 관련된 일반적인 관리지표의 예이다.

- 생산성 지표: 1인당 생산량, 설비투자효율
- 공정관리 지표: 계획 달성률, 납기 지연율, 가동률
- 작업관리 지표: 결근율, 작업효율, 작업자 종합효율
- 재고관리 지표: 자재 회전율, 재고 회전율, 납기 지연율
- 품질관리 지표: 불량률, 수율, 불량비용
- 설비관리 지표: 설비 가동률, 설비 고장률, 설비종합효율

인텔의 고객 중심 상품기획[2]

인텔(Intel)은 마이크로프로세스 분야 세계 최고의 기업이다. 지난 수십 년 동안 개인용 컴퓨터 시장이 폭발적으로 성장하면서 인텔은 독점적인 기술력으로 세계적인 입지를 굳혔다. 2006년 1월 인텔은 새로운 도약을 선언한다. 기존 개인용 컴퓨터 시장과 더불어 가전, 무선 커뮤니케이션 그리고 헬스케어로 시장을 확대하기로 결정한 것이다.

새로운 선언의 핵심은 기업을 마케팅 중심으로 변환한다는 것이다. 마이크로프로세스 시장에서 공급자로서 절대적인 힘을 행사했다면, 새로운 시장에서는 고객의 입장에서 그들의 요구를 파악하고 이를 만족시키는 데 집중하겠다는 것이다. 회사의 메시지는 명확했다. 새로운 CEO 폴 오텔리니(Paul Otellini)는 "우리가 가진 상품을 팔기 위해서는 기술이 단순해야 한다. 고객에게 기술을 얘기하지 말고 오히려 우리 상품으로 무엇을 할 수 있는지 얘기해야 한다"고 강조했다.

회사는 자신이 보유한 기술을 적용할 하이테크 시장을 네 가지로 세분화했다 — 디지털 모빌리티(*digital mobility*), 디지털 홈(*digital home*), 디지털 엔터프라이즈(*digital enterprise*), 디지털 호스피털(*digital hospital*)이 그것이다. 세부시장 모두 정보가 필요하지만, 요구되는 정보는 서로 다르다. 예를 들어 사업가는 집에서는 로맨스나 스릴러 영화를

---

2 www. businesscasestudies. co. uk, "Identifying and creating new markets - a new strategy for a global leader - An Intel case study".

보지만 여행 중에는 교육용 비디오나 회의용 동영상을 볼 것이다. 집에서는 놀이를 위한 정보가 필요하다면 병원에서는 의료에 대한 정보가 필요할 것이다.

　시장을 이해하고 나면 구체적인 상품전략이 나온다. 가령 병원에서는 종이기록이 전자파일로 변하기 때문에 즉시 접근이 가능한 태블릿이 유용할 것이다. 사무공간에서는 개인의 생산성을 올리기 위한 장비와 서버가 필요할 것이고, 이동 중에는 연결을 유지할 수 있는 응용시장과 관련 제품이 필요할 것이다.

토론을 위한 질문

1. 인텔이 새로운 시장에서 상품을 기획하는 방식을 왜 바꾸었을까?
2. 기술 중심 상품기획과 고객 중심 상품기획의 차이를 논하시오.
3. 국내 IT기업 광고를 보고 고객 중심인지 기술 중심인지 논하시오.

제6장
· · ·

어떻게
팔 것인가?

18세기 초부터 19세기 말까지 미국은 대량생산 능력이 없었다. 사람들은 그들의 시간을 농산물을 생산하거나 기계를 만들거나 상업을 발전시키는 데에만 헌신했다. 즉, 그들은 제품을 개발하고 제작하는 데 집중했다. 이때를 가리켜 제조의 시대라고 한다.

금세기 초부터 제조업이 좀더 효율적으로 발전하여 그 결과 잉여물이 생기기 시작했다. 따라서 이전에 생산에 중점을 두었던 문제들이 유통으로 옮겨갈 수밖에 없게 되었다. 우편주문 상점, 체인점, 도매상과 유통업체, 그리고 백화점 등 새로운 유통업이 개발되기 시작했다. 유통의 시대가 개막한 것이다.

1920년대에 들어서면서 문제는 공급에서 수요로 변했다. 대량생산과 대량유통이 자리를 잡으면서 풍성한 상품이 생산되고 유통되었다. 유통시대에 접어들면서, 이제는 소비자에게 준비된 상품을 사도록 납득시키는 것이 문제가 되었다. 생산제품의 수요를 창출해내기 위해 보다 집중적인 판매기술 및 다양한 광고활동, 이와 함께 유통이 중시되는 판매의 시대에 접어들었다. 간혹 상품에 대한 허위적이거나 과장된 약속을 내걸기도 하고, 높은 수준의 판매기술이 요구되기도 했다. 특히 경기불황으로 상품 판매가 매우 어려웠던 1930년대의 대공황 때에는 그러한 현상들이 더욱 두드러졌다.

하지만 제2차 세계대전이 끝나자 무엇을 생산하든지 판매하는 데 아무런 문제가 없게 되었다. 제조능력이 전쟁에 집중되었던 오랜 세월 동안 소비자들에게 내재되어 있던 구매욕구가 나타나기 시작한 것이다.

1950년대에 들어서면서 소비자들은 특별한 기호를 갖고 더 많은 선택사항을 요구하기 시작했다. 소비자들은 제조업자가 제조하기 원하는 것 대신 자신이 원하는 것을 갖고자 했다. 바야흐로 마케팅 시대가 시작된 것이다. 이러한 소비자의 구매태도 변화를 눈치 챈 IBM과 같은 회사들은 마케팅 개념을 적용하여 급속한 성장을 하였고, 그렇지 못한 펜실베이니아 철도회사 같은 경우는 역사 속으로 사라지게 되었다.[1]

상품을 만들고 나면 잘 팔아야 한다. 잘 판다는 것이 무슨 의미인가? 간단하게 말하면 높은 가격에 많이 파는 것이다. 그러려면 전략이 필요하다. 누구에게 어떻게 팔면 되나. 이제 영업과 마케팅 전략, 구체적으로 누구에게 팔지(타기팅 전략, 2장 "누가 나의 고객인가?" 참조), 적정 가격을 어떻게 결정할지(가격전략), 어떤 경로로 상품을 전달할지(유통전략), 고객에게 어떻게 알릴지(커뮤니케이션 전략)에 대해 알아보자.

---

1 Charles Warner & Joseph Buchman, *Broadcasting and Cable Selling*.

미국의 비디오 스트리밍 사업자 네트플릭스는 OTT 서비스를 제공하는 가장 대표적인 기업으로 평가 받는다. 하지만 잘못된 가격정책으로 크게 고전한 적이 있다. 콘텐츠 수급비용이 상승하자 네트플릭스는 2011년 7월 상품 가격을 9.99달러에서 15.98달러로 60% 인상했다. 이 조치로 인해 유료고객 80만 명이 이탈하고 주가가 70% 이상 급락했으며, 브랜드 충성도는 치명적으로 손상을 입었다.[2]

공략할 시장이 정해지고 나면 그들에게 얼마에 팔지 결정해야 한다. 가격은 소비자가 제품을 선택할 때 가장 먼저 따지는 요소이기 때문에 신중히 결정해야 한다. 경쟁자를 물리치기 위해서는 낮은 가격이 유리하지만, 기업이 유지되고 성장하기 위해서는 높은 가격이 유리하다. 가격 결정 시에는 이런 측면들을 고려하여 최적 지점을 찾아내야 한다.

가격이 왜 중요한가?
가격이 왜 중요한가? 가격은 단순히 일회성이 아니라 신제품 출시, 기존 제품 수정, 경쟁상황 변화, 비용구조 변화 등과 같이 시장환경이 변할 때마다 지속적으로 관리해야 한다. 가격은 시장상황에 대응하여 쉽게 바꿀 수 있지만 그 변화가 미치는 영향은 즉각적이면서 동시에 장기적이다. 한번 바꾼 가격은 원래의 가격으로 돌리기 어렵기 때문에 가격

---

2 *Bloomberg*, 2011년 7월 13일, "Netflix boosts DVD-streaming prices by 60%".

정책은 신중해야 한다.

　가격은 다른 사업전략과 긴밀하게 연관되어 있다. 소비자의 마음속 깊이 파고든 가격기준은 가격변동에 매우 민감하게 반응하고 곧바로 구매력에 영향을 미친다. 그래서 기업 입장에서 최초의 가격선정은 매우 중요하다고 할 수 있다. 가격전략은 단기적인 경쟁전략 측면도 있지만 장기적으로 기업의 이미지, 브랜드파워를 결정한다. 벤처기업이 초기 시장에 진입할 때 지배적 경쟁자와 경쟁하기 위해 침투적 가격파괴 정책을 적용할 경우, 제품차별화가 부족하고 후속 가격전략이 완벽하지 못하면 저가상품 이미지가 고착될 수 있다.

무엇을 고려할 것인가?

가격을 결정할 때 무엇을 고려해야 하나? 가격전략은 여러 가지 요인에 영향을 받는다. 상품을 생산하는 데 투입하는 돈(원가), 소비자가 상품에서 느끼는 가치(지불의향), 가격 변동에 따라 변하는 소비자의 구매의향(가격 탄력성), 경쟁사의 가격 등을 고려하지 않을 수 없다.

　상품원가는 기업이 생존하기 위해 필요한 가격의 최저선이다. 가격이 원가 이하로 내려가면 기업은 손해를 보게 된다. 소비자가 느끼는 가치는 상품에 대해 기꺼이 지불할 의사가 있는 금액으로 표현된다. 상품의 품질이 우수할 때 원가와 상관없이 지불의향은 높아진다. 가격 탄력성이 낮은 시장에서는 가격 변동이 소비자의 구매 결정에 크게 영향을 주지 못한다(예: 명품시장). 경쟁사 가격도 신경 써야 한다. 경쟁상품 대비 저가로 갈지, 고가로 갈지, 혹은 동등 수준으로 갈지를 결정해야 한다.

가격을 결정하는 몇 가지 방식을 알아보자.

원가 기준   기업이 투입한 원가에 이윤을 붙여 가격을 정하는 것으로, 가장 일반적인 방식이다. 여기서 결정해야 하는 것은 이윤의 폭이다. 이윤의 폭을 결정할 때는 어쩔 수 없이 구매자의 지불의향이나 경쟁사의 가격을 고려하게 된다. 지불의향이 높거나 경쟁사 가격이 높으면 일반적으로 이윤의 폭을 넓힌다. 원가를 구성하는 비용은 생산시설과 같은 고정비용과 원자재 비용이나 인건비와 같은 변동비용으로 나뉜다. 생산량이 늘어남에 따라 상품 단위당 비용은 낮아지므로, 고정비용은 목표 생산량을 어떻게 잡느냐에 따라 달라진다. 유사한 개념으로 목표 수익률을 기준으로 가격을 정하거나 손익분기점 목표를 두고 가격을 정하는 방법이 있다. 이와 같은 방식은 편리하게 가격을 결정할 수 있다는 장점이 있는 반면에, 소비자의 지불의향과 경쟁자를 충분히 고려하지 못할 수 있다는 단점이 있다.

가치 기준   소비자가 느끼는 상품의 가치를 파악하여 가격을 결정하는 방식이다. 소비자 중심의 가격정책이라고 할 수 있다. 이러한 가치기반 가격 결정방식은 명품산업이나 서비스업에서 많이 적용되었고, 인터넷 경제가 확대되면서 보편화되는 추세다. 영화 제작비가 얼마든지 상관없이 영화표 가격이 동일하고, 야구장의 자리에 따라 입장권 가격이 다른 것은 고객이 기꺼이 지불할 의향에 따른 것이다. 소비자가 느끼는 상품의 가치를 측정하기 위해서는 직접 가격에 대한 의향을 물어보거나, 상품의 상대적 지각가치를 측정하거나, 상품의 속성적 측면과 속성별 신념을 측정한다. 이 부분은 좀더 전문가의 도움이 필요한 영역이다.

경쟁상품 기준 경쟁상품 가격을 기준으로 가격을 결정하는 방식이다. 자신들의 비용구조나 수요보다 경쟁에만 초점을 맞추어, 주요 경쟁자의 상품 가격과 동일하거나 높게, 혹은 낮게 책정한다. 진입하는 시장의 비용구조나 수요에 대한 추정이 어렵고 우리 상품 가격에 대한 경쟁사의 반응이 불확실한 경우에 이 방식을 채택하는 경우가 많다. 직접적으로 경쟁에 대응할 수 있는 것이 장점이지만, 자칫 경쟁에 이기고도 수익성 악화로 이어질 수 있는 것이 단점이다.

무료 상품을 소비자에게 무료로 제공하고 다른 방법으로 수익을 올리는 방식이다. 상품이 무료가 될 수 있는 논리는 무엇인가? 상품을 무료로 공급하더라도 그 상품을 사용하는 사람이 많아지면 다른 방법으로 돈을 벌 수 있기 때문이다. IT 전문잡지 〈와이어드〉(Wired) 편집장이었던 앤더슨은 이를 좀더 전문적으로 설명했는데, "공짜에서 발생하는 정보의 가치가 상품의 공급가격보다 크다면, 상품을 무료로 지급하여 사용량을 늘리고 거기서 발생하는 정보를 통해 이익을 추구하는 수익모델이 가능해진다"는 것이다. TV광고가 전형적인 무료 모델이다. 시청자는 돈을 내지 않지만 시청자가 많아지면 더 많은 광고수익을 올릴 수 있다. 무료로 제공하고 광고에서 수익을 올리는 인터넷 서비스 방식, 기본 기능만을 가진 게임을 무료로 제공하고 좀더 높은 기능의 게임에 대해서는 돈을 청구하는 방식도 무료 모델의 원리를 따른다.

비싸게 받을 것인가, 싸게 받을 것인가?

시장에서 자신의 상품과 비슷한 특징을 가진 상품의 강·약점과 이들의 가격수준에 따라 가격전략을 수립한다. 경쟁사 상품 가격과 비교하여 고가·동등·저가 전략을 구사할 수 있는데, 전략의 선택은 상품의 특성, 시장상황, 자신의 경쟁우위 요인 등에 따라 달라진다. 그럼 언제 서로 다른 가격전략을 구사하나?

만약 자신의 상품이 기존 시장에서 찾기 힘든 획기적인 아이디어이거나 혁신적 기술을 이용해서 소비자의 관심을 유발할 수 있다면, 그만큼 희소성 프리미엄을 가진다고 할 수 있다. 이런 경우는 다소 높은 가격으로 출발해 시장 선도자로서의 이익을 얻을 수 있다. 이후 후발주자가 들어오는 타이밍에 가격을 낮추어 진입장벽을 만드는 전략을 세우는 것이 보다 효과적일 수 있다.

저가전략은 경쟁자를 물리치기 위한 목적으로 경쟁제품보다 가격을 낮추는 것이다. 초기 손해를 감수하더라도 판매량이 늘어나 단위 원가를 낮출 수 있거나(규모의 경제 달성), 재빨리 사업 경험을 쌓아 생산원가를 낮출 수 있다고 판단될 때 구사한다. 이 전략은 소자본 기업이 수행하기에는 어려운 전략이다. 경쟁사가 저가로 맞대응하면 가격 우위가 사라지기 때문에 위험할 수 있다. 또한 시장을 독점하기 위해 장기간 원가 이하로 가격을 유지할 경우 정부의 규제를 받을 수 있다.

가격정책 변경에 대한 저항은 꽤 크다. 특히 저가에서 고가로 이동하는 것은 상당히 어렵다. 이 전략이 성공하기 위해서는 경쟁을 실질적으로 없애거나 확실한 차별화를 달성할 수 있어야 한다. 원가우위가 있는 상태에서 저가로 시장을 확대하고 기술이 아니라 상품으로부터 고객이 확실한 차별화를 느낄 때 고가로 올라갈 수 있는 가능성이 생긴다. 또한, 선발기업이 시장을 확장하고 다른 경쟁자의 시장 진입을 막기 위해 저가로 판매하다가 시장이 충분히 확장되고 경쟁자가 없어졌을 때 고가로 올라갈 수 있다.

■ 서비스 가격은 어떻게 정하나

서비스는 상품으로서 일반 공산품과 다른 속성을 가지고 있어, 일반적인 가격정책 외에 추가적인 고려가 필요하다. 서비스는 시간이 지나면 상품의 가치가 사라지고 재고 처리가 불가능해진다. 표준화된 서비스 상품은 고정비에 대한 투자가 크고 생산량은 한정적인 상황에서 낮은 변동비로 공급할 수 있다. 이로 인해 한계비용보다 한계수익이 더 높아 개별 서비스의 상품 가격에 둔감하게 된다. 또한 소비자의 속성, 이용목적, 구매시점 등에 따라 고객의 지불의사가 아주 다양하다. 이러한 서비스 특성을 반영한 가격 전략은 다음과 같다.

첫째, 가격 다양화다. 소비자의 인구통계학적 기준이 아니라 가격 민감성, 구매행동 등의 기준을 세분화하여 가격을 다양화하는 것이다. 미국 온라인 여행사인 오르비츠(Orbitz)는 애플 OS 사용자가 MS의 윈도 OS 이용자보다 지불의사가 높다고 판단하고 높은 가격 상품을 추천하고 있다(The Economist, 2012). 아마존(Amazon)의 'Scribe & Save' 제도와 'Amazon Prime' 제도는 낮은 가격을 선호하지만 구매 시 가격비교에 번거로움을 느끼는 고객층에 할인 가격을 제시해 지속적인 구매를 유도하고 있다(〈Seri 경영노트〉 제158호, 2012).

둘째, 유동적 가격정책이다. 이 정책은 수요 예측에 따라 가격을 변화하는 방식이다. 이는 서비스는 그 특성상 일정시점 이후 상품의 가치가 소멸되거나 이용시점에 따라 수요의 차이가 크므로 필요한 정책이다. 성수기/비수기에 따라 비행기 푯값, 호텔비가 큰 폭으로 차이 나는 것은 이런 특성을 반영한 것이다. 인터넷 VOD로 제공되는 영화의 경우 시간이 지남에 따라 가격을 내리는 것도 같은 원리이다.

셋째, 개별 서비스를 결합하거나 분할한다. 이는 소비자가 체감하는 가격을 낮추기 위한 것으로, 한계비용이 낮은 상품을 저가에 제공하고 같이 제공하는 다른 서비스에서 부가적인 수익을 올리는 방식이다. 비수기 여행 상품 중에 무료 숙박을 제공하는 경우도 이에 해당한다.

넷째, 소비자가 가격을 주도하게 한다. 서비스 제공자가 가격을 정하는 것이 아니라 소비자가 거꾸로 가격을 제시하고 기업이 선택하는 방식이다. 인터넷 공동구매가 이런 방식을 택하고 있다. 미국의 온라인 여행서비스 제공업체인 프라이스라인(Priceline)이나 핫와이어(Hotwire)는 구매자가 희망가격, 일정, 원하는 상품 옵션, 신용카드 정보를 입력하면 그에 맞는 서비스를 제공한다.

온라인 서비스 영역은 한계비용이 거의 제로에 가까워 소비자와의 가격 타협점 폭은 훨씬 넓다. 따라서 온라인 분야 창업 시의 가격정책은 전통적 방식의 가격정책보다 훨씬 더 창의성이 요구된다. 원가를 고정비와 변동비로 구분하여 이해하고, 데이터베이스 기술을 활용하여 고객 가치의 변화를 면밀히 분석하는 것이 무엇보다도 중요하다고 할 수 있다.

왜 고객에게 전달하는 것을 고민해야 하나? 시장이 단순하여 생산자와 구매자가 한곳에 모일 수 있다면 전달방식에 대해 신경 쓸 것이 별로 없다. 옛날 동네에서 장터가 열려 자신이 수확한 쌀을 직접 시장에 가져가 옆 동네 사람에게 팔 때의 일이다. 하지만 지금은 시장이 커져서 생산자와 구매자가 직접 만나 거래하기가 힘들어졌다.

따라서 만든 상품을 어떻게 고객에게 전달할지는 중요한 의사결정 사항이다. 기업은 최대한 많은 소비자가 가장 경제적인 방법으로 원하는 상품을 제공받을 수 있도록 상품이 거쳐 가는 경로를 효율적으로 구축해야 한다. 이제부터 유통의 기능을 이해하고, 유통경로를 설계하는 방법을 논의해보자.

유통이 무엇인가?

유통이 왜 필요한가? 창업 초기 기업은 통상 고객과 직접적인 접점을 가지고 있지 못하거나, 심지어는 고객이 누구인지 알지 못한다. 특히 벤처기업은 대부분 상품개발에 강점을 가지고 있으나 유통에 대한 경험은 상대적으로 부족하다. 더군다나 제공하는 상품이 일반 대중이 주로 사용하는 것이라면 처음부터 고객과 광범위한 물리적 접점(예: 매장)을 가질 수가 없다. 유통은 생산자와 다양한 수요를 가지고 지리적으로 분산되어 있는 소비자 간의 접촉을 용이하게 한다. 유통은 물리적으로 상품을 전달하는 역할뿐만 아니라 판매촉진 역할도 한다. 중간에서 이러한 유통을 돕는 자가 중간상이다.

중간상이 꼭 필요한가?　유통과정에서 중간상에게 지불하는 비용보다 중간상이 더 나은 가치를 만들 수 있다면 중간상을 통하는 것이 효과적이다. 중간상이 제공하는 효용은 몇 가지 점에서 찾을 수 있다. 첫째, 중간상은 생산자와 소비자 간의 거래를 단순화하여 거래의 경제성을 달성하게 한다. 즉, 중간상이 없다면 생산자는 소비자와 일일이 직접 거래를 해야 하지만, 중간상을 통할 경우 그들과만 거래하면 된다. 둘째, 시간과 장소 효용성이다. 공급자는 소비자가 원하는 장소에서 구매하도록 최대한 그들 가까이 간다. 셋째, 소유의 효용이다. 때에 따라서는 중간상이 생산자의 제품을 직접 구매하기도 한다. 렌터카, 서적대여 등은 중간상이 상품을 사가서 최종 소비자에게 대여하는 방식을 취한다. 기타, 판매를 촉진하고 신용거래를 통해 판매를 활성화하는 역할을 한다.

내 상품을 기업이 사가면 굳이 중간상이 필요 없지 않은가?　보통 일반인이 소비자일 때는 유통매장이 필요하다. 하지만 기업고객을 위해서는 매장을 가질 필요가 없고, 대상이 몇 안 되는 경우 직접 영업하는 것이 유리할 수도 있다. 그러나 중간상은 고객에 대한 정보를 가지고 있고, 기존의 거래를 통해 나은 인맥을 구축하고 있으며, 때에 따라서는 그들이 다루는 다른 제품과 결합하여 좀더 나은 협상력을 가질 수 있기 때문에 유리할 수 있다.

인터넷을 이용하면 효율적이지 않나?　인터넷이 유통과정을 상당히 단순화한 것이 사실이다. 일반적으로 제조업 제품의 경우 '판매대리점 −

도매상 - 중간도매상 - 소매상'을 거쳐 소비자에게 도달한다. 하지만 인터넷에서의 상거래는 단계를 축소하고 중간상의 역할을 낮추고 있다. 다만 특별한 경우를 제외하고는 인터넷만으로 거래하면 신뢰가 떨어진다고 인식하기 때문에 오프라인 고객 접점을 동시에 가지는 것이 일반적이다(인터넷에서 확인하고 매장에서 물건을 직접 만져본 후 다시 인터넷에서 구매하는 형태).

경로를 어떻게 설계할 것인가?

좋은 유통경로는 기업에게 어떤 가치를 주나? 기업은 최적의 유통경로를 가짐으로써 고객의 만족도를 높이고 비용을 절감한다. 경쟁사가 따라올 수 없을 정도의 차별화된 유통경로는 경쟁우위의 원천이 되기도 한다. 예를 들어, 외국 스마트폰과 삼성전자의 스마트폰을 보자. 외국 스마트폰을 사려고 해도 파는 곳이 드물어 살 수가 없다. 유통망이 엄청난 경쟁력 차이를 만든 경우다. 유통경로는 취급하는 상품의 특성, 주 고객의 특성, 경쟁업체의 전략, 중간상과의 협상력 등에 따라 달라진다. 어떤 과정을 통해 유통경로를 설계하는지 살펴보자.

얼마나 가까이 둘까? 공략시장에 있는 소비자가 상품 접근과 관련하여 어떤 기대를 갖나? 경로설계와 관련한 고객욕구는 다양한데, 가장 기본적인 것이 장소의 편의성, 대기시간의 단축, 제품의 다양성, 제품 구매량 등이다. 공략대상 소비자가 상품에 쉽게 접근하기를 원한다면 지리적으로 가깝게 다가갈 수 있게 경로를 설계해야 한다. 백화점 1층에 액세서리를 진열하는 이유는 소비자가 높은 장소 편의성을 원하기 때문이다. 높은 장소 편의성은 고객의 쇼핑시간을 단축하고 정보수집에 따른 비용도 감소시킨다. 시간 효용을 높게 생각하는 소비자는 장소적 편의성에 대한 욕구가 크기 때문에 온라인쇼핑이나 카탈로그 판매 등도 생각해볼 수 있다. 물건을 받을 때까지 기다릴 수 있는 시간수준도 중요하다. 허용하는 대기시간이 짧을수록 지리적으로 가까이 가야 하며 상품구매 처리도 신속하게 이루어져야 한다.

단독매장인가, 종합매장인가? 품목 다양성과 구매량도 고려해야 한다. 소비자의 일회 구매물량이 많지 않고 내 제품뿐만 아니라 유사제품을 원스톱으로 구매하는 경향이 강하다면 단독매장보다는 여러 품목을 취급하는 매장이 적합하다. 예를 들어 사무용품을 사려는 사람은 특정 제품 하나만 사기보다는 한꺼번에 다른 여러 가지를 사는 경향이 있다. 따라서 프린트용 종이를 종이 전용 단독매장으로 유통하는 것은 적합하지 않다.

중간상을 둘 것인가? 직접 유통할 것인가, 중간상을 거칠 것인가는 중요한 결정이다. 최종 고객이 원하는 구매량이 큰 경우 생산업체와 최종 고객 간에 긴밀한 협의가 요구되므로 중간상을 배제하는 직접경로가 유리할 수 있다. 또한, 생산자와 고객 간에는 규모의 경제가 구축되기 때문에 굳이 중간상에게 마진을 주면서까지 간접경로를 택할 명분이 약하다. 반면, 일회 구매물량이 많지 않고 한꺼번에 다양한 제품을 구매하고자 하는 욕구가 강한 경우에는 중간상을 거치는 것도 고려해볼 만하다. 물론 두 가지 방식을 조합할 수도 있다. 소비자가 원하는 경로를 무조건 맞추는 것은 바람직하지 않다. 기업 입장에서는 비용도 중요한 고려사항이기 때문이다. 소비자가 좋아하는 경로를 제공할 경우 비용이 지나치게 높아진다면 차선책을 찾도록 해야 한다. 경쟁력 측면에서도 봐야 한다. 선택한 유통경로를 경쟁사가 쉽게 따라올 수 없을 때 좋은 경로라고 할 수 있다.

유통을 개방할 것인가 독점할 것인가?

이제 특정 지역에 얼마나 많은 수의 판매망을 확보할지, 이들 판매망에게 독점적으로 유통시킬지 개방적으로 유통시킬지를 결정해야 한다. 이것을 경로 커버리지(coverage)라고 하는데, 크게 개방적, 배타적, 선택적 구조가 있다. 개방적 구조하에서는 가능한 많은 중간상이 내 상품을 팔고, 배타적 구조하에서는 제한된 수의 중간상이 독점적으로 상품을 판다. 어떤 커버리지를 가질 것인가는 제품의 특성에 크게 영향을 받는다.

그럼 상황에 따라 어떤 구조가 적합한가? 개방적 유통구조는 통상 일상생활용품과 같이 구매 빈도가 높거나 중간상이 수행하는 마케팅 역할이 그다지 크지 않은 경우에 적합하다. 반면, 배타적 유통구조는 중간상에게 요구되는 마케팅 기능이 특화되어 있거나, 고가나 전문 상품과 같이 구매 결정과정에서 고객이 많은 정보를 요구하는 경우에 적합하다. 선택적 유통구조는 고객이 선택 가능한 지역시장 내에 경쟁제품이 존재하거나 이들 경쟁제품에 대한 정보를 고객이 어느 정도 추구하는 경우에 적합하다.

고객이 특정 상점이나 상품을 선호하지 않는 경우에는 개방적 유통이 유리하다. 즉, 구매행동이 가능한 한 가까운 상점에서 손쉽게 구할 수 있는 상표를 구매하는 성향이 강하다면 개방적 유통이 적절하다. 그러나 고객이 가장 가까운 상점을 선호하더라도 특정 상표를 선호하는 경우, 개방적 유통보다는 배타적 유통이나 선택적 유통이 유리하다. 중간상과의 역학관계 측면에서, 일반적으로 개방적 유통구조하에서 생산기업은 단시간에 상품을 광범위한 시장에 노출할 수 있는 장점이 있는 반면에, 중간상의 통제능력이 약해지는 것을 감수해야 한다.

서비스는 어떻게 유통하나?

서비스는 일정한 형태가 없고, 생산과 소비가 동시에 일어나며, 판매되지 않으면 바로 사라지는 성격을 가지고 있다. 즉, 호텔에서 식사는 생산되면서 바로 소비된다. 따라서 서비스를 전달하는 유통의 과정은 제품의 유통과정처럼 저장하거나 운송할 수 없다.

생산과 소비가 동시에 일어나는 서비스의 성격 때문에 서비스 유통경로는 전형적으로 서비스 제공자와 소비자, 이 둘의 직접적인 전달형태로 이루어진다. 이러한 경우에는 중간상이 존재하지 않는다. 그러나 무형성과 소멸성을 가진 서비스의 범위가 확장되면서 이 유통경로에 중간상이 존재하기 시작했다. 예를 들어, 전자상거래 서비스는 좀더 나은 노출을 얻기 위해 인터넷 포털에 입점하는데, 이 경우 인터넷 포털이 중간상 역할을 한다. 마찬가지로 콘텐츠 권리를 가진 자가 케이블방송사업자에게 자신의 콘텐츠를 VOD로 제공하면 중간상을 경유한 서비스가 된다.

해외에는 어떻게 파나?

벤처기업이 해외시장으로 진출하는 경우가 늘어나고 있다. 특히 IT 분야의 경우가 그러하다. 하지만 많은 경우 독자적인 능력으로 해외에 진출하기는 쉽지 않다. 그럼 어떻게 할 것인가?

대기업에 납품하는 경우 대기업과의 동반 진출도 생각해볼 수 있다. 정부가 대기업과 중소기업의 동반성장을 강조하고 있어, 대기업의 네트워크를 이용하면 좀더 용이하게 해외로 갈 수 있다. 현지 브로커를 쓰는 경우도 있다. 잠재고객이나 주요 유통점과 관계를 맺은 현지인의 도움을 받는 것이다. 이때, 브로커의 신뢰도를 반드시 확인해야 한다.

투자사의 도움을 받는 경우도 있다. 요즘 벤처캐피털은 단순히 자금을 제공하는 데 그치지 않고, 투자한 회사가 성공할 수 있게 지원하는 역할까지 한다. 특히, 글로벌 네트워크를 보유한 벤처캐피털은 영업이나 파트너 발굴을 도와준다. 예를 들어, SK텔레콤 자회사였던 와이더댄〔Widerthan, 나중에 리얼네트워크(RealNetwork)에 인수되어 이름이 바뀜〕에 투자한 글로벌 벤처캐피털 노키아 벤처스〔Nokia Ventures, 지금은 블루런 벤처스(BlueRun Ventures)로 이름이 바뀜〕는 와이더댄이 미국에 진출하는 데 결정적인 지원을 한 것으로 알려져 있다.

해외시장 개척을 위해 국제박람회에 참석하는 것도 효과적이다. 산업박람회는 새로운 상품과 잠재고객이 한꺼번에 모이는 자리로, 산업 분야별로 크고 작은 행사가 개최된다. 보통의 경우 연 단위로 행사가 열리기 때문에 미리 계획이 가능하다. 최근에는 정부 차원에서 경제적·행정적으로 국내 기업의 박람회 참가를 지원하고 있기 때문에 이런 프로그램을 활용하는 것도 방법이다.

중간상을 거치는 경우 거래조건을 잘 따져야 한다. 조건에 따라 기업의 현금흐름, 수익이 달라지기 때문이다. 통상 중간상과 공급자의 계약조건에는 힘의 논리가 작용한다. 유통이 절대적인 역할을 하는 경우 공급자는 불리한 계약을 할 수밖에 없고, 제품이 희귀하면 공급자가 유리한 계약을 한다. 유통계약 조건은 독립적인 것이 아니라 서로 영향을 미친다. 그럼 어떤 조건이 중요한가?

유통수수료: 중간상은 상품공급자에게 경제적 혜택을 제공한 대가로 유통수수료를 받는다. 경제적 혜택이란 유통을 위해 투입되는 인력, 공간, 프로모션, 그리고 재고비용 등이다. 유통수수료는 판매수익에서 일정한 비율을 지급하는 방식, 그리고 판매와 상관없이 일정한 금액을 지불하는 방식이 있다. 판매량이 많을 것으로 예상되면 정액 수수료가 유리하다. 판매수익, 유통경로, 상품의 특성, 중간상의 시장 장악력에 따라 수수료는 차이가 난다.

성공보수: 기업이 고객인 경우 중간에서 일을 돕는 브로커와는 조금 다른 방식으로 계약한다. 성공보수 방식은 거래가 성공하는 경우에 한해 매출의 일정 비율이나 정액을 지불하는 것을 말한다. 이는 성공 여부가 불투명할 때 기업 입장에서 초기 비용부담을 줄일 수 있는 장점이 있다. 반대로 성공 여부와 상관없이 노력에 대해 정가를 지불하는 방식이 있다. 중간상의 역할과 활동을 구체화하고, 월 단위나 주 단위로 일정한 금액을 지불하는 것이다. 또한, 두 가지 방식을 결합한 방식이 있다. 일을 시작할 때 일정 금액의 착수금(Retainer Fee)을 지불하고, 성공하면 추가 금액을 지불하는

방식으로, 변호사 수임에 많이 등장하는 방식이다. 어떤 방식을 택할 것인가는 성공 가능성, 기업의 현금흐름, 협상력 등에 따라 달라진다.

대금회수: 상품을 팔고 나서 얼마 만에 돈을 받느냐는 현금흐름과 매출에 영향을 준다. 예를 들어 한 달 단위로 정산한다면, 월초에 팔린 상품 매출은 월말에 받기 때문에 그만큼의 이자를 손해 보게 된다.

기타: 상품의 물리적 보유(저장 및 배달비용), 소유(재고 유지비용), 광고 및 홍보, 위험부담(가격보장, 보증, 보험, 수선 및 AS 비용), 주문처리비용, 대금지불(대금회수, 부실채권비용) 등이 주요한 거래조건이다.

어떻게 판매를 촉진할 것인가?

좋은 상품을 소비자가 알지 못하면 무슨 소용이 있으랴. 판매를 촉진하기 위해서는 알려야 한다. 인터넷과 스마트폰의 확산으로 미디어 환경이 크게 변하고, 고객이 구매를 결정하는 방식이 진화하고 있어 기술의 변화에 맞는 전략적인 커뮤니케이션이 필요하다. 이제부터 어떻게 판매를 촉진할 것인지 알아보자.

커뮤니케이션이 왜 중요한가?

고객과의 커뮤니케이션이 왜 필요한가? 기업은 상품을 잘 만들어 고객이 상품의 가치를 인정하고 가격을 기꺼이 지불하게 하고(가치장벽 해소), 유통망을 구축하여 고객이 시간과 장소 측면에서 상품을 손쉽게 구매할 수 있게 하며(시간·장소 장벽 해소), 상품의 특성과 기업의 철학을 고객에게 잘 알려 기업에 유리한 판단을 내리게 해야 한다(정보장벽 해소). 고객 커뮤니케이션은 고객과 정보를 교환하는 과정이다.

커뮤니케이션은 고객과의 관계를 위한 것이다. 기업이 커뮤니케이션하는 목적은 단순히 의도한 정보만을 전달하는 것이 아니라 우호적이고 장기적인 관계를 맺기 위함이다. 고객은 수많은 정보에 노출되어 있으며, 특히 경쟁사로부터도 끊임없이 정보를 제공받기 때문에, 차별화를 위해서는 기업과 고객이 평소에 돈독한 관계를 가져야 한다. 따라서 커뮤니케이션은 정보를 매개로 고객과 관계를 맺는 과정이라고 볼 수 있다.

상품만 알리면 되나? 커뮤니케이션 대상은 과거와 같이 제품에 한정되지 않고 기업의 모든 비즈니스 활동으로 확대되고 있다. 고객은 단순히 관심 대상인 제품만을 평가하여 구매하지 않고, 기업 전반의 이미지나 다른 제품 등을 같이 고려하는 추세다.

고객하고만 커뮤니케이션하면 되나? 커뮤니케이션 표적도 다양해지고 있다. 이전에는 제품을 사용하는 고객만이 커뮤니케이션 표적이었다면, 지금은 언론, 정부기관, 일반 대중 모두가 대상이 된다. 왜냐하면 이들 모두가 고객의 의사결정에 영향을 미치기 때문이다. 인터넷은 누구나 정보를 제공하고 받을 수 있는 곳이기 때문에 이 모든 과정을 통제하는 것이 어려워지고 있다. 특히 소셜미디어 환경하에서는 개인과 개

■ 고객과의 접점

고객과 만나는 지점이 어디인가? 커뮤니케이션은 다양한 접점에 있는 고객을 관리하는 수단이다. 고객과 접점이 만들어지는 곳에는 몇 가지 형태가 있다. 첫째, 실내 생활에서의 접점이다. 집에서 접하는 TV, 라디오, 신문 등과 같은 전통매체가 이에 해당한다. 이러한 매체 이용자는 가족 단위로, 이들에게 일방적으로 메시지를 전달하는 특성이 있다. 둘째, 외부 생활에서의 접점이다. 경기장이나 공연장에서 스폰서십 홍보물에 노출되거나 할인매장, 백화점, 슈퍼마켓 같은 유통점에서 만나게 되는 판매 접점, 극장에서 영화를 보는 도중 만나게 되는 간접광고 등이 이에 해당한다. 셋째, 인터넷과 스마트폰 공간에서의 접점이다. 이 채널은 소비자가 능동적으로 상품과 만나고 소비자 간에 정보를 공유할 수 있는 특징을 가지고 있다. 넷째, 사람과의 대면 접점이다. 상품과 관련된 문의를 하기 위해 상담원과 전화를 하거나 배송기사, 애프터서비스 기사가 고객을 직접 방문하는 경우이다. 박람회에서 잠재 고객을 접하는 경우도 이에 해당한다.

인의 소통이 활성화되어 있어 기업이 개입할 여지가 적다. 상품 구매자의 후기와 파워블로거의 평가는 잠재고객에게 큰 영향을 주지만, 기업이 직접적으로 관여하기 쉽지 않은 영역이다.

어떤 커뮤니케이션 수단이 있나?

어떤 방법으로 관계를 맺을 것인가? 고객과 접촉하는 방법은 광고, 홍보, 직접 접촉, 프로모션, 이벤트 등이 있다. 각각의 수단은 서로 다른 특성이 있어 목적과 상황에 맞게 수단을 선택해야 한다.

광고는 돈을 지불하고 TV, 라디오, 신문, 인터넷, 스마트폰 등을 통해 상품과 기업을 알리는 것이다. 광고는 한꺼번에 광범위한 사람에게 도달할 수 있는 장점이 있으나 비싸고 피드백이 힘든 것이 단점이다. 창업 초기 광고를 하는 경우는 많지 않으며, 하더라도 전통 매체보다는 비교적 비용이 적게 드는 인터넷을 선호한다. 최근 부상하고 있는 소셜 미디어는 직접 광고비를 지불하지 않고도 자신들의 페이지를 만들어 정보를 담고 이를 주위에 확산시킬 수 있기 때문에 많이 활용된다.

홍보는 제3자를 통해(대표적으로 미디어) 기업이나 상품에 관한 정보를 노출하여 소비자가 좋은 이미지를 갖게 하는 것이다. 어떤 기업이 첨단기술을 최초로 개발했다는 기사가 신문에 실린다면, 독자는 그 기업에 대해 좋게 생각할 가능성이 높다. 홍보는 돈이 들지 않으며, 기업의 메시지가 제3자(언론이나 정부기관)를 통해 전달되므로 신뢰성이 높은 것이 장점이다. 다만 관계기관의 협조가 있어야 가능하다. 벤처기업이 다루는 상품이나 기술이 언론의 관심을 끌기에 충분하다면 광고보다는 홍보를 적극적으로 활용해야 한다. 이를 위해 기자들에게 능동적으로 정보를 제공하고 지속적으로 접촉하는 것이 필요하다.

직접 접촉은 매장 직원, 고객센터 상담원 등이 고객과 맺는 관계이다. 즉각적인 반응을 얻어낼 수 있고 복잡한 정보를 전달하기 유리하지만, 접촉 인력을 관리하기 힘들고 비용이 많이 든다. 이벤트와 프로모션은 고객이 관심을 가질 만한 행사를 개최하거나 할인 쿠폰 등을 제공하는 것으로, 단기간에 판매를 높일 수 있는 장점이 있으나 경쟁업체 또한 단기간에 따라올 수 있고, 익숙해질 경우 수익에 악영향을 줄 수도 있다.

어떻게 소통해야 하나

소통계획은 무엇을 결정하는 것인가? 소통계획은 전달할 메시지와 전달수단을 정하는 것이다. 메시지는 상품 정보, 고객 불만에 대한 대응, 기업 이미지에 관련된 것이 대부분이다. 타깃 소비자를 정하고 어떤 메시지를 전달할지 정하면 메시지를 실어 나를 수단을 정해야 한다.

어떤 수단을 이용할 것인가? 인터넷 등장 이후 소통수단이 다양해짐에 따라 여러 수단을 종합적으로 활용해야 한다. 여기서 소비자에 대한 정보를 수집하고 분석하는 것이 필요하다. 공략 소비자가 어떤 수단을 주로 이용하는지, 관심 분야가 무엇인지 등에 대한 포괄적인 정보를 가지고 있어야 한다.

시장형성 단계에는 어떻게 소통해야 하나? 기업이 이전에는 존재하지 않던 새로운 개념의 상품을 제공한다면 일반인들은 이런 종류의 상품에 어떤 기능과 효용이 있는지 알지 못한다. 따라서 이때는 경쟁의 관점보다는 이런 종류의 상품이 어떤 것인지 알리는 데 주력해야 한다. 동시에 이런 종류의 상품 중에서 자사의 상품을 기억하게 만들어야 한다. 영업점에서 체험 기회나 무료 샘플을 제공하는 것이 그런 목적을 위한 것이다.

시장이 성장하기 시작하면 어떻게 소통해야 하나? 시장이 성장하면 상품이 일반인들에게까지 알려지고 경쟁상품이 등장한다. 이때는 경쟁사 대비 내 상품의 차별점을 알리는 데 주력해야 한다. 특히, 이 시기는 기술의 차이에 의해 기능적인 차이가 벌어지는 시기이므로 기능적 차별화 위주로 커뮤니케이션해야 한다. 시장이 좀더 성숙하면 경쟁상품과 기술적인 차이가 거의 사라진다(아이폰과 갤럭시의 경쟁을 보자. 2007년 아이폰이 스마트폰 시장에 진입하고 얼마 안 돼 삼성 갤럭시가 등장했을 때는 두 제품 사이의 기술적인 차이가 컸다. 하지만 3~4년이 지나면서 삼성이 기술적으로 아이폰을 거의 따라잡았다). 이때는 기능적 차별화보다는 상품 이미지를 높이기 위한 캠페인에 집중해야 한다. 프로모션도 적극적으로 실시해야 한다.

■■■■ 사례분석

네트플릭스 정액제 모델[3][4]

미국의 홈비디오 시장은 1980년대에 형성되기 시작하였는데, VCR이나 DVD 플레이어가 각 가정에 1대씩 보급될 정도로 시장이 커지면서 오프라인 비디오 대여업은 최고의 번성기를 누리게 된다. 이 시대 시장을 지배한 곳이 블록버스터다. 블록버스터는 한때 전 세계에 9천 개의 매장을 보유할 정도로 큰 영향력을 가졌다. 하지만 비디오를 대여해주고 정해진 기간(3~4일) 내에 반납하지 않을 경우 연체 수수료를 부과

---

3 한은영(2010), "Blockbuster의 파산보호 신청을 계기로 본 미국 비디오 유통 시장의 변화", 〈KISDI〉 제22권 19호(통권 495호).
4 공영일(2010), "Netflix의 부상과 향후 전망", 〈KISDI〉 제22권 19호(통권 495호).

했는데, 이러한 정책은 소비자들의 큰 불만을 샀다. 블록버스터에게 연체 수수료는 상당한 수익원이라고 소문이 날 정도였다.

　　네트플릭스는 1997년 마크 랜돌프(Marc Randolph)와 리드 헤이스팅스(Reed Hastings)가 미국 캘리포니아에서 창업한 회사다. 사업에 대한 아이디어는 헤이스팅스가 영화를 빌려보고 늦게 돌려주는 바람에 연체료를 내면서 얻었다고 한다. 네트플릭스는 가입제 도입을 통해 가입자가 PC로 DVD 대여를 신청하면 DVD를 우편으로 배송하고 수거하는 방식을 고안해냄으로써 연체 수수료가 발생하지 않게 했다.

　　콘텐츠는 유료 가입제(subscription model)로 제공되며, 가입자는 매달 정액으로 8.99달러에서 47.99달러를 내고 온라인과 우편을 통해 콘텐츠를 무제한 시청할 수 있다(8.99달러 요금제는 우편 대여 시 한 번에 DVD 1개를 빌릴 수 있으며 47.99달러 요금제는 한 번에 8개를 빌릴 수 있다). 가입제를 도입한 1999년부터 2002년까지는 가입자 규모에 비해 소요되는 우편 배송비가 커서 매년 순손실을 기록했다. 그러나 2003년 가입자가 150만 명을 돌파하면서 네트플릭스는 흑자를 내기 시작했다.

　　네트플릭스의 시도는 성공적이었다. 블록버스터가 2010년 파산한 후, 2012년 1분기 전 세계 2,600만 명의 유료가입자를 보유하며 미국 1, 2위 케이블TV 사업자인 컴캐스트(Comcast)와 TWC의 유료방송 가입자를 능가했다.

1. 쓴 만큼 돈을 내는 것이 종량제이고 쓴 양과 상관없이 일정한 요금을 내는 것이 정액제이다. 유선인터넷은 정액제이고 무선인터넷이 종량제이다. 요금 정책과 유·무선 인터넷의 확산 관계를 논하시오.

2. 블록버스터가 비디오 종량제를 시장에서 정착시킨 상황에서 네트플릭스는 정액제로 승부하여 승리했다. 정액제가 무조건 좋은 것인가? 서비스 시장에서 종량제, 정액제가 갖는 장점과 단점을 각각 논하시오.

제7장

· · ·

어떻게
경쟁할 것인가?

우리에게 많이 알려져 있지 않지만 링크드인(LinkedIn)1은 소셜네트워크서비스(SNS, Social Network Service)로 성공한 회사다. 대부분의 SNS가 개인 간 인맥과 오락을 위주로 한다면 링크드인은 전문가의 정보공유를 지향하는 서비스다. 링크드인은 2003년 결제 서비스 회사 페이팔(Paypal) 출신인 리드 호프만(Reid Hoffman)에 의해 설립됐다. 회사를 설립할 당시 마이스페이스, 페이스북, 트위터(Twitter) 같이 유망한 서비스들이 화려한 조명을 받고 있었다.

후발 SNS 주자로서 링크드인은 기존 서비스와 다른 차별화에 역점을 두었다. 친분 쌓기라는 SNS 본연의 기능을 유지하면서, 개인보다는 비즈니스에 초점을 둔 전문가 네트워크를 구축했다. 개인회원은 자

---

1 LinkedIn 홈페이지, 관련 신문 기사들.

신의 이력을 작성해 올리고, 링크드인은 이를 DB화해 관리하면서 관련 있는 사람을 추천한다. 개인은 글로벌 전문가 네트워크를 통해 자신들의 비즈니스 필요를 충족하고, 기업고객은 훌륭한 인재를 찾을 수 있게 되었다. 링크드인은 데이터 분석에 탁월한 능력을 가지고 있다. 전문가들이 생산하는 방대한 데이터를 통찰력 있게 분석하여 서비스를 고도화함으로써 당분간 누구도 따라올 수 없는 경지에 도달했다.

가입자는 2009년 5천만 명을 넘었고, 2011년 3월 1억 명, 2013년 6월 2억 2천만 명을 넘었다. 2011년에는 기업공개를 했고, 2013년 6월 기준으로 회사가치 20조 원이 넘는 회사가 되었다. 링크드인은 기업의 채용담당자에게 있어서 없어서는 안 될 도구가 됐다. 이들은 온라인 구인사이트에 내던 채용공고 광고비를 링크드인에 쓰기 시작했다. 2013년 1분기 회사 매출 3,500억여 원 중 절반가량은 기업의 채용담당자들로부터 나온 성과다.

링크드인의 사례는 소셜미디어 절대강자들과 직접 경쟁을 피하고 틈새시장을 공략해 성공한 사례다. 상대가 강하면 피하고 상대가 약하면 정면 승부한다? 단순해보이지만 현실은 훨씬 복잡하다. 어떻게 싸울지 알아보자.

경쟁우위가 무엇인가?

우사인 볼트(Usain Bolt)은 단거리 달리기에서 독보적인 존재다. 그가 단거리에서 압도적으로 승리하는 이유가 무엇일까? 그의 순발력은 평범해 출발은 특별하지 않다고 한다. 하지만 가속이 붙으면 폭발적으로 달린다. 큰 키와 근육이 장점이지만 무엇보다도 가속을 유지할 수 있는 아킬레스건이 누구도 갖지 못한 능력이라는 것이다. 기업이 우사인 볼트와 같은 강한 아킬레스건을 가지려면 어떻게 해야 할까?

경쟁우위가 무엇인가? 경쟁자가 단기간에 따라올 수 없는 우월한 위치를 말한다. 스마트폰에서 애플과 삼성, 자동차에서 벤츠, 항공기에

〈그림 7-1〉 우사인 볼트

자료: www.fansshare.com

서 보잉, 검색에서 구글은 오랜 기간 자신의 산업에서 최상의 위치를 유지했는데, 당분간 경쟁자가 이들을 따라잡기는 쉽지 않다. 경쟁우위 기업은 통상 경쟁자에 비해 상품을 더 많이 팔거나 비슷하게 팔더라도 이익 폭이 더 크다.

그렇다고 이익만이 경쟁우위를 보여주는 척도는 아니다. 경쟁우위는 단기적으로 더 높은 이익을 내는 성과로 나타나지 않을 수도 있다. 기업은 장기적인 이익 극대화를 위해 현재 이익의 일부를 희생하여 시장점유율을 확대하거나 기술투자를 늘릴 수도 있기 때문이다.

경쟁우위는 단기간에 사라지기도 한다. 가령, 국내 부품제조사를 협력회사로 두고 있는 완성 자동차회사(예: 현대자동차, 기아자동차)의 경우, 환율이 올라 해외에서 부품을 조달하는 경쟁회사의 부품 조달비용이 상승할 때 단기적으로 원가와 판매가에서 경쟁우위를 점할 수 있다. 하지만 환율이 제자리로 돌아가면 이러한 경쟁우위는 사라지고, 환율이 내려가는 경우 경쟁열위가 된다. 하지만 이 자동차회사가 장기간 기술개발을 통해 차별적인 기술력을 확보하거나 막강한 브랜드 이미지를 구축했다면 경쟁우위를 장기적으로 끌고 갈 수 있다.

기업 입장에서는 당연히 경쟁우위를 장기적으로 유지하는 것이 좋다. 기업은 단기적인 경쟁우위를 장기적인 것으로 변환하도록 노력해야 하는데, 이 과정에서 기업이 보유한 자원과 역량을 활용한다. 자원은 자본, 기술력, 브랜드 등을, 역량은 경쟁에 대응할 수 있는 능력을 말한다. 부족한 역량과 자원은 내부적으로 배양할 수도 있고 외부에서 확보할 수도 있다.

경쟁우위는 언제 만들어지나?

경쟁우위는 언제 생기나? 경쟁우위는 기업 외부환경이 우호적으로 변하거나 기업 내부에서 혁신에 성공했을 때 생겨난다고 경영학에서는 본다. 기업의 의지와 상관없이 외부환경이 변했을 때, 미리 대비한 경우도 있지만 때에 따라서는 운이 좋게도 기업이 보유한 역량이나 자원이 경쟁우위 역할을 하기도 한다. 미국 자동차에 비해 일본 자동차는 기름을 적게 먹는다고 한다. 원유 가격이 올라가면 사람들은 기름 가격에 민감해져 일본 자동차를 더 많이 사게 된다. 이는 원유 가격 인상으로 일본 자동차가 경쟁우위를 갖게 된 경우이다.

기업이 능동적으로 환경에 잘 대응하여 경쟁우위를 갖기도 한다. 외부환경 변화는 기업에게 항상 위협과 기회다. 남들보다 먼저 기회를 포착하고 대응하면 기업은 경쟁자를 물리칠 기회를 갖는다. 개인용 컴퓨터 시대를 예상하고 개인용 컴퓨터 운용체계를 개발한 마이크로소프트(Microsoft)나 무선메신저를 만든 카카오톡이 좋은 사례다.

기술의 변화 속도와 소비자의 취향이 바뀌는 속도가 경쟁우위가 얼마나 지속될지를 결정한다. 2 시장과 기술의 변화가 느린 산업에서는 선도기업이 경쟁우위를 장기적으로 가질 확률이 높다. 통상 시장이나 기술이 변할 때 새로운 기회가 생기기 마련인데, 둘 다 변화가 느리기 때문에 선발자는 소비자 로열티, 중요 자원의 선점, 학습효과가 주는 장점을 충분히 누릴 수 있다. 따라서 이런 시장에 후발사업자가 들어가

---

2 이하의 내용은 Suarez & Lanzolla (2005)의 논문 "The half-truth of first-mover advantage"를 요약한 것임.

서 성공하기는 쉽지 않다.

시장과 기술이 모두 빨리 변하거나 시장은 빨리 바뀌는데 기술이 천
천히 변하는 경우, 선도 진입자는 단기우위만 확보할 가능성이 높다.
싸이월드가 몇 년간의 시장 지배력을 페이스북에 넘겨준 것은 시장과
기술이 급격하게 변하는 소셜미디어 시장의 특성 때문이라고 볼 수 있
다. 반면 기술은 빨리 바뀌는데 시장은 천천히 바뀌는 경우, 선도 진입
자는 장·단기우위를 모두 확보하기 어렵다. 똑같은 소비자의 요구를
새로 등장한 기술이 금방 따라잡아버리기 때문이다.

하지만 기술과 시장의 변화 특성만으로 장·단기 경쟁우위 가능성을
모두 설명할 수 있는 것은 아니다. 인텔과 마이크로소프트는 각각 프로
세스 시장과 PC 소프트웨어 시장이라는, 기술과 소비자의 요구가 급변
하는 곳에서조차도 장기독점 지위를 유지할 수 있었다.

무엇을 가져야 하나?

중세 성당기사단이 크게 명성을 얻은 것은 '십자군전쟁', 그중에서도 특
히 1177년 '몽기사르 전투'에서였다. 이 전투는 약 500명의 성당기사단

이 2만 6천 명이나 되는 살라딘의 이슬람 대군을 물리친 사건이다. 막강한 기사단으로 인해 십자군은 처음으로 예루살렘을 점령하고, 200년간 이 지역을 차지할 수 있었다. 이렇게 소수의 기사단이 주로 보병으로 이뤄진 대군을 격파할 수 있었던 비밀은 바로 '등자'(鐙子)다. 등자는 말 위에 탄 사람이 발을 올려놓는 발판이다. 가벼운 쇠와 가죽으로 만들어서 안장에 매달아두면, 말을 탄 사람의 두 발이 고정되어 두 팔로 칼과 창을 자유자재로 쓸 수 있게 되었다고 한다. 등자의 보급으로 말 위에서의 움직임이 훨씬 더 자유로워지면서 기병의 전투력은 월등히 강해졌다.

어떤 능력을 가지고 있을 때 경쟁우위에 서게 되나? 즉 무엇을 가져야 경쟁에서 이기나? 기업이 높은 이윤을 얻는 방법이 무엇인가? 하나는 상품을 경쟁상품보다 낮은 비용으로 만들어 저렴한 가격으로 판매하는 것이고, 다른 하나는 상품을 차별화하여 더 많은 고객이 더 높은 가격을 지불하게 하는 것이다. 따라서 기업이 높은 이윤을 얻는 것은 가격경쟁력과 상품차별화를 통해서이다.

먼저 차별화를 보자. 상품차별화는 간단히 표현하면 고객의 관점에서 고객의 선호를 이끌어낼 수 있는, 나만이 가지고 있는 것이라고 경영학은 정의한다. 품질은 중요한 차별화 수단이지만 유일한 요소는 아니다. 차별화는 브랜드 이미지(예: 벤츠 자동차), 유통망에서도 나온다. 빈틈을 공략하는 것도 차별화다. 여기서 고객의 관점으로 보는 것이 중요하다. 훌륭한 기술을 가졌다고 해서 기업이 차별화될 거라 생각하면 오산이다. 의외로 소비자는 기술에 관심이 없을 수 있다. 고객의 감동을 이끌어낼 수 있는 무언가를 찾아 남들이 따라올 수 없게 그것을

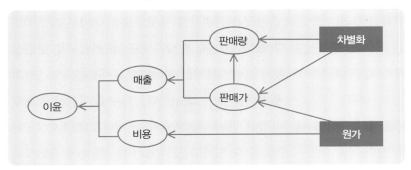

〈그림 7-2〉 차별화와 원가 경쟁력

제공해야 차별화된다.

　가격경쟁력은 상품을 만드는 원가에 의해서 결정된다고 볼 수 있다. 독점적인 기술이 있어 나만 싸게 만들 수 있거나, 대량생산을 통해 규모의 경제를 달성한다면 원가 경쟁력을 가질 수 있다. 혁신적인 서비스를 제공하는 벤처기업이 초기에 적자를 감수하고 가입자 확보에 주력하는 것이 바로 규모의 경제를 통해 가격 우위를 점하려는 전략이라고 볼 수 있다.

　가격과 차별화는 두 마리 토끼 아닌가? 그럴 수 있다. 비용을 낮추면 차별화가 어려워지고 차별화하기 위해서는 비용이 높아지기 때문이다. 따라서 통상 기업은 두 요인 중 어디에 중점을 둘지 결정해야 한다. 저비용 전략을 추구하는 기업과 차별화 전략을 추구하는 기업 사이에는 자원과 능력, 조직의 특성에서 근본적인 차이가 있을 수 있음을 명심해야 한다.

　하지만 반드시 그런 것은 아니다. 하트(Hart)와 같은 일부 학자는 가격경쟁력과 차별화를 동시에 추구하기란 힘들지 않다고 본다. 기술혁신은 원가가 높지 않아도 차별화를 달성할 수 있게 한다. 예를 들어, 태블릿 PC 시장에서 애플의 아이패드(iPad)가 삼성전자의 갤럭시 탭(Galaxy Tab)보다 기술적인 사양(예: 해상도, 프로세스 속도)이 낮았지만 비슷한 가격에 훨씬 많이 팔린 것은 월등히 편리한 기능 때문이었다.

　모든 부분을 잘해야 하나? 대부분의 기업들은 경쟁사에 비해 어떤 부분은 강하지만 어떤 부분은 약하거나 동등하다. 어떤 기업이 거의 모든 부분에서 경쟁우위를 가지는 경우 이를 절대적 경쟁우위라고 하지만, 그런 경우는 정말 손으로 꼽을 정도로 드물다. 이런 이유 때문에 기업은 전략적으로 어떤 부분에 집중할지를 정한다.

■ 집중화

경영학의 대가 마이클 포터는 두 가지 경쟁우위 전략인 비용우위와 차별화 전략에 기업이 집중하는 사업범위를 포함하여, 기업전략을 비용우위, 차별화, 집중화로 나누었다. 포터는 비용우위 전략과 차별화 전략은 상호 배타적이기 때문에, 이를 동시에 추구할 경우 기업이 '어중간한 상태'가 될 수 있다고 보았다. 어중간한 상태에서는 거의 모든 기업이 낮은 성과를 낸다는 것이다. 그런 기업들은 낮은 가격을 요구하는 대규모의 고객을 잃어버리거나 저 원가 전략을 추구하는 기업에게 이익을 빼앗겨버리기 때문이다. 또한 이런 기업은 조직 조정이나 동기부여 시스템의 상충으로 어려움을 겪기도 한다. 따라서 기업은 비용우위나 차별화 중에서 하나만을 선택하는 것이 현명하다고 보았다.

기업이 모든 자원을 다 가질 수 없기 때문에, 모든 부분을 다 잘할 수는 없다. 특히 창업 초기 가지고 있는 역량은 특정 부분을 제외하고 대부분 제한적일 수밖에 없다. 경쟁우위를 갖기 위해 어느 부분에 집중할 것인지, 핵심역량을 어디에 둘 것인지 결정하기 위해서는 경쟁자는 무엇을 잘하고, 나는 무엇을 잘하는지 이해해야 한다.

차별화는 어디에서 나오나?

기업 안에서 일어나는 일들을 분해해서 보자. 그래야 집중할 곳을 찾을 수 있다. 단순하게 보면 재료를 사고, 좋은 사람을 뽑아 생산현장에 투입하고, 생산을 거쳐, 고객에게 내다 판다. 나의 경쟁력은 재료를 사는 데 있나(구매), 물건을 잘 만드는 데 있나(생산), 아니면 잘 파는 데 있나(영업)? 장사 잘 되는 식당은 좋은 고기를 구입할 수 있고, 베트남 제품은 저렴한 인건비로 싸게 만들 수 있으며, 편의점은 동네 곳곳에 있기 때문에 경쟁력이 있는 것이다.

　좀더 체계적으로 분석해보자. 경쟁에서 이기기 위해서는 상품의 원가가 우수하거나 차별화가 있어야 한다고 했다. 경영학에서는 가치사슬이라는 개념을 도입하고 있다. 처음 원자재가 들어와 여러 가지 행위를 거치서 최종 상품이 된다. 이러한 행위들을 순서대로 연결하면 기업이 가치를 만들어가는 사슬이 된다. 한 기업의 가치사슬을 보면 각 단계에서 부가가치 창출과 관련된 핵심활동이 무엇인가를 알 수 있고, 원가와 차별화 원천을 밝혀낼 수 있다.

마이클 포터(Michael Porter, 1985)는 기업이 가치를 만드는 활동을 주활
동과 지원활동으로 구분했다. 여기서 주활동은 자재 조달, 제품 생산, 운
송, 마케팅, 판매, 물류, 서비스 등과 같은 현장업무 활동을 의미하며, 지
원활동은 기술개발, 인사, 재무, 기획 등 현장활동을 지원하는 제반 업무
를 의미한다. 주활동은 부가가치를 직접 창출하는 부문을, 지원활동은 부
가가치가 창출되도록 간접적인 역할을 하는 부문을 말한다. 가치창출 활동
은 산업이나 비용구조 등에 따라 서로 다를 수 있다.

기업은 가치사슬을 최적화하여 경쟁력을 높인다. 고객이 내 상품으
로부터 가치를 느끼고 기꺼이 소비할 때 기업이 유지된다. 따라서 기업
의 모든 활동을 고객의 가치와 연결되도록 조직화하여, 고객가치 창조
에 직·간접적으로 기여하지 않는 모든 활동이나 프로세스를 제거해야
한다. 쉽게 얘기해서 고객이 내 상품을 선택하는 데 도움이 안 되는 과
정을 삭제하라는 것이다.

무엇을 부각할 것인가?

기업의 역량을 경쟁사와 비교해보자. 비교 분석할 때는 항상 쪼개서 봐
야 한다. 즉, 비교의 대상은 가치사슬상의 세부행위 단위여야 한다. 만
약 경쟁사와 가격만을 비교한다면 가격의 차이를 만드는 원인을 알 수
없다. 마찬가지로 품질만을 비교하면 왜 품질 차이가 나는지 알 수 없
다. 원인을 알 수 없으면 개선할 수 없으며, 세부화해야 어느 부분이 차

이를 만드는지 알 수 있다.

이제 중요한 것은 경쟁상품을 정의하는 것이다(제3장 "누가 경쟁자인가?"에서 정의한 경쟁자의 개념 참고). 교과서적으로 보면 어떤 상품이 고객 입장에서 내 상품의 대안이 될 수 있다면 그것은 경쟁상품이다. 하지만 정확하게 경쟁자를 밝혀내는 것은 방대한 작업일 수 있다. 스마트폰 실시간방송 서비스를 보자. 타깃 고객이 방송 서비스를 주로 이동 중 시간 때우기용으로 쓴다면, 시간 때우기 용도가 큰 모바일 메신저, 뉴스 서비스, 모바일 게임 등이 경쟁자가 될 수 있다. 하지만 이렇게 하면 너무 이론적으로 갈 수 있다. 벤처기업의 상품이 제공할 핵심 가치를 중심으로 경쟁사를 정의하도록 하자.

경쟁자를 정의하고 나면 경쟁사와 역량을 비교해야 한다. 무엇을 가지고 비교할 것인가? 경쟁우위를 가능케 하는 비용과 차별화가 비교의 기준이다. 특정 영역이 경쟁사보다 비용을 낮출 수 있는 역량이 있는지, 아니면 차별화할 역량이 있는지 보자는 것이다. 벤처기업의 경우 영업, 마케팅, 혹은 자본조달 영역보다 보유기술을 통한 상품의 차별화가 주를 이룰 것이다.

가치사슬을 세부행위로 쪼개서 볼 필요가 있다. 생산영역의 경우 자재 공급체계, 생산 투입라인, 조립인력 등이 비용의 차이와 차별화를 만드는 요소이다. 영업·마케팅 부분은 가격 책정, 유통망 구축, 광고홍보 등의 영역으로 나누어 비교 분석하는 것이 좋다.

역량분석은 현재의 상황을 평가하고 어느 영역에 집중하고 어떻게 강화할지를 결정하는 과정이다. 원가와 차별화에 크게 기여할 영역을 내가 가진 역량 혹은 지금 가지지 않았더라도 확보할 수 있는 역량 측면에서 찾아내야 한다.

역량분석의 결과는 어떤 모습일까? 먼저 가치사슬 각 영역에 대해 현재 어떤 부분이 경쟁사보다 열위고, 어떤 부분이 비슷하며, 어떤 부분이 우수한지 밝힌다. 그런 다음에 열위 부분은 어떻게 보강하고 어떤 부분을 핵심 경쟁력으로 삼을지를 제시한다. 이때 현재 역량 수준은 어느 정도고 어떤 방식으로 어느 수준까지 올릴지를 명확히 해야 한다. 항상 모든 부분에서 경쟁력을 가질 필요는 없기 때문에, 대부분의 영역을 경쟁사와 유사하게 하고(어떤 경우 약간 모자랄 수 있음), 어느 특정 부분을 확실한 차별화 요소로 삼는 것이 일반적인 차별화 전략이다.

물론 충분한 시장정보를 가지고 있는 경우 훨씬 더 정교한 방식으로 차별화와 비용우위 전략을 도출할 수 있다. 하지만 많은 경우 정보는 제한적이다. 그럼에도 경쟁사와 상대 비교하여 전략적 시사점만을 도출하는 것으로도 충분한 의의를 가진다.

왜 제휴사의 경쟁력이 중요한가?

2013년 모질라(Mozilla)는 차세대 웹 표준 HTML5를 지원하는 파이어폭스(Firefox) 스마트폰 출시계획을 가지고 있었다. TCL커뮤니케이션테크놀로지, 화웨이(華爲), LG전자, ZTE, 소니(Sony)가 파이어폭스 스마트폰 제조계획을 밝혔다. 애플 iOS와 구글 안드로이드가 모바일 OS 시장을 장악한 가운데, 최근 이동통신사와 단말제조사들 사이에서 대안이 될 수 있는 새로운 OS에 대한 관심이 높아졌다. 하지만 파이어폭스 OS가 모바일 플랫폼으로서 입지를 다질 수 있을지 여부는 OS로서의 자체적인 완성도뿐만 아니라 제3의 개발자, 유력 콘텐츠를 얼마

나 참여시키는가에 달려 있다는 것이 업계의 평가이다. 3

산업가치사슬은 기업 단위가 아닌 산업 단위로 생산되는 가치를 연결한 사슬이다. 산업가치사슬은 나에게 원자재를 공급하는 공급자에서 시작해서, 내 상품의 다음 구매자 그리고 최종 이용자까지의 가치창출 프로세스다. 산업가치사슬 분석은 내가 속한 상품의 경쟁력을 산업 단위로 평가하는 것이다.

스마트폰 음악 서비스를 보자. 먼저 작사가와 작곡자가 음악을 만들고, 연주자나 가수가 녹음을 할 것이다. 녹음된 음악은 '멜론'(Melon) 같은 음악 서비스 회사에 전달되고, 이 회사는 여러 음악을 모아 이동전화망을 통해 스마트폰으로 보낸다. 이런 과정을 음악산업 가치사슬 관점에서 보면, 음악 생산(개별 음악을 만든다) - 음악 서비스(여러 음악을 모은다) - 음악 전달(이동통신망) - 음악 재생(스마트폰)으로 구성할 수 있다.

시장 진입시점에서 기업 가치사슬 분석만으로 경쟁전략을 제대로 세우기는 힘들다. 더군다나 디지털 기술의 발달은 산업 내 다양한 세부영역의 경계를 허물고 있어, 현재의 위치에서만 경쟁력을 분석하는 것은 의미가 없을 수 있다. 어느 날 갑자기 다른 영역의 사업자가 경쟁자가 될 수 있고, 반대로 다른 영역 제휴 파트너의 역량을 나의 경쟁력으로 활용할 수도 있다. 삼성 갤럭시 스마트폰은 구글이 제공하는 안드로이드 운영체계를 채택함으로써 안드로이드가 갖는 개방성을 자사 경쟁력의 일부로 삼을 수 있었다.

---

3 아틀라스리서치, www. arg. co. kr.

분석의 목적에 따라 산업가치사슬을 여러 기능으로 세부화할 필요도 있다. 예를 들어, 스마트폰에 공급되는 응용 소프트웨어를 개발한다고 하자. 이런 경우 스마트폰 영역을 '운영체계', '응용 SW', '요소기술', '완성단말'로 세분화해서 보는 것이 필요하다.

산업단위 분석을 통해 무엇을 얻을 수 있는가? 전체 산업에서 내 사업이 어디에 위치해 있는지를 명확히 알 수 있다. 이러한 이해를 통해 나는 누구와 제휴를 하는 것이 유리하고, 누가 직접 경쟁자와 간접 경쟁자가 되는지를 알 수 있다. 또한, 내가 제공하려는 서비스의 품질에는 내가 제공하는 것뿐만 아니라 제휴기업 전체의 역량이 같이 나타나므로 차별화 전략을 수립하는 데 효과적이다.

■■■ 선발자는 어떻게 싸워야 하나?

시장 개척에 성공한 자는 어떤 장점을 갖는가? 선발자는 소비자 경험을 선점할 수 있다. 소비자는 오래 사용한 상품을 계속 쓰는 경향이 있어, 설사 더 나은 새로운 상품이 등장하더라도 월등한 차이를 보이지 않으면 기존의 구매를 쉽게 바꾸지 않는다〔이런 것을 경영학에서는 전환비용(switching cost)이 발생한다고 말한다〕. 싸이월드가 성공한 후 다음과 네이버에서 더 나은 기능을 가진 친구맺기 서비스를 출시했지만 기존 이용자는 움직이지 않았다.

사업 수행과정에서 축적한 외부관계를 어떻게 이용할 것인가? 관계 중에서 특히 핵심자원을 독점해야 한다. 시장에 따라 다르지만 상품 생산에 투입되는 자원 중에서 핵심 역할을 하는 것들이 있다. 예를 들어, 게임시장에서는 유능한 개발자가 핵심자원이라고 할 수 있다. 이들 핵심자원의 공급이 한정적인 경우 선발자는 이들을 독점적으로 확보하여 후발자의 경쟁력을 약화해야 한다. 케이블방송은 국내 유료방송 시장(케이블방송, 위성방송, IPTV)에서 핵심채널(OCN, 투니버스 등)을 실질적으로 독점하여, 2002년 진입한 위성방송, 2008년 진입한 IPTV가 이들 채널을 확보하지 못해 사업 초기 큰 어려움을 겪게 했다.

선발자는 사업 수행과정에서 상품개발, 생산, 영업 및 마케팅 등 여러 분야에서 사업 노하우를 갖게 된다. 선발자는 이 지식으로 원가는 낮추고 상품을 차별화해야 한다. 하지만 자칫 관리가 소홀하면 축적된 지식이 조직이 아닌 개인의 자산이 된다. 개인이 노하우를 갖고 있을 경우 그 직원이 떠나면 조직은 노하우를 잃게 된다. 따라서 지식이 조직의 자산이 될 수 있게 문서화하고 조직 내 다른 구성원으로 전파시켜야 한다. 기술적 역량을 회사 자산으로 보호 받을 수 있게 특허를 받는 것도 방법이다.

고객 숫자도 경쟁에 이용할 수 있나? IT산업은 특성상 네트워크 효과가 잘 발휘되는 곳이다(네트워크 효과에 대해서는 박스 설명 참조). 처음 메신저를 선택할 때 이용자가 많은 곳을 선호하듯이(소통할 수 있는 친구가 많기 때문에), 고객이 늘어나면 더 많은 고객을 유인한다. 선발자는 이러한 특성을 경쟁에 활용해야 한다. 네트워크 효과가 잘 발휘되는 시장에서는 초기부터 고객 수를 늘리는 데 집중해야 한다. 이를 위해 저가 정책을 쓰거나, 기술을 개방하거나, 경쟁자와 인수합병을 하거나, 다양한 가격대를 제공하여 사용자 저변을 넓혀야 한다.

네트워크 효과는 어떤 상품에 대한 수요가 형성되면 이것이 다른 사람들의 수요에 영향을 미치는 것을 말한다. 친한 친구가 SK텔레콤에 이동전화를 가입하면 망 내 무료통화 혜택을 받기 위해 나도 SK텔레콤에 가입해야 하는데, 이와 같이 한 수요가 다른 수요에 영향을 미치는 것을 네트워크 효과라 한다. IT나 소프트웨어 산업에서는 네트워크 효과가 쉽게 형성된다. 상품의 특성상 이용자가 증가해도 추가비용이 거의 들지 않고(소프트웨어 복사 비용만 필요), 늘어난 가입자는 자연스럽게 다른 가입자를 유인하기 때문이다.

■■■ 후발자는 어떻게 싸워야 하나?

그럼 후발자는 무조건 불리한가? 그렇지는 않다. 후발사업자만이 갖는 장점도 많다. 후발자는 선발자가 개척한 시장에 무임승차할 기회를 갖는다. 선발자는 시장을 만들기 위해 많은 시간과 돈을 들이며, 기술개발을 위해 막대한 투자를 한다. 선발자가 이런 노력으로 시장을 잘 만들어놓으면 후발자는 선발자가 갖지 못한 부족한 점을 찾아 효과적으로 공략할 찬스를 갖는다. 결국 시장이 형성되는 추세를 읽고 선발자가 갖지 못한 빈틈을 찾아낸다면 후발자에게도 충분히 승산이 있다.

혁신이 경쟁의 중심이 돼야 한다. 소비자 취향은 끊임없이 변하지만, 성공한 선발 경쟁자는 자신들의 방식을 고집하는 경향이 있다. 후발자는 위험을 좀더 적극적으로 받아들일 수 있는데, 어느 순간 이러한 위험이 기회로 전환되면 상황은 역전된다. 특히 파괴적인 신기술이 기존 시장을 붕괴할 때 후발자가 유리한 위치를 점하는 경우가 많다. 후발자는 기술혁신으로 선발자가 만들어놓은 시장을 파괴하고, 선발자가 퇴출되면 자신들을 위한 새로운 룰(새로운 수익모델)을 만들어야 한다.

선발자와 정면 승부할 것인가, 우회 승부할 것인가? 같은 상품으로 같은 고객을 놓고 직접 싸울 것인가, 비슷하지만 다른 상품으로 다른 요구가 있는 고객을 공략할 것인가는 중요한 결정이다. 시장상황과 자신의 역량에 따라 크게 공세적 전략과 순응적 전략 중 하나를 취한다.

언제 정면 승부하는가? 선발 상품과 같은 고객을 두고 직접 경쟁해도 승산이 있다고 판단되는 경우에 정면 승부한다. 후발자이지만 자신들의 기술이 경쟁사 대비 차별적인 고객 품질을 만들어내거나 원가를 획기적으로 떨어뜨릴 수 있다고 보는 것이다. 애플의 아이폰이 스마트폰 시장을 개척하고 그 보상으로 절대적 지위를 차지하고 있는 상황에서, 후발자인 삼성전자가 통신과 제조기술에서의 우위 그리고 물량 확대를 통한 규모의 경제 달성으로 원가 경쟁력을 가질 수 있다고 판단하고 애플과 직접 경쟁한 것이 정면 승부의 대표적 예다.

우회 승부는 선발사업자가 빈틈없이 강할 때 취하는 전략이다. 야구에서 강한 타자를 고의사구로 내보내는 경우와 비슷하다. 상품의 기능은 선도 상품과 유사하게 하지만 저가로 경쟁하거나, 선도 상품이 차지하지 않은 틈새를 노린다. 소셜미디어 시장에서 페이스북이 일반 대중을 광범위하게 확보하고 있다면, 후발사업자인 링크드인(LinkedIn)은 전문가들을 묶어서 페이스북보다는 좀더 폐쇄적인 인맥관리로 틈새시장을 성공적으로 공략한 것은 이에 해당된다.

시장은 왜 변하는가? 사람에게 나서 죽을 때까지의 일생이 있듯이 상품에게도 일생이 있다. 새로운 상품은 처음에 초보 상태로 시장에 등장하여 성장하고 성숙하면서 쇠퇴기를 맞이한다. 경영학에서는 이를 상품의 라이프사이클이라고 부른다(다음 페이지 '라이프사이클' 설명 참조). 이렇게 시장이 나이를 먹는 것은 소비자가 점점 더 많은 것을 요구하고 경쟁 또한 점점 심해지기 때문이다.

도입 단계일 때는 어떻게 경쟁해야 하나? 도입기는 벤처기업이 많이 진입하는 시기로, 기존의 것을 혁신하고 새로운 고객가치를 만들어내는 데 주력해야 한다. 직접적인 경쟁자가 존재하지 않더라도 기존에 유사하게 고객 욕구를 충족했던 방식이 실질적인 경쟁상품이 된다. 이 시기에는 표적고객이 되는 얼리어답터(early adopter)와 관계를 형성하고 새로운 상품의 개념과 효능을 알리고 경험하게 하는 데 주력해야 한다.

시장이 성장하는 시기는 어떤가? 이 시기 경쟁의 초점은 수익의 극대화에 맞춰져야 한다(이 시기는 산업 전체의 매출이 성숙기에 비해 작지만 이익은 더 높음). 수익을 극대화하기 위해서는 상품을 차별화하고 산업 표준화해 경쟁자를 따돌려야 한다. 보유한 기술을 배타적으로 사용하여 진입장벽을 쌓거나(애플의 폐쇄적인 OS 전략), 기술을 대중화해 이용자를 늘려야 한다. 기술의 배타적 사용은 일종의 프리미엄 전략으로 단위당 이윤을 높이는 전략이다. 반면 기술 대중화는 이용자 수에 기반하여 전체 이윤을 높이는 전략이다. 이 시기에 시장에 진입하는 경우, 도입기에 축적된 선발자를 벤치마킹하고 선발자 상품을 혁신하여 틈새를 공략해 직접 경쟁을 피해야 한다.

성숙기에는? 성숙기에는 수요 성장성이 둔화하여 품질에 대한 차별이 없어지기 때문에 생산원가를 획기적으로 줄일 요소기술이나 공정혁신, 그리고 시장세분화에 따른 틈새시장 진입전략이 중요해진다. 또한 시장 확대를 위해 낮은 가격대의 상품을 출시해야 한다. 쇠퇴기에 들어가면 경쟁은 더욱 격화하고 수익성도 저하되므로 시장 진입을 자제하는 것이 좋다.

이와 같이 제품 라이프사이클의 각 국면에 따라 경쟁상태도 달라지고 거기에 대처하기 위한 경쟁전략도 달라지므로, 현존하는 각 상품이 라이프사이클의 어떤 국면에 속해 있는지에 대한 정보를 수집할 필요가 있다.

■ 상품별 라이프사이클

도입기는 새로운 카테고리의 상품이 시장에 처음 진입하는 시기이다. 상품이 시장에 제대로 알려지지 않아 일부 혁신적 얼리어답터를 중심으로 시장이 형성된다. 경쟁관계가 제대로 형성되지 않았고, 다양한 기술과 서비스 방식이 시장에서 시도된다. 성장기에 접어들면서 도입기의 여러 사업자 중에서 주도자가 등장한다. 상품의 효용이 대중에게 알려지기 시작하면서 시장이 본격적으로 확대되고, 주도 사업자는 기술과 서비스의 룰을 정하고

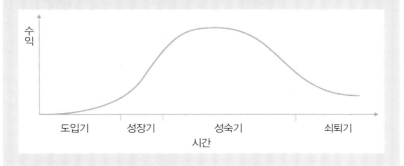

경쟁자와의 차별화를 통해 시장을 이끌어간다. 시간이 가면서 시장은 더욱 더 일반 대중에게 확대되고 성숙기에 접어든다. 이 시기, 주도자가 가지고 있던 기술 리더십은 많이 약화되고 업체 간 기술 차이도 상당 부분 좁혀지면서 수많은 경쟁자가 등장한다. 쇠퇴기에 접어들면 시장은 크게 줄어든다. 소비자의 욕구는 거의 무료에 가까운 상품이나 새로운 개념의 상품에 의해 충족되면서 상품은 시장을 떠날 준비를 한다.

▪▪▪ 기술을 어떻게 이용할 것인가?

기술이 최종 목적지가 아니다

기술전략은 사업전략의 일부이다. 무슨 말인가? 사업의 목표를 달성하기 위해 기술이 기여를 해야 한다는 것이다. 즉, 기술전략은 사업목표를 달성하는 데 필요한 기술을 확보하고 활용하는 전략이다. 기술을 기반으로 한 벤처기업이 범하는 오류 중 하나가 좋은 기술만 있으면 성공할 수 있다고 생각하는 것이다. 아무리 좋은 기술이라도 사업에 도움이 되지 않으면 쓸모가 없다.

사업과 기술을 어떻게 연계시킬 것인가? 사업전략 수립을 통해 사업의 목표를 구체화하고 목표를 효율적으로 달성하기 위한 실행방안을 정한다. 기술전략은 사업전략을 실행하기 위해서 필요한 기술을 구체화하고 이러한 기술을 어떻게 확보하고 활용할지를 정하는 작업이다. 기술 확보 방안에는 내부개발, 아웃소싱, 제휴 등이 있는데, 내부에서 개

■ 인텔이 350억 원에 인수한 국내 기업 올라웍스

… 인텔이 국내 기업이었다면 이와 같은 벤처기업에 350억이라는 제대로 된 가치를 인정해주는 것이 가능했을까 하는 의문도 있다. 이와 같이 7년 만에 올라웍스(Olaworks)가 무(無)에서 350억이라는 가치를 창출할 수 있었던 비결은 무엇일까? 다음과 같은 몇 가지 비결이 있었다고 생각한다.

첫째, 뛰어난 기술력을 바탕으로 하여 창업한 지 얼마 되지 않은 시점임에도 적지 않은 금액을 펀딩 받는 데 성공한 것을 들 수 있다. 자신들의 기술력에 믿음이 있었고, 이와 같은 믿음과 인적 네트워크를 바탕으로 하여 스카이레이크인큐베스트(SIC)와 인텔캐피털 등에서 38억 가량을 펀딩 받을 수 있었다. 올라웍스는 이를 통하여 기술력 확충에 더욱 매진할 수 있는 튼튼한 재정을 갖추게 되었다.

둘째, 특허에 대한 투자를 아끼지 않았다. 올라웍스는 특허 비용이 다소 더 소요되더라도 보다 능력이 있는 변리사가 보다 시간을 들여서 권리범위가 넓은 특허, 그리고 제대로 타사를 공략할 수 있는 특허를 만들기를 주문해왔다. 이는 특허 1건의 비용에 몇십만 원을 더 들이더라도 보다 강력한 특허를 만들어 확보하는 것이 당연히 합리적이고 이치에 맞는 것이라 생각했기 때문이다.

또한, 해외출원 비용은 중소기업 규모의 회사에게 부담이 되었을 터인데도 올라웍스는 중요 특허군에 대해서는 공격적으로 해외출원을 했다. 국내뿐만 아니라 해외의 시장 확보에도 노력을 기울여온 것이다. 또한, 해외시장을 공략함에 있어서 해당 국가에서 걸림돌이 될 만한 선행 특허가 있는지미리 조사하고 이에 대한 대응책을 완벽하게 세운 후 공략을 해왔다는 준비성도 있었다.

— 〈머니투데이〉, 2012년 4월 22일, "올라웍스 Intel에 인수되다"에서 발췌

〈그림 7-3〉 전략 계층도(hierarchy)

발하는 것은 R&D전략에 담는다. 특허전략은 다시 기술전략의 일부분이다(〈그림 7-3〉 참조).

전략이 서로 연계되지 않으면 어떤 일이 생기나? 특허전략이 상위 전략과 효과적으로 연계되지 못하면, 특허 받은 기술이 사업에 실질적인 도움이 되지 못하고 특허 확보를 위해 인력과 비용만 낭비하는 결과를 초래할 수 있다. 따라서 어떤 기술을 특허화할 것인가는 기술 자체의 우수성보다는 기술 차별화가 가져다줄 사업 경쟁우위, 연구개발 성공가능성, 유사 기술의 경쟁력 등을 종합적으로 고려하여 결정해야 한다.

무조건 특허가 있어야 하나

기술이 특허를 받으면 무엇이 좋나? 해당 기술을 독점배타적으로 사용할 수 있으며, 만일 다른 자가 허가 없이 기술을 썼다면 손해배상을 청구할 수 있다. 상품 원가를 혁신적으로 낮추거나 품질을 월등하게 개선할 수 있는 핵심적인 기술이 법적으로 보호를 받는다면 경쟁자와 확실하게 차별화할 수 있다.

그럼 핵심기술은 무조건 특허를 받아야 하나? 꼭 그렇지는 않다. 특허를 받으면 법적으로 보호를 받지만 대신 기술을 공개해야 한다. 경쟁자는 공개된 기술 일부를 변형하여 특허침해를 피해갈 수 있다는 것을

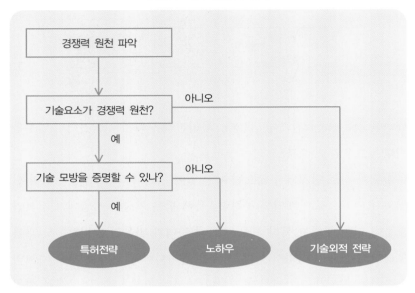

〈그림 7-4〉 기술보호 방식

염두에 두어야 한다. 법적 보호는 상대의 특허침해를 증명할 수 있을 때 가능하다. 때에 따라서는 상대의 특허침해를 증명하기 힘들 경우가 있다. 예를 들어, 소프트웨어 관련 제품은 내부 알고리즘을 알아야 침해 여부를 알 수 있는데, 통상 다른 회사의 내부 알고리즘을 알기는 쉽지 않다. 따라서 이 분야 특허출원은 신중을 기해야 한다.

특허를 받지 않고 어떻게 핵심기술을 보호할 수 있나? 특허 기간은 20년으로, 그 이후에는 누구나 해당 기술을 사용할 수 있다. 핵심기술이 다른 기업이 흉내 낼 수 없고 20년 이상 경쟁의 기반이 될 수 있다고 판단될 때는 기업기밀로 유지하는 것이 유리하다. 이를 노하우(know-how) 기술이라고 하는데, 대표적인 예가 코카콜라의 원액배합 노하우다.

특허란 무엇인가?

지적재산권이 기업경쟁력에 중요한 역할을 한다는 것을 인식하면서 1980
년대부터 IT산업을 필두로 전 세계적으로 이 분야에 투자를 집중하고 있다
(Teece, 1998). 좋은 기술을 확보하고 이를 특허화해 사업으로 연결하고,
남의 특허로부터 자신의 사업을 보호할 수 있는 능력을 가져야 한다. 즉,
특허를 중요한 경영자원으로 간주하고, 다른 경영자원 및 개발, 생산, 판
매 등의 프로세스와 효율적으로 연결하여 기업경쟁력을 강화해야 한다. 또
한 특허침해 소송으로 엄청난 돈과 시간이 낭비되지 않게 해야 한다. 이를
통해 경쟁사의 시장 진입을 견제하고, 고객에 대한 협상력을 높이고, 제품
의 시장점유율을 높여 기업의 이윤 극대화를 달성한다.

돈이 되는 특허여야 한다. 특허만 낸다고 해서 돈을 버는 것은 아니기 때
문에, 돈이 될 수 있는 기술이나 기능을 발굴하고 특허를 받아야 한다. 단
순히 기술적으로 우수한 것이 아니라 시장에서 광범위하게 쓰일 수 있는 기
술인지를 판단해야 한다.

언제 권리가 발생하나?

특허의 대상은 기술과 온라인상의 비즈니스 모델이다. 특허를 받기 위해서
는 몇 가지 조건을 만족해야 한다. 첫째, 기술적 사상의 창작물이어야 한
다. 기술적이 아니더라도 비즈니스 모델도 특허의 대상이 된다. 온라인상
에서 컴퓨터 네트워크에 의해 처리되는 시스템과 처리절차 등에 특징이 있
고, 선행기술에 그러한 아이디어들이 공개된 바 없다면 비즈니스 모델 특
허로 출원할 수 있다.

둘째, 산업상 이용 가능해야 한다. 설사 지금 당장 산업적으로 이용되지 못하더라도 미래에 사용될 가능성이 있으면 된다.

셋째, 신규성이 있어야 한다(현행 특허법 제29조 1항). 발명의 기술적인 사항이 국내·외에서 공지되었거나, 공연히 실시된 발명이거나, 특허 출원 전에 국내·외 간행물에 게재된 것은 신규성이 없다고 본다.

넷째, 진보성이 있어야 한다(현행 특허법 제29조 2항). 신규 발명이라도 그 분야 종사자가 용이하게 창작할 수 있는 것에 특허를 주지는 않는다. 일반적으로 잘 알려진 기술에서 용이하게 생각해낼 수 있는 것에 특허를 부여하면 산업 발달을 저해할 수 있기 때문이다.

직무발명은 고용계약에 의해 회사 직원이 직무범위 내에서 발명한 것을 말한다. 직무발명에 대한 권리 귀속과 보상 문제는 여러 차례 법적 분쟁으로 이어졌다. 기업은 이에 따라 직원과 고용계약서를 작성할 때 "회사 업무로 인한 발명은 회사의 재산으로 한다"는 규정을 담게 된다. 만약 기업이 계약을 통해 이런 조항을 명시하지 않으면 특허권은 발명자인 직원에게 귀속된다. 발명에 따른 구체적인 권리 귀속, 보상, 절차, 특허권 등은 고용계약이나 회사 사규로 정하고 있다. 정부는 기술이전촉진법에 따라 직원의 직무발명에 대해 순 수입액의 15% 이상을 지급하도록 규정하고 있다.

특허권은 특허권자가 가진 특허 청구항에 기재된 내용을 기초로 판단한다. 특허 청구항이란 특허 보호대상이 되는 것으로, 특허물의 특징을 명기한 것이다. 예를 들어, 컵에 대한 청구항이 본체, 손잡이, 커버, 컵받침으로 이루어진다면, 4가지 요소의 특징은 각각 하나의 청구항에 대한 구성요소가 된다. 청구항의 범위를 좁게 잡으면 특허를 받기는 쉬우나 보호 받는 부분이 작고, 범위가 넓으면 특허는 받기 힘드나 보호 받는 영역이 크다.

특허침해의 기준이 무엇인가?

크게 직접적 침해와 간접적 침해로 구분한다.

직접적 침해란 침해 제품이 특허 청구항에 기재된 발명의 모든 구성요소를 가진 경우를 말한다. 직접적 침해는 문언적 침해 판단으로 '전요소주의'(*all element rule*)가 적용된다. '전요소주의'는 침해로 인정되려면 대상 제품이 청구항에 포함된 모든 요소를 포함하고 있어야 한다는 것이다. 모든 요소를 포함하고 있으면 설사 다른 요소를 추가하였더라도 침해가 된다. 특허 청구항의 구성요소가 A, B, C라 가정하자. 대상 제품이 A, B, C로 구성되거나(*rule of exactness*), A, B, C, D로 구성되면(*rule of addition*) 특허침해고, A, B로 구성되면 침해가 아니다(*rule of omission*)고 본다.

간접적 침해는 특허 청구항에 기재된 요소를 모두 포함하지 않았더라도 침해의 개연성이 극히 큰 행위를 말한다. 예를 들어, 새로운 형태로 특허를 받은 의자가 있다고 가정하자. A라는 사업자는 특허 의자와 똑같게 다리만 만들고, B라는 사업자는 특허 의자와 똑같게 좌판과 등받침만 만들어, 구매자가 조립하면 특허 의자와 똑같은 의자가 된다고 보자. A와 B는 '전요소주의' 관점에서 보면 특허침해가 아니다. 하지만 이런 경우 실질적으로 특허 의자를 베꼈다고 볼 수 있으므로 간접침해가 적용될 수 있다. 특허침해는 워낙 경우가 다양하고 해석의 여지가 많아 침해 여부에 대한 판단은 전문가의 도움을 받아야 한다.

특허전쟁에 어떻게 대비할 것인가?

설비와 상품처럼 눈에 보이는 자산의 권리뿐만 아니라 무형의 지적 자산이 기업의 부를 창출한다. 특허전략은 기술적 재산을 법적으로 보호받음으로써 독점적인 이익을 추구하고 경쟁자를 효과적으로 배제할 수 있는 기회를 제공한다. 내가 특허기술을 가진 경우와 상대가 특허기술을 가진 경우 어떻게 대처할 것인가?

특허 강화하기 내가 특허기술을 가진 경우, 경쟁자는 유사기술로 특허침해를 피해가려고 한다. 이런 경쟁자의 전략에 어떻게 대응할 것인가? 이에 대한 대비로, 하나의 특허권만을 보유하는 것이 아니라 개량발명과 이용발명들에 대한 특허를 계속해서 출원하여 다수의 주위 권리들로 두꺼운 장벽을 만들어야 한다(개량발명과 이용발명은 기본 발명에서 새로운 요소를 추가한 것을 말한다). 이러한 권리장벽을 특허 포트폴리오라 한다. 높은 특허장벽을 만들면 경쟁사가 유사한 기술을 개발하더라도 내 특허 범위 안에 들기 때문에 사용할 수 없게 된다.

특허로 공격하기 특허로 어떻게 경쟁자와 차별화할 수 있나? 경쟁자가 내가 가진 기술을 아예 사용하지 못하게 하여 후발자의 시장 진입을 원천적으로 차단하거나 상당 기간 지연시킬 수 있다. 해당 기술이 상품을 구성하는 데 결정적 역할을 할 때 이 전략이 효과적이다. 내가 가진 기술을 후발 경쟁업체들에게 제공하고 로열티를 받는 것도 고려할 수 있다. 이 전략은 기술 보유가 시장 진입 가능 여부를 결정할 정도로 결정적이지는 않지만 여전히 핵심적인 기술일 때 사용할 수 있다. 경쟁자가 시간이 좀 걸리지만 언젠가는 따라잡을 기술일 때도 이 전략이 필요하다. 이때 경쟁자에게 시차가 있는 기술을 제공하는 것이 일반적이다. 즉, 최신 기술은 자사의 상품에 적용하고, 조금 지난 기술은 경쟁자에게 제공하여 경쟁자와 격차를 유지한다.

특허로부터 방어하기 상대가 막강한 특허기술을 보유한 경우 어떻게 대처할 것인가? 자신이 보유한 기술이 그 분야에서 선도적이지 않은 상황에서, 경쟁자가 이미 핵심기술을 보유하고 있다면 방어적인 전략을 취해야 한다. 이 전략을 통해 최소한 자신이 사용하고자 하는 기술을 경쟁자의 특허 때문에 사용할 수 없는 상황을 피해야 한다. 핵심기술이 이미 특허가 된 경우에는 이 기술을 이용한 개량발명이나 이용발명을 특허 출원해야 한다. 원천기술 보유자가 상품의 응용분야를 넓혀나가기 위해서는 개량발명이나 이용발명이 필요하기 때문에, 원천기술 보유자와 특허를 상호 교환할 수 있게 된다. 우리나라 특허법은 특허기술을 개량한 발명도 특허 대상으로 인정하기 때문에 이 전략이 유효할 수 있다.

KT의 IPTV 시장 진입사례 [4]

KT는 2005년 유선전화 72%, 인터넷 51%, 무선전화 35%의 점유율을 차지한 국내 최대의 통신사이다(KT 2006 Annual Report). 하지만 2000년대 접어들면서 전화와 인터넷 사업은 정체를 보이기 시작했다. 이에 KT는 2004년 세계 최초의 홈 네트워크 시범서비스를 수도권 2백여 가구에 제공하고, 이를 같은 해 상용서비스로 확대하였다(KT 2004 Annual Report). Home N은 초고속 인터넷망과 연동하여 가정의 모든 정보기기들을 유·무선으로 연결하는 홈 네트워크를 구축하고, 이를 기반으로 홈 콘텐츠를 제공하는 디지털 홈서비스인데, 이를 위해 KT는 2005년 콘텐츠 조직을 신설하고 본격적으로 IPTV 사업과 미디어 사업을 준비하기 시작했다.

KT는 2007년 실시간 채널을 서비스할 수 있는 IPTV법이 아직 준비되지 않아 MegaTV라는 브랜드로 VOD 서비스를 출시했다. 영화, TV 다시보기, 다큐멘터리 등을 핵심으로 총 7만여 편의 VOD를 3년 약정 기준 월 1만 원(STB 임대료 월 2천 원 포함)에 제공했고, KT 실시간 채널 서비스가 제공되기 전인 2008년 6월 VOD 단독상품으로 70만 이상의 가입자를 확보하였다(KT IR Report). 결국 2007년 12월 IPTV가 실시간 채널을 제공할 수 있는 근거가 된 미디어법이 통과되었고, KT는 2008년 8월 IPTV 사업권을 받아, 2008년 11월 VOD와 실시간 채널이

---

4 KT 홈페이지, KT 스카이라이프 홈페이지, 신문기사.

조합된 IPTV 서비스 제공을 시작하였다.

KT IPTV가 진입한 시점에 유료 TV는 이미 90% 이상의 국내 가구에 보급되어 있고, 그중 80% 이상을 케이블방송사업자가 차지하고 있었다. 유료 TV 시장에서 케이블방송사의 우월적인 지위는 새로 등장한 미디어에 제공되는 콘텐츠 흐름을 통제할 수 있는 수준이었고, 국내 유료 TV의 채널서비스는 수요대체성과 공급대체성이 낮아 신규 미디어 사업자는 경쟁사 수준의 콘텐츠를 수급하는 것이 매우 어려웠다.

IPTV가 실시간 채널을 수급하면서 케이블방송사는 적극적으로 시장에 개입했고, 가장 효과적으로 IPTV를 견제하는 방법은 케이블 채널사용사업자(PP: Program Provider)의 IPTV에 대한 콘텐츠 제공을 막는 것이었다. 이로 인해 KT IPTV는 인기 있는 채널(스포츠 채널, 지상파 PP)을 확보하지 못하거나, 확보하더라도 높은 비용을 지불해야 했다.

초기 KT IPTV 상품은 VOD only, VOD + Channel 조합형으로 구성되었으며, VOD는 영화, 드라마 다시보기, 쇼/오락프로 등 총 7만여 편을 제공했다. 반면 채널은 지상파 재전송을 포함하였으나 케이블 시청점유율 상위 20개 채널 중에는 온미디어 제공 3개 채널(투니버스, OCN, 수퍼액션)과 뉴스 전문채널인 YTN만이 포함되었다.

스카이라이프는 한국 유일의 위성방송사업자로, 스카이라이프라는 회사 이름으로 2002년 첫 방송을 개시했다. 채널사용사업자 및 스카이라이프 자체에서 제작한 프로그램을 송출센터를 통해 위성방송국(무궁화 3호 위성)까지 전송하고, 방송국이 이를 다시 지상으로 전송하는 구조인데, 스카이라이프는 무궁화 3호 위성을 KT로부터 임차하여 사용했다. 대주주인 KT는 2007년 말 기준 20.49%의 지분을 보유하고 있었으나 꾸준히 이를 확대하여 2011년 자회사 포함 약 50%의 지분을 보유하게 됐고, 2010년 네덜란드 더치 세이빙(Dutch Saving)의 주식 14%를 인수하면서 자회사로 편입하고, 2011년 사명을 KT 스카이라이프로 변경했다.

스카이라이프는 방송 초기에는 주요 케이블 채널 이탈로 콘텐츠 확보에 어려움을 겪었다. 스카이라이프는 콘텐츠 열세를 만회하기 위해 해외 주요 미디어사업자(예: 소니)와 함께 독립 채널을 출시하였고(예: SkyHD, 애니맥스, Sky바둑 등), CJ미디어, 온미디어와 협상을 지속하여(가입자가 늘면서 협상력이 높아짐) 사업 초기 채널 확보 문제를 상당 부분 만회하였다. 이에 2009년 초, 채널 수는 부족하지만 서비스 만족도 측면에서는 케이블방송과 동등한 수준을 갖게 되었다. 하지만 케이블방송과 경쟁하며 콘텐츠와 가격 면에서 차별화가 힘들었고, 유료방송이 포화된 상황에서 막강한 자본을 가진 통신사가 IPTV를 통해 새로 진입함에 따라 돌파구가 필요한 상황이었다.

그 결과 2009년 8월 KT와 스카이라이프는 통합 방송결합상품을 출시했다. OTS(Olleh TV 스카이라이프: KT의 IPTV 브랜드인 Olleh TV와 위성방송인 스카이라이프 브랜드를 통합한 것)로 불리는 방송결합상품은 케이블 대비 월등히 우수한 KT의 VOD 콘텐츠와 케이블과 유사한 수준의 스카이라이프 채널을 조합한 상품이었다.

제8장
· · · ·

어떻게 조직이
움직이게 할 것인가?

■■■ 기업경영이 무엇인가?

혼자 일을 처리할 수 없기 때문에 여러 명이 모여서 일을 한다. 그것이
기업이다. 각자는 자기 능력에 맞는 역할을 부여받고, 전체를 책임진
사람은 그들이 맡은 바 임무를 제대로 수행할 수 있게 지원하기도 하고
독려하기도 한다. 구성원이 소수일 때는 서로 간에 긴밀한 소통이 가능
하며, 다른 구성원의 일을 이해할 수 있기 때문에 일이 나뉘어 있더라
도 각자는 전체의 목표를 위해 체계적으로 움직일 수 있다.

　일이 복잡해지고 구성원이 많아져도 모두가 공동의 목표를 위해 충
실하게 일할 수 있을까? 그렇지는 않다. 사람이 많아지면서 일은 더욱
잘게 쪼개지고, 구성원은 자기와 주변 사람이 하는 일은 어느 정도 알
지만 멀리 떨어져 있는 사람의 일은 잘 알지 못하게 된다. 이런 상황이

되면 조직 차원에서 일에 공백이나 중복이 생기고 모든 구성원이 하나의 목표를 향해 나가기 힘들어진다.

기업조직은 자동차와 같다. 자동차는 수백 개 이상의 부품으로 이루어져 있다. 부품은 각자 다른 역할을 하지만 모두 합심하여 운전자를 목적지에 신속히 안전하게 모시고 가는 일을 한다. 기업도 하나의 목표를 달성하기 위해서 여러 조직이 각자에게 주어진 임무를 수행하는 곳이다.

경영이 무엇인가? 공동의 목표를 달성할 수 있게 기업 내 개별 구성요소를 관리하는 것이다. 구체적으로 기업이 도달하고자 하는 지향점을 정하고, 그 지향점에 도달하기 위해 필요한 일이 무엇인지 밝히며, 그 일을 수행할 사람을 뽑고, 사람들을 조직화하며, 조직에 임무를 부여하여 일을 할 수 있게 하는 것이다.

■■■ 왜 숫자가 중요한가?

〈그림 8-1〉은 비행기 조종석 계기판이다. 조종사는 육안으로 상황을 판단하여 운전하기도 하지만, 많은 경우 계기판에 보이는 각종 수치를 참고하여 운전한다. 여기서 계기판은 어떤 수치를 보여주나. 비행기가 얼마나 빨리 가는지, 얼마나 높이 떠 있는지, 엔진의 온도가 얼마이며 기름은 얼마나 남았는지 등이다. 이런 정보는 안전하고 빠르게 비행기를 운전하기 위해 조종사가 알아야 하는 핵심 정보다. 이런 정보 없이 운전한다면 어떤 문제가 있을까?

〈그림 8-1〉 보잉 747 여객기 조종석 계기판

자료 : www.meriweather.com

숫자의 위력을 이해하자

우리 일상에서 숫자의 역할이 무엇인가? 숫자는 어떤 사실이나 현상을 가능한 한 객관적이고 과학적인 잣대로 측정한 것이다. 야구선수의 실력을 타율, 타점, 도루 개수 등으로 평가하거나 김치의 새콤한 정도를 산도로 표현한 것이 그 현상을 숫자로 나타낸 것이다. 숫자로 측정하지 않는다면 야구선수의 실력을 보는 사람마다 다르게 평가하게 된다. 사람마다 다른 기준을 가지고 있는데 김치가 쉰 정도를 어떻게 소통할 수 있겠는가?

수치화하면 무엇이 좋은가? 목표를 보다 쉽게 달성할 수 있다. 단순히 살을 좀 빼야겠다고 다짐하는 것보다는 구체적인 감량 목표치를 가지고 다이어트 할 경우 성공 가능성이 높아진다. 도달할 지점을 알고 있으면 단계마다 계획을 세우고, 좀더 용이하게 과정을 통제할 수 있기 때문이다. 목표 지점을 모르는 마라톤 선수가 어떻게 체력을 안배할 수 있겠는가.

수치화는 명확한 소통을 가능케 한다. 날씨가 춥다고 얘기하는 것보다 온도가 몇 도라고 얘기할 경우 다른 날과 좀더 객관적인 비교가 가능하다. 언어는 특성상 소통하는 자가 성장하면서 축적한 인식의 거울로 해석하고 저장하는 경향이 있다. 결국 문자 언어는 불완전하고 추상적이며 쉽게 잊히는데, 이러한 단점을 숫자가 극복한다.

그런데 세상 모든 일을 수치로 표현할 수 있나? 현상을 정확히 표현하는 숫자를 찾는 것은 현실적으로 불가능하지만, 현상의 대표적인 속성을 나타내는 수치를 찾는 것은 어렵지 않을 수 있다. 의사의 능력을 어떻게 객관적으로 나타낼 수 있을까? 능력은 아주 주관적인 지표다. 보는 각도에 따라 능력은 다르게 평가 받을 수 있다. 그럼 어떤 수치들이 의사의 능력을 잘 나타낼까? 능력이 뛰어난 사람과 아닌 사람은 숫자에서 어떤 차이가 있을 수 있을까? 아마도 하루에 치료하는 환자 수가 다를 것이고, 의료 소송을 당하는 건수가 다를 것이고, 환자가 다시 방문하는 비율이 다를 것이다. 따라서 하루 치료하는 환자 수, 환자당 소송비율, 환자 재방문율 등은 어느 정도 의사의 능력을 보여주는 척도가 된다.

물론 숫자로 표현하기에 애매한 것들도 많다. 행복, 친구 간의 친밀감을 숫자로 나타내기는 힘들다. 일상에서는 이런 것들을 굳이 수치화할 필요가 없지만 기업 입장에서는 좀 다르다. 고객이 우리 제품이나 서비스를 쓰면서 어느 정도 행복한지 객관적으로 파악해야만 하기 때문이다.

경영에 어떤 도움이 되나

숫자의 중요성이 기업에서도 그대로 적용될 수 있을까? 물론이다. 어쩌면 더 중요하다. 기업경영은 사업을 계획하고 달성해야 할 목표를 부여하며 성과를 측정하고 통제하는 과정이다. 모든 과정에서 객관적으로 측정할 수 있는 기준을 제공하는 것이 숫자다. 회사는 연말에 무엇을 달성할 것인가? 각 부서에 어떤 목표치를 부여할 것인가? 제대로 일하고 있는지 무엇으로 파악할 것인가? 모두 숫자를 통해서 이루어진다.

인터넷 서점으로 시작해 세계적인 인터넷 기업으로 성장한 아마존은 수치경영의 중요성을 인식하고 있다. 제프리 베조스(Jeffrey Bezos) 회장은 "모든 실마리는 수치로부터 나온다"는 믿음하에 고객접촉횟수, 평균운영비용 등 경영과정에서 나오는 다양한 활동과 결과를 수치화하여 분석하고 관리했다고 한다. 하버드 경영대학원 로버트 캐플란(Robert Kaplan) 교수는 "무엇이든 측정하면 반드시 성과가 향상된다"며 수치화와 측정의 중요성을 강조한 바 있다.

기업은 여러 구성원으로 이루어져 있어 명확한 커뮤니케이션이 필수적이다. 단순히 "열심히 일하자", "수익을 많이 내자"고 말하는 것보다 "작년 대비 몇 퍼센트를 향상시키자"고 말하는 것이 더 구체적이다. 상품을 잘 만들라고 지시하기보다 몇 개를 생산하고 불량은 몇 개 이하로 줄이자고 말하는 것이 구체적이다. 중간과정도 마찬가지다. 영업사원이 일을 잘하고 있다고 보고하는 것보다 몇 개를 팔았으며, 고객 불만은 몇 건이 접수되었는지 보고하는 것이 명확하다. 이렇듯 숫자를 통해 경영을 객관화하고 구체화하면 기업경영의 효율이 높아진다.

경영학의 대가 피터 드러커(Peter F. Drucker, 1909~2005)는 "측정

〈그림 8-2〉 피터 드러커

자료 : Jeff McNeill 제공

되지 않는 것은 관리할 수 없다"고 했다. 기업경영에서 측정되지 않은 목표, 행위, 결과는 관리될 수 없어 개선할 수 없다는 뜻이다.

관리의 시작은 측정이다

한방에서는 주로 맥을 짚어 사람의 건강상태를 측정한다. 맥만 짚어도 그 사람의 혈액순환에 문제가 없는지, 혈압이 높지는 않은지, 장에 문제가 있는지, 인삼이 맞는 체질인지 등을 알아낸다. 현대과학의 눈으로 보면 비과학적이라 할 수 있으나 진맥은 한 사람의 건강상태를 알 수 있는 효과적인 방법이다.

　병은 여러 가지 형태로 나타나고, 그 원인은 다양하다. 열이 나는 것은 감기 때문일 수도 있고 심각한 질환 때문일 수도 있다. 겉으로 보는

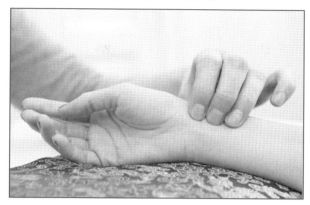

자료: ayurjivanayurveda.com

것만으로는 정확한 증상과 원인을 알 수 없다. 그렇기 때문에 전문적으로 측정해야 한다. 체온, 혈압, 콜레스테롤 지수, 간수치 등을 재서 어디가 안 좋은지를 알아내야 한다. 기업도 건강상태를 미리 알아야 필요한 조치를 취할 수 있다.

맥을 짚는 것처럼 경영활동이 제대로 이루어지고 있는지를 간단하게 알아내는 방법이 없을까? 우리 몸의 건강상태를 알기 위해 여러 가지를 측정하는 것보다 맥 하나로 측정할 수 있다면 효과적일 것이다. 기업도 건강의 척도를 잘 설명할 수 있는 항목(통상 "지표"라고 한다)을 찾으려 한다. 그래야 자신의 상태를 쉽게 알고 문제가 발견되면 빨리 조치를 취할 수 있기 때문이다.

기업경영은 돈의 흐름이므로 측정이 쉬울 수 있다. 실적은 매출, 비용, 그리고 이익의 구조로 되어 있고, 이들 모두 돈(숫자)으로 표기된다. 연말에 이익이 작년보다 떨어졌다면 기업의 건강이 나빠지고 있다는 것을 단적으로 보여준다. 이렇듯 기업 단위의 건강은 상대적으로 쉽게 확인할 수 있다.

회사의 모든 중요 과정도 측정해야 한다. 왜 과정을 측정해야 하나? 기업의 목표가 정해지면 목표를 달성하는 데 필요한 일을 여러 조직이 나누어 갖는다. 매출을 20% 높이기 위해서 기술개발부서는 신제품을 개발하고 인사부서는 신제품 개발에 필요한 엔지니어를 확보하고 영업부서는 판매촉진을 담당한다. 이렇게 역할이 분리된 상황에서 각자가 맡은 임무를 충실히 수행해야 기업의 목표를 달성할 수 있다. 그렇기 때문에 각 조직의 중간과정이 제대로 진행되고 있는지도 알아야 한다.

■■■ 프로세스가 필요하다

경영은 어디서 시작해서 어디서 끝나는가? 기업경영은 계획에서 시작하여 통제로 이어지는 순환구조를 가지고 있다. 기업은 앞으로 나아갈 방향, 달성하고자 하는 목표, 그리고 실행방안을 계획한다. 계획에 따라 세부 조직에는 역할과 목표가 주어지고, 각 조직은 각자의 역할을 수행한다. 그리고 중간에 계획대로 일이 진행되고 있는지 파악하기 위해 회사 전체와 개별조직의 성과를 평가한다. 중간과정에서 성과가 만족스럽지 못하면 실행을 통제하거나 특별한 경우 계획 자체를 수정하기도 한다.

이 모든 과정은 시스템이다. 일회적으로 혹은 비정기적으로가 아니라 사전에 정해진 기간 단위로, 그리고 사전에 정해진 평가지표와 기준

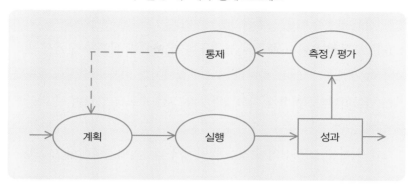

〈그림 8-4〉 계획-통제 프로세스

에 따라서 이러한 절차를 수행한다는 뜻이다. 조직 책임자의 개인적인 취향이나 스타일에 따라 이런 절차가 진행될 수는 없다.

관리지표를 찾아라

계획과 성과는 같은 것을 대상으로 한다. 이를 지표 혹은 관리지표라 한다. 매출을 계획하고 매출 결과를 평가한다. 하지만 원하는 매출을 달성하기 위해서는 회사 내 여러 조직이 각자의 역할에 충실해야 한다. 그렇다면 각 조직은 무엇을 계획하고 회사는 무엇으로 그들을 관리할 것인가? 세부 조직의 관리지표를 정하는 것은 쉽지 않은 작업이다. 구매부서가 제대로 일하고 있는지 어떻게 알 수 있나? 구매 물량, 가격, 납기로? 쉽게 대답할 수 있는 문제가 아니다.

측정할 수 있는 모든 것을 지표로 설정할 것인가? 가령 생산부서의 지표를 생산량, 생산단가, 투입인력, 투입비용, 제품 불량률, 자재 오용률(잘못 사용한 비율), 품질, 생산시간, 가동률로 설정해보자. 이런 지표는 모두 비용이나 매출에 영향을 주기 때문에 실무자 선에서 관리해야 하는 지표가 맞다. 하지만 지표가 많아지면 회사 차원에서 관리하기는 힘들어진다. 어떻게 최고경영자가 그런 지표를 일일이 다 파악할 수 있겠는가?

그래서 지표 중 핵심적인 것을 찾아야 한다. 기업경영에서 요소들은 서로 연관되어 있다. 재료를 구입한 비용은 원가를 구성하고 원가는 이익에 영향을 준다. 재료의 원가는 상품 품질에 영향을 주고 다시 판매가격에 영향을 주어 매출을 변화시킬 수 있다. 관리지표는 무수히 많지만 어떤 것이 선행하고 어떤 것이 결과로 나오는지 서로 간의 관계를 알수 있다면 좀더 핵심적 역할을 하는 지표를 찾을 수 있을 것이다.

원인보다는 결과를 핵심지표로 하는 것이 좋다. 원인은 결과에 조건을 제공하기 때문에 결과를 얻기 위해 원인을 관리하지 않을 수 없다. 이익을 추구하는 기업의 최종 결과물은 이익의 규모다. 이익은 매출과 비용이 결정하므로 회사 내 모든 하부 조직은 매출과 비용에 영향을 주는 핵심요소를 찾아야 한다.

영업부서를 보자. 〈그림 8-5〉처럼 영업부서는 표적고객을 찾아 그들이 가진 욕구를 파악하고 그들에게 맞는 상품을 제안해야 한다. 또고객의 요구가 회사의 생산계획에 반영될 수 있도록 해야 한다. 고객에게 상품을 알리고 그들이 기꺼이 더 많이 사도록 서비스를 좋게 하는 것도 영업부서의 일이다. 그럼 영업부서는 어떤 지표로 관리하면 좋을까? 영업부서는 결국 많이 팔기 위해 이 모든 일들을 한다. 즉, 영업부서는

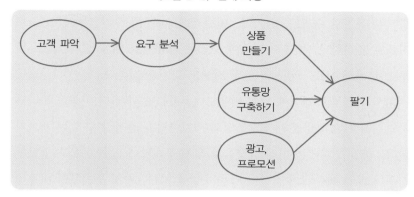

〈그림 8-5〉 판매 과정

판매량 지표만 관리하면 된다는 의미다.

상충하는 지표 간에 우선순위가 있어야 한다. 다시 영업부서의 예를 보자. 이 부서는 판매량을 높이기 위해 더 많은 영업사원을 뽑고 광고 집행도 늘린다. 하지만 이런 일들은 당연하게도 비용 상승을 초래한다. 그렇다면 영업부서는 판매량만 중요하기 때문에 비용이 얼마가 들어도 상관없다는 말인가? 비용이 늘어난다는 것은 회사의 이익을 낮추기 때문에 바람직하지는 않다. 판매량과 비용은 반비례하는데 어떻게 할 것인가? 우선순위를 정해야 한다. 이동통신사가 엄청난 규모의 보조금을 지급하는 것은 핵심지표를 가입자로 두었기 때문이다. 즉, 비용을 희생해서라도 가입자 목표를 달성하는 것이 회사에 더 유리하다는 판단에 따른 것이다.

매출과 비용에만 집착하면 문제가 생길 수도 있다. 장기적으로 높은 성과를 위해서는 단기적인 성과를 희생해야 하는 경우가 많기 때문이다. 소프트웨어 회사가 오랜 기간 팔아온 제품에 심각한 결함이 발견됐다면 엄청난 비용을 들여서라도 문제를 해결하는 것이 고객과의 신뢰를 장기간 유지할 수 있는 길이다. 이런 상황 때문에 수익 외적인 요소도 지표로 관리한다. 매출과 비용에 관련된 재무지표 외에 고객 지표, 내부 프로세스 지표, 학습 및 성장 지표도 같이 관리한다.

회사가 연구소 관리에 있어 비용보다 R&D 성과에 더 비중을 둔다면 자연스레 기술개발 분위기가 조성되어 기술력을 축적할 수 있는 계기가 된다. 창업 초기에는 미래 성장을 위해 연구개발에 많은 돈을 투입하는 경우가 많기 때문에 수익성이 낮을 수밖에 없다. 자칫 초기부터 비용에 우선순위를 두어 향후 먹을거리가 될 기술 개발을 소홀히 한다면 더 문제가 될 것이다.

■ 조직별 관리지표

영업부서의 지표는 상대적으로 명확하다. 영업부서의 임무는 상품을 최대한 많이 파는 것이다. 따라서 이 부서는 쉽게 수치화된 목표를 정하고 성과를 기간 단위로 측정할 수 있다. 예를 들어, 인터넷 광고영업부서의 경우 실적은 영업 수주금액으로 나타나므로 실적이 낮으면 새로운 숫자로 판매를 독려할 수 있고, 실적이 좋으면 인센티브나 새로운 동기를 부여할 수도 있다.

전자상거래 서비스 회사의 시설운영부서를 보자. 시설운영부서의 임무는 전자상거래 서비스가 중단 없이 제공되고 고객들이 서비스를 빠르게 이용할 수 있게 하는 것이다. 시설 운영은 직접적으로 매출과 비용에 연관이 되지는 않지만 간접적으로 영향을 미친다. 시스템이 다운되거나 이용자가 몰려 서비스 속도가 늦어지면 고객은 서비스를 더 이상 이용하지 않을 수도 있다. 따라서 시설운영부서는 '시스템 다운시간', '시스템 반응시간'을 통해 조직의 목표와 성적을 평가할 수 있다.

고객관리부서는 어떤가. 이 부서의 임무는 자사 상품을 사용하는 고객들이 회사와 상품에 대해 좋은 감정을 갖게 하는 것이다. 이를 위해 고객에 대한 정보를 데이터베이스로 저장해 관리하고, 고객 불만이 접수되면 신속하게 처리하며, 고객이 원하는 상품 정보를 제공하는 등 다양한 활동을 한다. 그럼 이 부서를 어떤 지표로 평가할 것인가? 고객만족도가 중요한 지표가 될 수 있다. 하지만 고객만족 정도는 추상적이어서 관리하기 힘들다. 그러면 기업은 고객만족을 측정할 간접적인 수단을 찾아야 한다. 예를 들어, 고객이 회사의 상품을 다시 사는 것, 즉 재구매 정도는 고객만족 정도를 간접적으로 나타내는 요소가 될 수 있다. 재구매 정도가 전적으로 고객관리부서만의 책임은 아니지만 고객관리부서의 역할이 큰 것은 사실이기 때문이다. 고객 불만 접수 후 처리시간 등도 고객만족도에 영향을 주는 객관적인 수치의 예가 될 수 있다.

지원부서의 지표와 목표는 더욱 측정하기 어렵다. 총무부서의 임무는 무엇인가? 총무부서는 회사 내 모든 조직이 업무를 원활하게 수행할 수 있도록 지원한다. 쾌적한 근무공간을 확보하는 일, 사무용품을 제때 공급하는 일, 출장자를 위해 항공권을 구매하는 일 등이 총무 업무에 해당한다. 이러한 행위는 직접적으로 매출을 올리거나 제품 원가를 혁신시키지는 못하지만, 간접적으로 회사의 매출과 비용에 영향을 미친다. 총무 업무가 원활하지 않으면 회사의 기능이 잘 작동하지 않기 때문이다. 그럼 어떻게 관리할 것인가? 종업원에게 총무부서 서비스 만족도를 설문하는 것도 방법의 하나이다.

무엇을 계획하나?

사업을 계획하든 경영을 계획하든, 계획한다는 것은 달성하고자 하는 목표와 그 목표를 달성할 방법을 정하는 것이다. 기업이 가진 자원, 예를 들어 시간, 자금, 그리고 인력 등은 무한하지 않기 때문에 이들을 어떻게 효과적으로 배분할지가 중요한 문제다.

맨 먼저 사업의 방향과 도달점을 정한다. 어떤 종류의 상품을 만들고 몇 년 후에 시장에서 어떤 지위를 확보할 것인가. 이는 산에 오를 때 최종 목적지가 어디인지 정하는 것과 마찬가지다. 그러한 지향점이 있어야 어떻게 올라갈지, 어떤 준비를 해야 할지 알 수 있다. 그리고 그 목표를 어떻게 달성할지 방안을 정한다. 가령 3년 후 시장에서 탑 3가 되겠다고 한다면, 그 지위에 필요한 매출 규모가 있을 것이다. 그 기준을 만족하기 위해서는 시설을 얼마나 투자해야 할지, 어떤 인력을 뽑아야 할지, 영업망은 어떻게 구성해야 할지 등을 정해야 한다. 등산에서 목적지에 도달하기 위해 어떤 길을 택할지, 어느 정도의 식량을 가져갈지, 어떤 옷을 입어야 할지 등을 정하는 것과 비슷하다.

다음 단계에서는 실행계획을 수립한다. 이는 말 그대로 실행을 위한 것으로, 조직을 구성하고 자재를 조달하며 협력 파트너를 정하고 영업망을 구축하는 등의 계획을 수립하는 것이다. 필요한 자금을 어디서 어떤 조건으로 조달할지도 이 단계의 중요한 결정사항이다. 등산 전에 장비를 어디서 살지, 사전에 체력훈련을 어느 정도 해야 할지 등을 정하는 것과 마찬가지다.

경영계획에서 간과하기 쉬운 것이 시간이다. 모든 계획에는 시간목표가 들어가야 한다. 조직 구성, 자본 조달, 제휴 파트너 발굴 등 중요한 세부 실행계획에 대해 언제까지 달성할 것인지를 정해야 한다. 거창한 계획이라도 시간이 정해져 있지 않으면 아무런 소용이 없다. 목표가 달성될 때까지 한없이 기다릴 수는 없지 않은가.

외부환경을 어떻게 고려하나?

외부환경을 왜 고려해야 하나? 기업은 시장 속에 존재하므로 시장의 영향을 받을 수밖에 없다. 외부에서 사온 자재로 상품을 만들고 다른 경쟁상품과 경쟁해야 하는데 어떻게 외부환경을 무시하고 기업의 독단적인 의지만으로 계획을 세울 수가 있겠는가. 외부요인을 제대로 이해하지 못해 기업의 소중한 자원을 낭비하는 경우가 허다하다. 면밀히 분석해보지 않고 가능성 없는 분야에 돈과 인력을 투입했다 낭패를 보는 경우도 그리 드물지는 않다.

무엇을 분석해야 하나? 상품에 따라 분석 대상이 달라지는데, 주로 시장특성, 소비자특성, 기술특성, 그리고 제도적 환경 등을 본다. 시장은 소비자와의 거래가 일어나는 곳으로, 나와 싸울 경쟁자가 누구인지, 그들과 비교해 나의 강·약점은 무엇인지 알아야 한다. 소비자는 무엇을 원하는지, 경쟁기술은 어떤 것이 있으며 사업에 영향을 주는 정부정책은 어떤 것이 있는지 이해하는 것도 중요하다. 앞으로의 변화도 예측해야 한다. 소비자 취향은 변한다. 프라이드치킨을 연속해서 먹으면 양념치킨이 먹고 싶듯이 취향은 계속 변할 수밖에 없다. 소비자가 지금 무엇을 원하며 앞으로 요구가 어떻게 변할지 알아야 한다. 기술,

제도, 경쟁도 마찬가지다. 끊임없이 변한다. 만약 국제 거래가 사업에서 중요한 비중을 차지한다면 환율변동 예측이 사업계획의 중요한 부분이 되어야 한다. 기술의 비중이 높고 기술이 급변한다면 기술 예측이 핵심이 되어야 한다. 이와 같이 자신이 영위하려는 사업의 핵심 외부변수를 정확히 이해하고 계획에 반영하는 것이 중요하다고 할 수 있다.

책임을 할당하라

"공동이 책임지면 아무도 책임지지 않는다"는 말이 있다. '내가 하지 않아도 다른 사람이 하겠지'라고 생각하기 때문이다. 또 '내가 나서봐야 칭찬받지도 못할 건데'라는 생각을 한다. 조직에서도 마찬가지다. 재난관제센터에서 하는 중요한 일 중 하나는 문제를 해결하기 위해 조직별로 역할과 책임을 신속하게 부여하는 것이다. 책임이 개별적으로 할당되지 않으면 사람이 아무리 많아도 우왕좌왕할 수밖에 없다. 매출 얼마를 달성하자는 회사 차원의 목표만으로 어떻게 전 구성원이 일사분란하게 움직일 수 있나?

조직을 움직이는 힘은 책임할당이다. 개인이든 조직이든 자기에게 주어진 임무가 구체적이고 명확할 때 그것을 달성하려고 노력한다. 그래야만 개인적인 성취감도 맛보고, 벌을 피하고 상을 받을 수 있기 때문이다. 회사는 구성원의 책임을 명확히 하고 객관적인 평가기준을 만들어야 한다.

핵심지표에 대해 목표 혹은 책임을 부여한다. 판매량이 핵심지표이면 판매목표가 책임이고, 특허 등록 수가 핵심지표이면 등록한 특허 수가 책임이다. 책임은 기간과 시점이 같이 주어져야 의미가 있다. 매출

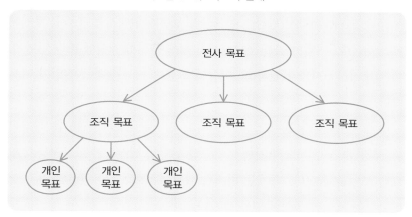
〈그림 8-6〉 목표의 분배

목표는 언제까지 달성할 것인지, 고객이 반품하는 숫자는 어느 기간을 기준으로 할지가 명확해야 한다.

하위조직의 목표를 어떻게 설계할 것인가? 〈그림 8-6〉과 같이 하위조직의 목표는 상위조직의 목표에 따라 설정되어야 한다. 이는 하위조직의 개별 목표가 달성되었을 때 상위조직의 목표가 달성됨을 의미한다. 이를 위해 상위조직의 미션과 상위조직에 속해 있는 다른 하위조직의 미션을 충분히 검토해 내가 속한 조직의 역할에 맞는 목표를 찾아야 한다. 또 수평적으로 관련 있는 조직의 목표도 같이 고려하여 중복되거나 상충되지 않게 해야 한다.

통제하라

계획에 맞춰 각자의 양심과 자율에 따라 일이 진행될 수 있으면 이상적이다. 하지만 계획이 아무리 완벽하더라도 시장환경이 예상과 다르게 변할 수 있고, 구성원이 자의든 실수든 주어진 것과 다르게 과업을 수행할 수 있다. 따라서 원하는 목표를 달성하기 위해서는 조직을 통제해야 한다. 즉, 기업이 목표를 달성하기 위해 수립한 계획에 따라 일이 실제 이루어지는지를 확인하고, 이상이 있을 때는 수정하는 작업이 필요하다.

통제는 중간과정을 측정해 평가하고 필요한 조치를 취하는 과정이다. 사전에 정한 목표와 차이가 난다면 원인과 해결방안을 강구하고 필요한 조치를 취한다. 통제는 이러한 과정의 반복으로, 얼마나 자주 실시할지는 조직의 특성에 따라 다르다.

통제는 문제 발생 전이나 후, 혹은 문제 발생과 동시에 이루어질 수 있다. 사전통제는 문제가 발생할 것을 예상하고 사전에 조치를 취하는 행위이고, 동시통제는 진행과정에서 이루어지는 통제다. 둘 다 문제가 발생하기 전에 이루어지기 때문에 이상적인 조치이나, 필요한 정보를 적기에 확보해야만 실행 가능하다. 피드백 통제는 결과를 보고 취하는 사후통제로, 가장 일반적인 통제이다. 이는 성과를 계획과 비교하기 때문에 경영계획의 수준을 높을 수 있는 계기가 된다. 반면, 문제가 실제 발생한 후에 조치를 취하기 때문에 해결에 비용이 가장 많이 들 수 있다.

게임회사 경영지표 설정하기

온라인 게임 회사인 조이시티는 1998년 국내 최초의 SF MMOG인 '워바이블'을 시작으로, 본격적으로 해외시장에 진출하여 '레드문', 리얼라이프 시뮬레이션 게임 '조이시티', 3D 액션 MMORPG '러쉬온라인', 온라인 스포츠게임의 새 장을 연 '프리스타일' 등을 연이어 히트시켰다. 조이시티는 당초 온라인 기반으로 게임을 제공했으나 스마트폰이 확산되면서 모바일로 영역을 확장하여 2013년 3월 기준으로 온라인과 모바일 게임의 비중이 50 대 50을 이루고 있다.

회사 조직은 크게 게임개발, 사업기획, 마케팅 및 퍼블리싱, 해외사업, 개발지원, 그리고 경영지원 부서로 구성되어 있다. 게임개발 부서는 새로운 게임을 기획하고 개발하는 일을, 사업기획 부서는 신규사업 등 새로운 수익원 발굴을, 마케팅 및 퍼블리싱 부서는 회사에서 개발한 게임과 외부에서 아웃소싱한 게임을 서비스하는 일을, 해외사업 부서는 국내에서 개발된 게임을 해외시장에 서비스하는 일을 담당한다. 개발지원 부서는 게임 개발 이외에 DB 관리체계나 보안 시스템을 구축하고 운영하는 일을 한다. [1]

---

1 www. jceworld. com.

1. 2013년 회사는 제 2의 도약을 준비하고 있다. 회사의 궁극적인 목표는 지금의 회사 가치를 2년 후 3배로 높이는 것이다. CEO 입장에서 이러한 회사의 목표를 달성하기 위해 개별 조직의 경영지표를 하나 내지 두 개 설정하고 그 이유를 설명하시오.

2. 회사의 사업과 관련된 정부정책에는 어떤 것이 있으며, 어떻게 영향을 미치나?

3. 새로운 비전과 경영지표의 역할에 대해 논하시오.

PART III

돈은 어떻게 관리해야 하나?

제9장

돈을 벌 수 있는
사업인가?

단순히 돈을 잘 벌 수 있을 것이란 막연한 기대만 가지고 사업을 시작할 수는 없다. 소중한 시간과 돈을 허비할 수는 없지 않은가? 그렇기 때문에 사업을 준비하는 단계에서 제일 먼저 해야 할 일은 내가 하려는 사업이 돈을 벌 수 있는지 따지는 것이다. 그것을 어떻게 알 수 있을까?

왜 벤처 거품이 생기나? 1

되돌아보면 2000년 이후에도 우리나라가 인터넷 혁명을 주도할 수 있었다. 여전히 막강한 위력을 자랑하는 실리콘밸리처럼 우리도 인터넷

---

1 〈주간동아〉 881호(2013년 4월 1일), "몰락한 벤처 1세대 거론하는 이유 - 박근혜 정부 '제 2벤처창업 붐' 조성에 반면교사 삼아야 실패 예방".

강국 지위를 유지했을지도 모른다. 하지만 그 후 한국은 오랜 시간 인터넷 침체기를 거쳐야 했다. 최근 정보기술(IT) 환경이 모바일 위주로 바뀌면서 제2의 벤처창업 붐에 대한 기대감이 커지고 있다. 미래창조과학부도 이에 대한 전폭적 지원을 약속했다. 이런 시점에서 10여 년 전 벤처 붐을 되돌아봄으로써 또다시 거품처럼 허망하게 꺼져버리지 않으려면 무엇이 필요한지 알아보자.

당시 인터넷 사업은 대부분 무료 서비스로 방문자를 모으고 웹 페이지에 광고를 붙여 수익을 내는 모델을 갖고 있었다. 잊고 있던 동창을 인터넷에서 만날 수 있게 해준 아이러브스쿨 같은 서비스가 대표적 사례다. 컴퓨터만 있으면 무료로 전화를 쓸 수 있게 함으로써 전 세계인의 관심을 끌어 모은 다이얼패드도 있었다. 광고와 인터넷의 결합을 노골적인 비즈니스 모델로 내세운 골드뱅크도 빼놓을 수 없다. 광고를 보면 돈을 준다는 콘셉트는 사람을 졸지에 광고를 클릭하는 기계로 만들어버렸고, 인터넷 사용자들이 광적으로 매달려 회사 가치가 비상식적으로 높아지기도 했다.

진입장벽이 없어서 사이트를 열기도 쉬운 데다 컴퓨터 한두 대와 프로그램 개발자만 있으면 큰 자금 없이도 누구나 성공을 꿈꿀 수 있었다. 그럴 듯한 비즈니스 모델을 설명한 사업계획서만으로도 수십억 원을 투자 받을 정도였다. 하지만 사이트가 인기를 끌수록 운영비는 상승한 반면 수익은 보잘것없었고, 흑자로 돌아서게 만들 방안도 찾을 수 없었다. 실리콘밸리의 경우 그나마 사업모델을 점검하고 가능성이 있는 곳에 장기 투자를 했지만, 한국의 인터넷 벤처에 투자한 자본은 애초부터 질이 좋지 않았다.

그들은 회사의 성장 가능성보다는 이슈를 만들어 분위기를 띄운 다음 수십 배 이상의 차익을 실현하는 데만 관심이 있었다. 이 때문에 회사 지분을 비싼 값에 넘기려고 없는 실적을 만들어내고 분식회계를 일삼았으며, 거짓 정보로 시세를 조작하는 일까지 서슴지 않았다. 벤처에 투자한 투기세력은 자기들끼리 지분을 돌려 수백 배까지 호가가 뛰도록 함으로써 벤처 투자는 금세 폭탄을 돌리는 놀음판이 되어갔다.

■■■■■ 수익은 어떻게 생기나?

들어온 돈에서 나간 돈을 빼면 수익이 된다. 들어온 돈을 '매출', 나간 돈을 '비용'이라 부른다. 매출이 비용보다 많으면 이익(+)이 난 것이고 적으면 손해(-)가 난 것이다. 이익이 날 수도 있고 손해가 날 수도 있기 때문에 통칭해서 손익이라고 부르기도 한다. 손익을 따져봐서 이익이 나지 않으면 아예 시작하지 않는 것이 맞다.

올해 손해가 날 것 같으면 이 사업은 돈을 벌지 못하는 것인가? 꼭 그렇지는 않다. 돈을 벌 수 있을지는 몇 년을 두고 봐야 한다. 초반에 손해가 나더라도 미래에 그 손해를 만회하고도 남을 돈을 벌 수 있다면 수익이 나는 사업이라 할 수 있다.

매출은 비교적 단순한 형태이나 비용은 좀 복잡하다. 비용 중에는 상품을 만드는 데 투입된 재료비, 인건비, 그리고 관련 경비 등 직접적으로 지출되어 비교적 측정이 쉬운 것들이 있는 반면에, '감가상각', '대손충당금' 등 눈에 보이지 않는 가상의 비용도 있다. 이 내용은 뒤에서 자

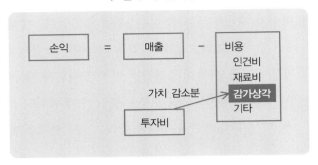

〈그림 9-1〉 손익구조

세히 다루기로 한다.

　재무계획을 세울 때 지출을 크게 투자비와 운영비용으로 구분한다. (여기서 지출은 비용과 다르다. 올해 컴퓨터를 사기 위해 1억 원을 지출했다면 이게 다 비용은 아니다. 왜냐하면 컴퓨터는 몇 년간 쓰기 때문이다.) 투자비는 지출이지만 수익에 직접 영향을 주지 않고 투자한 자산의 가치 감소분인 감가상각만큼만 비용으로 영향을 준다(뒤에 다시 자세히 나옴). 반면, 투자비는 통상 큰 규모의 돈의 유출을 동반하므로 기업경영 차원에서 수익과 별도로 예측하고 관리하는 것이 필요하다.

매출이 무엇인가?

사업의 근간은 매출이다. 매출은 기업활동에 필요한 비용을 충당하게 하고 투자자에게 경제적인 혜택을 돌려준다. 따라서 매출을 제대로 파악하고 관리하는 것은 회사경영에 있어 절대적으로 중요하다. 매출을 잘못 파악할 경우 사업이 수익을 제대로 내는지 아닌지를 판단할 수 없다. 또한 매출 규모에 따라 앞으로의 시설 및 운전자금 투자 등 자금집행계획을 수립하기 때문에 매출을 잘못 계산하면 자금 부족이나 신용 하락을 경험할 수 있다.

사업 특성에 따라 매출이 발생하는 방식은 다양하다. 이는 비즈니스 모델을 설계하는 단계에서 구체적으로 정해진다. 외형적으로 똑같은 상품을 공급하더라도 매출이 발생하는 방법이 다를 수 있다. 가령, 똑같은 방송을 내보내지만 KBS1의 주요 매출원은 국민이 낸 수신료이며 KBS2의 주요 매출원은 광고다. 매출은 상품 판매 혹은 서비스 제공에 의해 발생하는 것이 일반적이며 거래 수수료(검색광고, 전자상거래, 인터넷뱅킹 등), 기술용역에 의한 수익, 금융 및 임대 수익 등도 있다. 이용자에게 서비스를 무료로 제공하되 광고를 통해 매출을 올리는 경우는 IT 산업에서 흔히 볼 수 있는 방식이다.

매출을 인식하는 것이 어려울 때가 있다. 실제 재무제표를 작성할 때 매출이냐 아니냐 논란이 되는 경우는 참 많다. 물건을 납품하기 전에 물건 값의 30%를 계약금으로 받았다면 이 계약금은 매출인가? 물건을 납품하고 물건 값을 100% 다 받았는데, 계약조건상 구매자에게 2개월 이내에 반품할 권리가 주어질 경우 이를 매출로 볼 수 있는가? 매출로 인식하기 위해서는 몇 가지 조건이 만족되어야 한다. 대표적인 것으로, 받은 돈은 반납할 필요가 없어야 하고 상품은 인도되어야 한다. 그런 관점에서 보면 계약금은 아직 상품을 인도하지 않았기 때문에 매출로 보기 힘들다. 마찬가지로 납품 및 수금이 완료되었더라도 반품 가능성이 있다면 이 가능성이 사라질 때까지 매출로 보면 안 된다.

매출은 여러 요인에 영향을 받는데, 기업은 이들 요소를 잘 고려해서 사업계획을 수립해야 한다. 다음은 매출에 영향을 주는 요인들이다.

시장 크기는 기업 외부적인 요인이고, 품질, 생산능력, 기타 마케팅적인 요인은 매출을 키우기 위해서 투자가 필요한 내부 요인이다.

- 시장 크기: 기업이 제공하고자 하는 상품을 구매하려는 구매자의 크기.
- 상품 품질: 구매자의 기대치, 경쟁사 상품과 대비한 품질.
- 상품 가격: 가격과 판매 수량의 변화를 고려해야 함.
- 생산능력: 생산해낼 수 있는 상품의 양. 시설, 인력, 자금에 영향을 받음.
- 기타: 유통망, 기업의 브랜드 가치, 광고홍보 등.

투자비가 무엇인가?

기업은 장기간에 걸쳐 사용할 목적으로 자산을 확보한다. 즉, 자산은 기업경영의 밑천이라고 볼 수 있다. 자산은 외부로부터 사올 수도 있고 회사에서 개발할 수도 있는데, 어느 경우든 이에 소요되는 지출을 통칭해서 투자비라 한다. 투자비는 장기적이기 때문에 일회성으로 소모되는 비용(예: 사무용품)이나 직접 상품에 투입되는 재료비와는 다르다.

자산은 눈에 보이기도, 그렇지 않기도 하다. 토지, 건물, 구축물, 장치 및 시스템, 공구와 기구, 집기와 비품 등은 눈에 보이는 '유형자산'이다. 반면, 기술을 개발해 확보한 기술특허, 상표를 독점적으로 사용할 수 있는 권리(상표권), 브랜드 가치, 저작권 등은 보이지 않는 '무형자산'이다. 정부에서 부여한 4세대 이동통신 주파수도 기업이 많은 돈을 지불한 귀중한 무형자산의 일종이다.

여기서 투자비와 비용의 관계를 이해해야 한다. 손익계산에서 투자비는 감가상각비 형태로 비용이 된다고 했다. 그렇기 때문에 투자비가 높아지면 다음 년도부터 비용도 높아지고 이익이 낮아진다. 또한 대체 관계도 있다. 사무공간을 위해 토지와 건물을 구입하면 투자비이지만, 같은 용도로 다른 사람의 건물을 임대하고 매달 임대료를 내면 비용이 된다. 마찬가지로, 영업용으로 차를 사면 투자지만 빌리면 비용이 된다. 이런 관계로 인해 손익이나 현금흐름 통제 수단으로 투자와 비용의 대체를 이용하기도 한다. 이는 나중에 다시 다룬다.

비용이 무엇인가?

비용이란 수익을 얻기 위하여 기업이 소비한 재화 또는 용역으로서 소멸된 원가를 말한다. 소멸된다는 점에서 투자비와 다르다. 비용은 매출에 비해 복잡하고 다루는 항목이 많아 일반인이 파악하기 어려운 부분이 있다. 손익계산을 위해 회사가 지출하는 항목은 크게 매출원가, 판매 및 일반관리비, 영업외비용, 법인세로 구분한다.

비용을 이해하기 위해서는 '장부상으로(회계적으로) 인식하는 비용' 개념을 이해해야 한다. 이는 회사가 실제 지출하지는 않았지만 비용에 해당하는 것으로, 수익을 정확히 계산하기 위해 필요한 개념이다. 대표적인 것이 장비의 감가상각비이다. 장비는 시간이 갈수록 낡기 때문에 가치가 떨어진다. 이때 장비 가치가 떨어지는 만큼을 비용으로 보자는 것이다. 5년을 쓰는 1억 원짜리 장비는 올해 2천만 원어치의 가치가 떨어졌다고 볼 수 있다. 이때 하락한 가치 2천만 원은 실제 지출은 아니지만 수익을 낮추는 비용인 셈이다. [2]

매출원가 매출원가는 상품을 만들기 위해 직접 투입된 비용으로, 재료비, 인건비, 기타 비용을 합친 것이다. 기타 비용에는 전기세, 수도세 등이 포함된다. 매출원가는 상품 생산에 관련된 비용이므로 판매를 위한 비용, 회사 경영에 관련된 비용, 장비의 감가상각 등은 제외된다. 제조업의 경우 재료비 비중이 높을 수 있고, 서비스업의 경우 인건비 비중이 높을 수 있다. 매출원가 예측은 과거 통계를 기초로 작성하나, 창업기업의 경우 과거 데이터를 얻기가 쉽지 않다. 그래서 산업 내 유사기업의 통계를 참조하거나 개별적으로 요소 비용을 직접 예측하기도 한다.

매출원가를 고정비와 변동비로 구분하면 유용하다. 고정비는 판매량

〈그림 9-2〉 고정비와 변동비

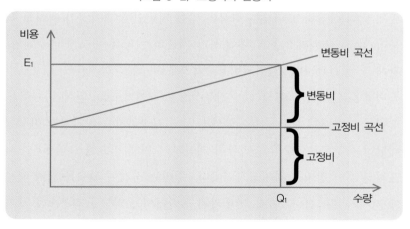

---

2 본 견해는 일반적으로 통용되는 발생주의 회계에 입각한 것이다. 현금주의 회계는 다른 입장을 지닌다.

에 영향을 받지 않는 원가로서 대부분의 인건비, 경비 등이 이에 해당한다. 판매량에 상관없이 직원 월급과 공장 전기요금은 매달 큰 변화가 없지 않은가. 변동비는 〈그림 9-2〉와 같이 판매가 늘어남에 따라 비례적으로 늘어나는 지출로 재료비, 운송비, 포장비 등이 해당된다. 이렇게 둘을 구분하면 판매량이 변할 때 매출원가가 어떻게 변할지 쉽게 예측할 수 있다.

아직 팔리지 않은 상품을 '재고'라 한다. 재고는 상품과 마찬가지로 지출이 필요하다. 그렇다면 재고를 만드는 데 투입된 지출은 매출원가에 포함되는가? 매출원가는 팔린 상품에 대한 비용이므로 재고에 투입된 지출은 원가가 아니다. 따라서 재고가 많다고 상품의 원가가 올라가지는 않는다.

판매 및 일반관리비   판매 및 일반관리비('판매관리비'라 부르기도 한다)는 상품을 판매하고 회사를 운용하는 데 필요한 모든 비용을 말한다. 이는 매우 다양한 요소로 구성되어 있다. 직접 생산에 투입된 인력과 비용, 세금, 영업외비용을 제외하고 기업에서 발생하는 대부분의 지출이 이 부분에 해당된다. 다음은 주요 비용 항목이다.

- 인건비: 생산에 참여하지 않고 상품 판매와 회사 일반관리에 투입된 인력 비용이다. 생산부서를 제외한 영업부서, 총무부서, 구매부서 등과 임원의 인건비가 이에 해당한다. 연구개발 인건비는 회사마다 다른데, 매출원가에 넣을 수도 있고 일반관리비에 넣을 수도 있다. 인건비에는 월급과 상여금만 있는 것이 아니다. 퇴직금

도 있다. 퇴직금은 회사를 그만둘 때만 지급하지만 매년 퇴직금이
늘어나므로 회계적으로는 그만큼을 비용으로 처리한다(이를 '퇴직
충당금'이라고 하는데, 이 또한 회계적으로만 인식하는 비용이다).

• 감가상각비: 자산은 대부분 생산활동을 하면서 낡고 가치가 줄어든
다(단, 토지는 예외). 여기서 가치가 줄어드는 만큼이 비용인데,
이를 '감가상각비'라 한다. 감가상각비는 실제 지출되는 비용이 아
니라 장부상에만 인식되는 비용이다. 자산의 수명은 '내용연수'라
하는데, 이는 회계적인 개념이다. 내용연수가 지난 자산은 회계적
으로 가치가 '제로'(zero)인데, 그렇다고 해서 못 쓰는 자산을 의미
하지는 않는다. 투자계획에 따라 각 자산의 내용연수와 상각법(가
치를 떨어뜨리는 방식)을 적용하여 감가상각 계획을 세운다. 상각
방식은 정액법과 정율법이 있다. 정액법은 자산의 가치를 매년 일

〈표 9-1〉 감가상각비 계산 예

	구입가	내용연수	1기	2기	3기	4기	5기	6기	7기	8기	9기
장비											
장비1		5	xxx	xxx	xxx	xxx	xxx				
장비2		7		xxx	xxx	xxx	xxx	xxx	xxx	xxx	
장비3											
건물											
건물1		50	xxx	xxx	xxx	xxx	xxx	xxx	xxx	xxx	xxx
건물2		50		xxx	xxx	xxx	xxx	xxx	xxx	xxx	xxx
소프트웨어											
SW1		3		xxx	xxx	xxx					
당기 감가상각비			xxx	xxx	xxx	xxx	xxx	xxx	xxx	xxx	xxx

정한 금액으로 상각하는 것이고(자산가치/내용연수 = 감가상각), 정율법은 내용연수 기간 동안 매년 일정한 비율로 상각하는 것이다. 세법상 정액법과 정율법은 사전에 신고하게 되어 있으며, 중간에 변경할 수 없다. 일정 기간 감가상각비는 〈표 9-1〉과 같이 자산별로 계산한다.

- 대손상각비: 받지 못할 돈은 비용이다. 못 받은 만큼 매출에서 빼야 하는 것 아닌가? 작년에 외상으로 상품을 팔았는데 올해 받지 못한다고 판명 났을 경우 작년 회계장부에 있는 매출을 다시 고치는 건 번거롭다. 작년 매출은 그냥 두고 올해 비용으로 처리해버리는 것이 더 간편하다. 외상거래에서 돈을 다 못 받는 경우는 허다하다. 전화를 쓰고 요금을 안 낸다거나 물건을 가져간 거래처가 부도나는 건 그리 드문 일이 아니다. 이런 경우를 대비하여 받을 돈 중에 일정 정도 부실이 발생한다고 보고, 손익계산을 작성하는 시점에 예상손실을 비용으로 산정한다. 이를 '대손상각비'라고 한다. 대손충당금 설정 수준은 전문가의 도움이 필요하다.

- 기타 판매관리비: 판매관리비에는 언급한 것 이외에 실로 다양한 비용이 있다. 직원의 국민연금 지원금, 보험료 지원금 등과 같은 복리후생비, 출장과 관련된 교통여비, 직원 교육비, 사무실 임대료, 접대비, 광고선전비, 소모성 사무용품비 등이 그것이다. 연구개발비를 매출원가에 포함하지 않는 경우에는 판매 및 일반관리비에 포함해야 한다.

영업외이익 혹은 손실 돈을 빌리면 이자를 내고, 돈을 빌려주면 이자를 받는다. 이 같은 수익이나 지출은 본래의 사업 밖에서 발생한 것들이다. 그래서 이들을 영업외이익(혹은 손실)이라고 한다. 마찬가지로 기업이 투자한 회사가 돈을 벌면 배당을 받고 손해를 내면 마이너스 배당(배당손실)이 되는데, 이것도 영업외이익 혹은 손실이 된다. 창업기업에게는 이자 지출이 대부분이다. 이자비용은 공장 증설, 설비 추가, 사업확장, 운전자금 등 소요자금에 대한 것으로, 그 조달조건(이자 등)이 반영된 것이다. 이렇게 영업외이익을 상품 판매를 통한 이익과 구분하는 이유는, 같은 이익이라도 둘의 성격이 다르기 때문이다.

법인세 법인세는 사업에서 생긴 소득에 대하여 부과하는 세금이다. 물론 세금은 수익이 났을 때만 낸다. 대상이 되는 법인은 주식회사, 합자회사, 합명회사, 유한회사 등 돈을 버는 것을 목적으로 하는 영리법인과 사립학교 등이다. 비영리법인의 경우도 수익사업 부분에 대해서는 과세한다. 정부는 법인세의 비율을 사전에 정해놓고 있다. 이때 세금의 대상이 되는 수익은 모든 비용을 제하고 순수하게 벌어들인 소득이다. 융통성도 있다. 올해 흑자가 났더라도 지난 몇 년간 적자를 보았다면 그 적자분을 차감해준다(정확한 차감 규모, 범위를 알기 위해서는 세법을 확인해야 한다). 각 나라마다 벤처산업 활성화를 위해 일반 기업과는 다른 법인세 감면 프로그램을 마련하고 있으니 관련 세법을 참조해야 한다.

핵심변수 가정하기

손익추정은 뒤에 나올 현금흐름 추정과 마찬가지로 중요 변수의 합리적인 가정에서 시작한다. 변수는 시장에 관한 것과 기업 내부에 관한 것으로, 가정은 정확한 통계와 합리적인 분석에 따라야 한다. 기업 외부에서는 손익추정 결과치 못지않게 추정의 기반이 되는 가정을 중요하게 생각한다는 점을 명심해야 한다.

어떤 변수를 가정하든 가정에 일관성을 유지하는 것이 중요하다. 손익과 현금흐름 예측은 정답을 찾기 위한 것이 아니라, 가정된 변수에 따라 예측이 어떻게 변하는지 보기 위한 것이다. 아래 항목은 일반적으로 중요하게 고려되는 변수들이다.

시장 크기 제공하려는 상품이 속한 시장의 현재와 미래 크기는 가장 기초가 되는 정보다. 미래 예측을 위해서는 현재와 과거의 시장 크기를 정확히 알아야 하고, 시장 성장에 영향을 주는 상품의 시장 성숙도, 대체시장의 등장 등을 고려해야 한다.

상품 판매 수량 혹은 시장점유율 정해진 시장에서 내가 팔 상품이 어느 정도의 점유율을 차지할지 가정해야 한다. 이 부분은 단순히 희망사항이 아니라, 내 상품이 갖는 경쟁우위 요소를 충분히 검토하여 추정해야 한다.

상품 가격 상품 가격은 앞으로의 경쟁 정도, 원자재 가격의 변화, 기업 내부 전략 등에 따라 달라진다. 시장점유율과 매출에 영향을 주는 중요한 요인이다.

기술 방식 시장 내 기술경쟁이 치열하고 기술 방식에 따라 매출이나 비용이 달라질 경우, 기술에 대한 가정이 필요하다. 통상 기술이 결정되면 그에 따라 제품의 원가나 공략시장이 달라지기도 한다.

원재료 가격 상품을 만드는 데 필요한 재료, 인력에 대한 비용이 앞으로 어떻게 변할지 가정해야 한다.

사업에 따라 다양한 변수가 추가로 필요하다. 기술이 중요한 사업에서는 기술개발(R&D) 투자규모에 대한 가정이 중요하다. 기술개발 비용은 통상 매출 대비 차지하는 비율로 가정하는 것이 일반적인데, 선도기업의 데이터를 활용할 수 있다. 상품원가에서 인건비가 차지하는 비중이 높거나(예: 인터넷 서비스 개발) 영업마케팅 인력이 많이 필요한 경우, 인력계획이 특히 중요하다. 마찬가지로 브랜드와 유통망이 중요한 사업에서는 홍보마케팅 비용 가정이 포함되어야 한다. 해외 거래가 많은 경우 환율변동에 대한 가정도 반드시 필요하다.

실전에서는 앞에 언급한 것보다 훨씬 많은 변수에 대한 가정이 필요하고, 가정에 훨씬 높은 수준의 정교함이 요구된다. 자본금과 차입의 비율, 차입 조건, 시설투자와 리스에 대한 가정 등 전문적인 영역까지 고려가 필요하다.

추정손익계산서 작성하기

매출, 투자비, 비용 예측을 바탕으로 향후 손익을 계산한다. 이를 '추정손익계산서 작성' 혹은 '손익계산서 추정'이라 한다. 손익추정을 통해 매년 얼마의 돈을 버는지, 매출과 비용의 추이가 어떤지 등을 일목요연하게 파악하여 사업의 경제성을 평가하는 데 활용한다. 벤처기업의 경우 통상 3~5년 정도의 손익예측이 필요하다. 기업에 따라 다르지만 통상 수익이 2차년도 혹은 3차년도에서 나기 때문에, 흑자 후 2~3년을 더 봐야 손익의 성격을 제대로 이해할 수 있기 때문이다.

매출을 예측하는 방법은 위에서 밑으로 계산하는 방식〔톱다운(top-down) 방식〕과 밑에서 위로 계산하는 방식〔버텀업(bottom-up) 방식〕이 있다. 톱다운 방식은 전체시장으로부터 기업의 매출을 예상하는 방식으로, 기업이 진입하는 시장의 규모를 파악하고 상품의 경쟁력을 평가하여 달성할 수 있는 시장점유 수준을 정해 매출을 예상한다. 버텀업 방식은 상품에서부터 기업의 매출을 예상하는 방식으로, 상품의 원가와 이윤에 판매 수량을 예측하여 매출을 예상하는 방식이다. 어떤 방식이 적합한지는 시장의 특성, 가용 데이터, 예측의 목적 등에 따라 다르다. 통상 진입하려는 시장이 오래 전부터 존재해온 안정적인 시장이라면 톱다운 방식이, 새로 형성되는 시장이라면 버텀업 방식이 좀더 유리할 수 있다.

매출계획과 그에 따른 생산계획에 근거하여 자산 소요량을 파악하고 자산 가격을 적용하면 투자비를 추정할 수 있다. 자산 가격은 현재 시장가격을 근거로 향후 상승 혹은 하락 추세를 반영하는 것이 일반적이다. 기술개발을 통해 특허기술을 확보하거나 권리금을 주고 사업 혹은

<표 9-2> 서비스기업 A 손익추정

단위: 100만 원

단위: 100만 원	1년 차	2년 차	3년 차	4년 차	5년 차
매출	10,927	14,502	17,299	20,596	27,409
상품 A	8,761	10,759	12,522	13,275	17,865
상품 B	1,732	2,987	3,564	2,461	3,448
상품 C	434	756	1,213	4,859	6,095
매출원가	4,768	6,062	7,210	8,414	11,268
재료비	4,317	5,376	6,513	6,773	9,115
인건비	451	686	696	813	1,140
기타 경비	0	0	0	828	1,013
매출 총이익	6,159	8,439	10,089	12,182	16,141
판매관리비	5,886	6,614	8,072	9,636	12,059
급여	1,631	1,981	2,320	2,870	3,877
퇴직급여	78	141	214	242	289
복리후생비	224	250	321	398	525
감가상각비	1,567	1,247	1,370	1,538	1,551
무형자산상각비	65	89	92	92	30
임차관리비	692	688	743	810	1,050
지급수수료	811	1,161	1,448	1,747	2,263
리스료	0	71	72	74	76
매출연동비	677	824	1,254	1,563	2,017
인건비연동비	141	161	237	302	381
영업이익	273	1,826	2,017	2,546	4,082
영업이익률	1,905	3,162	3,479	4,175	5,663
영업외수익				133	187
영업외비용				400	449
법인세 차감 전 이익	273	1,826	2,017	2,279	3,819
법인세	62	489	542	613	1,037
당기순이익	211	1,337	1,476	1,665	2,782

228

영업 권리를 획득한 경우 무형자산 확보 비용에 해당한다.

〈표 9-2〉는 서비스업종에 종사하는 모 기업이 사업을 확장하기 위해 투자를 유치하는 단계에서 5년간의 손익을 추정한 샘플이다. 지금까지 설명한 매출, 비용 항목이 나타나 있다.

〈표 9-2〉는 5년 손익추정 요약표로, 그전에 많은 세부작업을 바탕으로 만들어진다. 매출액을 위해 개별 상품별로 가격분석과 예측, 시장점유율 분석 등을 수행하고, 매출원가를 위해 인력계획, 경비계획, 재료비 명세서 등을 작성한다. 또 판매관리비 예측을 위해 주요 항목별로 별도의 세부 예측작업을 수행해야 한다. 이러한 세부작업은 손익계산서의 일부로 보아야 한다.

정해진 추정양식은 없다. 단지 추정의 목적에 맞게 항목들을 잘 선정하는 것이 중요하다. 때에 따라서는 매출액 구성요소를 세분화하거나 매출원가를 여러 항목으로 분해하는 것이 필요하다. 판매관리비 중에서 중요한 핵심비용은 별도 항목으로 분리하여 추세를 보여주는 것이 효과적이다.

사업기획 단계에서 손익추정은 주요 변수와 수익의 관계를 보는 일종의 시뮬레이션이다. 사업의 수익성뿐만 아니라 핵심변수를 변화시키면서 손익이 어떻게 변하는지 보는 것도 중요한 관심 대상이다. 가령 상품의 시장점유율이 10% 높아지면 손익이 어떻게 달라지는지, 혹은 상품의 원가가 5% 내려가면 손익이 어떻게 되는지는 중요한 정보다. 또한 손익추정은 적정 매출목표 수준과 그에 맞는 투자와 비용 계획을 수립하는 데도 도움이 된다. 기본가정, 매출계획, 비용, 손익의 순서로 이루어지는 작업에서 주요 변수를 변화시키면서 수익이 가장 높은 지점을 찾고, 이를 바탕으로 이상적인 매출과 비용 규모를 찾아낸다.

장기 손익추정 작업은 핵심변수를 중심으로 해야 한다. 세부항목을 모두 정밀하게 예측하는 것은 현실적으로 어렵고, 결과에 큰 영향을 주지 않기 때문에 굳이 그럴 필요도 없다. 핵심변수는 정밀하게 분석하고 예측하되 세부변수는 최대한 단순화해야 한다. 판매관리비 중에 예를 들어 후생복지 비용은 인건비의 일정 비율을 적용한다든지, 대손상각비는 매출 대비 산업 평균을 적용해도 무방하다.

MS 엑셀 프로그램 활용하기

손익예측 작업에 마이크로소프트의 엑셀(Excel) 프로그램을 이용하면 편리하다. 이 프로그램은 재무회계 전문가들도 이용할 정도로 풍부한 분석기능을 제공한다. 재무분석 기능뿐만 아니라 여러 개의 개별 작업을 묶어주는 링크 기능이 있어 더욱 유용하다.

엑셀파일은 여러 개별 시트(sheet)로 구성되어 있다. 핵심항목을 개별시트로 나누어서 작업할 수 있고 동시에 서로 다른 시트에 있는 핵심변수를 공유할 수도 있어 복잡한 작업에 유리하다. 예컨대, 매출원가를 구성하는 재료비, 인건비, 경비를 별도의 시트로 나누어 작업하더라도 각 시트에 공동으로 필요한 매출 크기를 함께 쓸 수 있어 예측에 일관성이 유지된다. 이런 기능으로 인해 다양한 시뮬레이션 작업이 가능하다. 가령 매출 변화에 따라 손익이 어떻게 변하는지 쉽게 볼 수 있어 최적의 매출목표를 찾도록 도와준다.

엑셀의 상세 기능은 매뉴얼을 참고하기 바란다.

손익추정만으로도 순이익이 '플러스'(*plus*)가 되는지, 언제 그것이 달성되는지, 그리고 수익 규모가 얼마나 되는지를 일차적으로 볼 수 있다. 장기적인 투자가 필요한 기초과학 분야 벤처기업이 아닌 한에는 적어도 2~3년 안에는 수익이 나기 시작해야 한다. 초기 적자는 갈수록 줄어들고 흑자로 전환되고 난 후에는 수익이 지속적으로 커져가는 모습을 보이는 게 일반적이다. 그리고 5년 동안의 순수익의 합이 손실보다는 커야 한다.

하지만 수익이 난다고 다 수익성이 있다고 말할 수는 없다. 수익성은 상대적이다. 특정 사업을 하는 이유는 다른 사업을 하는 것보다 수익이 더 날 것이라고 믿기 때문이다. 1억 원을 투자했을 때 A라는 사업은 1년에 1천만 원을 벌 수 있고, B라는 사업은 1,500만 원을 벌 수 있다면, A 사업은 B 사업에 비해 수익성이 낮다고 말할 수 있다. 그렇기 때문에 준비하고 있는 사업의 수익성은 어떠한 기준과 비교했을 때 의미를 가진다. 사업 두 개를 비교하는 경우가 아니라면 어떤 기준이 있나?

가장 일반적인 비교대상이 은행이자다. 돈을 은행에서 빌려서 사업하는 경우에는 적어도 빌린 돈에 대한 이자보다 더 많이 벌어야 한다. 빌리지 않고 돈을 가지고 있어도 마찬가지다. 은행에 맡기면 안전하게 이자가 나오기 때문에 그것보다는 더 벌어야 한다. 그런데 사업 수익률이 은행이자보다 높은지 어떻게 알 수 있나? 사업에 투자할 돈의 규모를 알아야 한다. 즉, 투자금 대비 수익을 계산해야 한다.

수익성은 돈을 얼마나 벌 수 있는지를 나타내는 지표로, 목적에 따라 여러 단계의 분석이 가능하다. 정밀하고 다양한 측면의 분석은 뒤에 나올 현금흐름, 대차대조표, 자금조달계획 이후 가능하지만 추정손익 단계에서도 1차적인 수익성을 볼 수 있다. 기업이 증권거래소에 등록하기 위해 요구하는 사업 수익성 정보는 매출액에서 이익이 차지하는 비율을 보는 것으로 매출이익률, 영업이익률, 법인세차감전이익률, 순이익률과 자본규모 대비 이익률 등이 있다. 여기서 자본에 관련된 수익성 분석은 현금흐름, 자금조달계획 수립 이후에 가능하다.

손익분기점도 중요하다. 사업 초기에는 많은 돈이 투입되지만 벌어들이는 돈은 얼마 되지 않는다. 하지만 시간에 지남에 따라 점점 매출이 늘어나고 어느 시점이 되면 들어간 돈보다 벌어들인 돈이 같거나 많아진다. 이 시점을 손익분기점이라 한다. 손익분기점은 본격적으로 수

〈그림 9-3〉 손익분기점

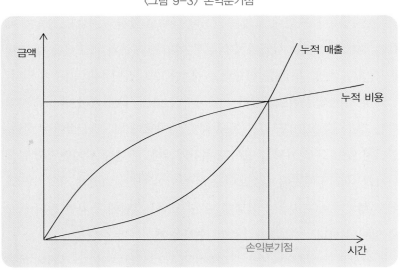

익이 나기 시작하는 지점이라고 볼 수 있다.

그렇기 때문에 손익분기점을 알아야 미리 자금조달계획을 세울 수 있다. 또한, 손익분기점 예측은 전망한 수익의 실현 가능성을 보는 데도 도움이 된다. 큰 수익이 예상되더라도 손익분기 시점이 늦으면 좋지 않다. 현재에서 멀어질수록 불확실성이 높아지기 때문이다. 따라서 짧은 시간 안에 손익분기점에 도달하는 것이 좋다.

손익분기와 판매량과의 관계에서 비용구조의 적정성을 평가할 수 있다. 다른 변수를 그대로 두고 판매 수량을 변화시키면서 수익의 변화를 보고 손익분기가 이루어지는지 판매량을 본다. 이러한 분석은 판매량의 단기적인 변화가 기업의 원가와 이익을 어떻게 변화시키는지 보여줘서 고정비, 변동비, 판매 단가, 판매 수량 등이 적정한지 평가할 수 있게 한다.

■■ 데이터 활용

예측은 기획자 임의로 하는 것이 아니며, 철저히 현실에 바탕을 두어야 한다. 이때 좋은 데이터를 확보하여 적용하는 것은 예측의 정확도를 높이는 데 필수적이다. 데이터는 경제상황, 제품시장, 인근 시장, 경쟁사, 제품 등에 대한 정보로, 과거의 기록을 축적한 것도 있고 미래를 예측한 것도 있다. 계획단계에서 충분한 데이터를 확보하고 분석하지 않으면 안 된다.

데이터는 사업의 목표수준을 정하는 데 있어 기초가 된다. 매출목표를 정하기 위해서는 기업이 제공하려는 제품의 시장규모(과거, 현재, 미래), 경쟁자들의 가격과 시장 점유수준 등의 정보를 종합적으로 고려해야 한다.

비용을 예측할 때도 마찬가지다. 원가를 구성하는 개별 요소들의 시장가격과 경쟁사의 원가 정보를 가지고 있어야 상품원가 예측이 가능하다.

데이터의 신뢰도는 외부 커뮤니케이션 과정에서도 중요한 역할을 한다. 통상 분석과 예측 결과는 그 적정성을 누구도 확신할 수 없지만, 데이터의 출처와 적용은 그 적합성을 평가할 수 있다. 따라서 신뢰할 수 있는 좋은 데이터만 써도 상대에게 전체 사업에 대한 확신을 줄 수 있다. 특히, 창업 시 외부 투자자와의 협의 과정에서 계획의 기반이 되는 데이터의 적합도와 원천의 신뢰도는 전체 사업계획의 수준을 결정한다고 해도 과언이 아니다.

데이터는 그 자체가 의미를 갖기도 하지만, 가공되었을 때 더 큰 가치를 갖는다. 따라서 가용한 데이터 중에서 목적에 맞게 최대한 잘 가공하는 것이 중요한 능력이다. 특정 용도를 위해 데이터를 가공할 때 한 가지 데이터, 한 가지 방법만 있는 것은 아니다. 예를 들어, 매출을 예측하기 위해 전체 시장규모에 시장점유율 목표치(의지치)를 적용할 수도 있고, 제품의 원가구조를 계산해서 판매량 목표와 판매 단가를 정할 수도 있다.

이때 데이터 제공기관의 신뢰도가 중요하다. 창업 단계에서는 대부분 내부에 축적된 정보가 없기 때문에 예측을 위해 외부 데이터를 활용해야 한

〈그림 9-4〉 매출예측 예시

다. 데이터는 제공기관의 권위와 신뢰도에 따라 그 질을 달리한다. 통계청, 정부 관련부서, 정부 산하기관, 상장기업 등에서 제공되는 정보는 신뢰성이 높다고 볼 수 있다. 협회, 시장조사기관, 비상장 기업 등에서 제공하는 정보도 어느 정도 믿을 만하다. 반면 출처가 불분명한 데이터, 공신력 없는 사설기관에서 제공한 데이터, 사적 보고서에서 가공된 데이터 등은 가급적 피하는 것이 좋다.

■■■ 사례분석

태블릿 뉴스 수익성

언론 재벌 루퍼트 머독(Rupert Murdoch)의 뉴스콥(News Corp.)이 태블릿 전용신문 〈더 데일리〉(The Daily)를 폐간한다고 2012년 12월 3일 밝혔다. 뉴스콥 그룹은 월트디즈니, 타임워너와 함께 세계 3대 미디어 그룹의 하나로, 다우 지수, 〈월스트리트저널〉(The Wall Street Journal) 등을 소유한 다우 존스 앤드 컴퍼니(Dow Jones & Company), 온라인 SNS 마이스페이스, 종합 엔터테인먼트 그룹인 폭스 엔터테인먼트 그룹(Fox Entertainment Group) 외에 수많은 신문, 잡지, 웹사이트, 방송 채널과 기업들을 보유하고 있다.

뉴스콥과 머독은 지난 2011년 2월 3천만 달러를 투자해 〈더 데일리〉를 창간했으며, 초기에는 애플 아이패드용으로 개발했지만 이후 아마존의 킨들 파이어(Kindle Fire)와 구글의 안드로이드 태블릿용도 출시하는 등 독자층을 확대해왔다. 〈더 데일리〉는 아이패드용은 1주일에 99센트, 다른 태블릿용은 1달에 1.99~3.99달러의 구독료를 받아왔다. 업계는 〈더 데일리〉가 태블릿에서만 구독이 가능해 상대적으로 가입자가 제한적인 상황에서 연간 운영비 2,600만 달러를 충당하는 데 실패해 결국 폐간한 것으로 보고 있다. 뉴스콥은 보도자료를 통해 "불행하게도 우리의 비즈니스 모델을 장기적으로 지속할 수 있을 만큼 충분한 독자를 확보하지 못했다"고 전했다. 〈더 데일리〉는 2012년 12월 15일 이후 발행을 중단할 것이라고 발표했다. 3

토론을 위한 질문

1. 뉴스콥의 〈더 데일리〉 서비스 수익에 영향을 주는 요인이 무엇인지 논하시오.
2. MS 엑셀을 이용하여 뉴스콥의 〈더 데일리〉 서비스의 분기 단위 수익과 비용을 예측하시오.
3. 〈더 데일리〉 서비스를 존속시킬 경우 수익을 개선할 수 있는 방안에 대해 논하시오.

---

3 아틀라스리서치, www.arg.co.kr.

제10장

돈이 얼마나
필요한가?

회사를 처음 설립하면 장비와 시설을 확보하고 상품을 생산·판매하기 위해 상당 정도의 현금이 있어야 한다. 그런데 투입한 현금은 한참 후에나 돌아온다. 상품을 개발하고 시장에 내놓기까지는 긴 시간이 걸린다. 거기다가 상품을 시장에 내놓더라도 금방 팔려서 돈으로 돌아오지는 않는다. 그뿐이 아니다. 충분히 많은 양이 팔려 그동안 쓴 돈을 다 회수하려면 더 긴 시간을 기다려야 한다. 결국 상당 기간 동안 투자나 융자를 받아 현금이 부족하지 않게 해야 한다.

기업에게 현금은 사람의 혈액과 같아서, 현금이 원활하게 돌지 못하면 살 수 없다. 특히 사업 초기에는 벌어들이는 돈이 얼마 되지 않아 돈이 부족하므로 자금소요를 미리 파악해 대비하는 것이 필요하다. 이를 위해 수익과 현금흐름을 예측하고 이를 바탕으로 언제 얼마만큼의 현금이 부족한지 파악해야 한다. 이제 그 절차를 알아보자.

■■■ "지금 필요한 건 오직 현금뿐"

금융위기 한파로 인해 기업들의 경영 패러다임이 급변하고 있다고 영국의 경제주간지 〈이코노미스트〉(*The Economist*) 최신호(11월 22일자)가 보도했다.

1년 전만 해도 현금을 쌓아두는 것은 바람직하지 못하게 여겨졌다. 현금을 쌓아두면 행동주의 주주들이 특별배당을 요구하거나 자사주 매입을 통해 투자자들에게 돌려줘야 한다고 회사를 압박했다. 또한 1980년대 이후에는 가능한 한 회사를 '날씬하게' 만들어 핵심 분야만 남기고 나머지는 모두 아웃소싱하는 것이 유행이었고, 회사는 수익성을 높이기 위해 외부 차입을 늘렸다.

하지만 최근 기업들이 단기자금을 조달하던 하루짜리 기업어음(CP) 시장이 망가지면서 상황이 완전히 달라졌다. 탄탄한 대기업조차 직원 월급을 주기 위해 현금을 확보하느라 난리다. 요즘에는 가능한 많은 현금을 장기간 확보해두는 것이 기업의 최우선 과제 중 하나가 됐다.

회계사들은 연말 회계감사 보고서에 서명하기 전 회사의 지속가능성을 입증할 더 많은 증거들을 요구할 태세다. 〈포춘〉 500대 기업에 속한 대기업들도 지금처럼 투자자들로부터의 자금 확보가 어려운 상황에서 현재 가진 현금으로 얼마나 오래 버틸 수 있는지에 대해 질문 공세를 받고 있다. 미국 실리콘밸리에 있는 벤처캐피털 회사 세쿼이아는 자금을 투자한 신생 기업들에게 즉각 현금이 창출되지 않는 사업계획은 규모를 대폭 줄이라고 권했다. 인도 타타 그룹의 라탄 타타 회장도 최근 간부들에게 이메일을 보내 "현금 필요액과 사업계획을 철저히 다시 검토하라"고 주문했다. 부품업체 관리에 있어서도 '적시에'(*just in time*) 보다는 '만약에'(*just in case*) 가 더
중요해졌다.

— 〈한국경제〉 2008년 11월 22일, "기업 현금확보 올인 … '절약의 역설' 빠지나"

■■■■■ 현금을 관리하는 이유가 무엇인가?

우리는 우리가 치르고 있는 전쟁을 제대로 보질 못하는데 … 그 전쟁은 '생
존'이라는 전쟁이야. 그 전쟁은 '돈이 바닥나지 않게 하기 위한' 전쟁이야.
우리의 제품을 시장에 내놓을 때까지 말이지.

—*Steve Jobs: Keeper of the Vision*, 넥스트(Next) 직원과 회의 중 스티브 잡스의 발언

현금이 무엇인가?

현금은 당장의 지불수단이다. 현금으로 재료를 사고 월급을 주며 빚을
갚기 때문에 현금은 기업활동에 없어서는 안 되는 존재다. 지금 손에
있거나 통장에 있어 언제든지 찾을 수 있는 돈이 현금이다. 현금에는
주화나 지폐 같은 것만이 아니라 타인 발행의 당좌수표나 가계수표, 상
장회사 주식과 같이 당장 돈으로 바꿀 수 있는 것까지 해당된다. 남에
게 빌려준 돈이나 비싼 돈을 주고 산 건물은 당장 지불수단으로 쓸 수
없기 때문에 현금이라고 할 수 없다.

　경영활동은 현금이 순환하는 과정이다. 현금을 투입하여 건물, 기
계, 설비를 구입하고 원자재와 인력을 확보한다. 확보한 자산, 재료,
인력을 이용하여 상품을 만들고 이를 판매하여 현금을 회수한다. 회수

〈그림 10-1〉 현금순환

현금 투입

자산, 원자재,
인력 확보

현금 회수

상품 생산

한 현금의 일부는 다시 생산에 투입되고, 일부는 미래에 새로운 곳에 투자되며, 일부는 주주에게 돌려준다. 새로운 투자는 더 많은 상품을 만들어내 다시 돈의 유입을 증대시킨다. 이러한 과정은 순환하는데, 어느 순간에라도 현금이 부족하면 흐름은 중단되거나 지체된다.

현금은 장부상의 매출 혹은 비용과 다르다. 손익을 구성하는 매출과 비용은 회계적인 목적으로 도입된 개념으로, 반드시 실제 현금변동을 동반하지는 않기 때문이다. 외상으로 팔아도 매출은 늘어나지만 현금은 들어오지 않는다. 같은 원리로, 장비의 감가상각은 회계상으로 인정되는 비용이기 때문에 현금이 유출되는 것은 아니다. 이와 같이 매출과 현금유입, 비용과 현금유출은 반드시 일치하지 않기 때문에, 현금흐름은 수익과 별도로 관리해야 한다.

현금이 늘어났다고 반드시 돈을 번 것은 아니다. 장사에서 수익이 발생해 현금이 증가하는 경우도 있지만, 남에게 빌리거나 가지고 있는 자산을 팔 때도 같은 효과가 생긴다. 그렇기 때문에 손익, 자산과 별도로 현금흐름을 살펴야 한다.

현금이 부족하면 무슨 일이 벌어지나?

손익은 기업의 가치를 따지는 데 있어 중요하다. 기업이 얼마나 돈을 잘 버는지를 보여주는 데 있어 그것만 한 것이 없기 때문이다. 그런데 손익에는 약점이 있다. 실제 돈의 거래가 아니라는 것이다. 1억 원어치를 팔아 그만큼의 매출이 올라갔어도 그것이 외상거래라면 회사 통장 잔고는 늘어나지 않는다. 극단적으로는 1억 원 매출이 있어도 빚 1천만 원을 갚지 못할 수도 있다는 것이다.

현금흐름에 경색이 생기는 이유는 다양하다. 상품을 만들었는데 아직 팔리지 않았거나, 팔았지만 아직 돈을 받지 못했다면 현금이 부족해진다. 벌어들인 현금으로 건물이나 설비와 같은 고정자산을 사거나, 금융상황의 악화 또는 기업의 신용부족 등으로 인해 자금을 원하는 시점에 조달하지 못하거나, 돈을 빌려준 쪽에서 갑작스레 돈을 회수할 때도 현금흐름에 적신호가 발생한다.

필요한 시점에 적정 현금이 없으면 필요한 시설과 원자재를 확보하지 못하고, 최악의 경우 부도가 난다. 부도는 돈을 잘 버는 기업에서조차도 현금흐름에 경색이 있으면 발생한다. 부도는 갚아야 할 돈을 갚지 못하는 상황을 말한다. 부도가 나면 금융권을 비롯하여 돈을 빌려준 자들이 자금을 일시에 회수하기 때문에 기업은 정상적인 경영을 할 수 없다. 최악의 경우 자금을 빌려줄 때 맡긴 담보(돈을 갚지 못할 때 재산을 처분할 수 있도록 돈 빌려준 사람에게 준 권리), 특히 중요 설비나 장비 등을 그들 마음대로 처분하면 회사는 문을 닫을 수도 있다.

현금중심 경영이 무엇인가

시장이 불확실할 때 기업은 투자를 자제하고 현금 보유량을 늘린다. 이와 같은 현금중심 경영은 중요한 의사결정에서 현금을 최우선순위에 두는 것을 말한다. 때에 따라서는 수익의 희생이 따르더라도 현금흐름이 좋아지는 쪽을 택한다. 현금흐름을 무시하고 장부상 수익과 매출만 늘리다가 현금경색을 맞이할 수 있기 때문이다.

　어려울 때 현금을 중시하는 이유는 현금은 장부에 기록되는 이익보다 신뢰가 높기 때문이다. 현금은 당장 지불할 능력이지만 손익은 합리적인 가정을 바탕으로 예측한 것이어서 항상 바뀔 가능성이 존재한다. 거래처 부도로 외상매출의 1%를 회수하지 못한다고 가정하고 이익을 계산했는데, 실제 상황이 더 나빠져 회수 비율이 낮아지면 수익은 급격히 줄어들 수 있다. 그런 이유로 외부환경이 열악하면 열악할수록 손익보다 현금흐름이 중요해진다. 현금은 기업의 가장 확실한 생존수단이기 때문이다.

　벤처기업은 창업 초기 현금이 부족할 때가 많기 때문에 현금흐름 관리에 각별히 주의해야 한다. 사업준비 단계부터 상품을 생산하고 회사를 운영하는 데 필요한 현금과 시설 등 자산을 확보하는 데 소요되는 현금을 제대로 예측하여, 현금흐름이 부족하지 않게 미리 자금을 조달해야 한다. 만약 자금조달 여건이 좋지 않다면 당초 세웠던 영업목표나 투자계획을 보수적으로 조정하여 자금 부족에 미리 대비해야 한다. 사업을 시작한 후에도 영업활동 과정에서 거래처와의 신용거래 등 현금관리를 철저히 하여 현금유입을 최대화하고 현금유출을 최소화해야 한다.

현금흐름은 언제 변하나?

현금소요량과 시기를 파악하기 위해서는 현금흐름이 언제 바뀌는지 이해해야 한다. 단기적인 현금소요는 개별 항목별 현금 유입과 유출을 계산해도 알 수 있지만, 장기적인 현금소요는 현금흐름의 원리를 이해해야 알 수 있다. 현금이 언제 유입되고 줄어드는지 보자.

대부분 기업은 현금이 변하는 상황을 크게 세 가지로 구분해 관리한다. 첫째, 사업을 잘해 수익을 남기면 현금이 늘어나고 손해를 보면 현금이 줄어든다. 이것은 기업이 본연의 사업을 수행하는 과정에서의 생겨난 '영업활동에 의한 현금흐름'이다. 둘째, 자산의 구입 혹은 매각에 의해서도 현금흐름이 변한다. 자산을 구입하면 현금이 나가고 자산을 팔면 현금이 들어오는데, 이를 '투자활동에 의한 현금흐름'이라고 부른다. 마지막으로 재무활동에 의한 것이 있다. 돈을 빌리거나 지분을 팔면 현금이 생기고 돈을 갚거나 배당을 하면 현금이 나가는데, 이를 '재무활동에 의한 현금흐름'이라고 한다.

통상 매출은 현금유입을 동반하고 비용은 현금유출을 동반한다. 그렇기 때문에 상품을 팔아 얻은 매출이 비용보다 많으면 그 차이만큼 현금이 늘어나고 반대가 되면 현금이 줄어든다고 볼 수 있다. 하지만 항상 손익이 현금흐름과 일치하지는 않는다. 현금을 동반하지 않는 거래가 있기 때문이다. 이러한 예는 많다. 외상으로 상품을 판 경우 현금이 들어오지 않았는데도 매출이 발생하고, 판매대금을 미리 받는 경우 현금은 들어왔는데 매출에는 변화가 없다(매출 인식시점에 대한 자세한 내용은 뒤에 나오는 회계 부분에서 자세히 다루기로 한다). 반대로 외상으로 자재를 산 경우 현금이 나가지 않고도 비용이 발생하며, 계약금을 미리 줬다면 현금이 나갔는데 비용은 아직 발생하지 않는다. 이들을 통칭해서 비현금성 매출과 비현금성 비용이라고 부르는데, 현금흐름은 이런 것들을 제외한 현금성 매출과 비용에 영향을 받는다.

현금은 자산의 일종이나, 다른 자산과 다르게 당장 지불능력이 있고 다른 자산과 교환관계가 있기 때문에 구분해서 관리한다. 현금은 현금을 제외한 다른 자산의 변동과 어떤 관계가 있는가? 자산을 구입하면 현금유출로 인해 현금이 줄어들고 매각하면 매각대금만큼 현금이 늘어난다. 창업 초기에는 자산 구입으로 인한 현금유출이 대부분이다.

재무활동은 돈을 조달하거나 융통하는 활동이다. 회사에 돈이 부족하면 빌려오거나 투자를 받고, 돈이 남으면 외부에 투자하거나 은행에 맡겨 추가 수익을 올린다. 빚이 늘어난다는 것은 그만큼 빌렸기 때문에 현금이 늘어나는 것이고, 빚이 줄어든다는 것은 그만큼 갚았기 때문에 현금이 줄어드는 것이다. 따라서 부채와 현금유입은 비례한다고 볼 수 있다.

앞에 언급한 세 가지 현금원천은 서로 연결되어 있다. 사업 초기 시설 구입에 필요한 돈은 상품을 팔아 남기는 돈보다 크기 때문에, 현금 부족분을 외부로부터 조달해야 한다. 이때 돈을 조달하기 위해 빌리거나 지분을 파는 행위는 재무활동이다. 이는 영업활동으로 인한 현금유입이 투자활동으로 인한 현금유출을 만회하지 못했기 때문에 재무활동을 통한 자금유입을 요구하는 상황이다. 만약 영업에서 현금부족분이 줄어들지 않고 재무활동으로 인한 자금조달에 어려움이 있으면 투자활동을 자제해 현금유출을 줄이려는 경향도 나타날 것이다.

사업이 순조로우면 영업으로 인해 유입되는 현금이 비용과 투자비의 합보다 많아지고, 이때부터 현금이 늘어나게 된다. 재무활동으로 유입되던 현금은 영업이 벌어들인 현금으로 대체되면서, 이때부터는 빌린 돈을 갚아나가기 시작한다. 그로 인해 재무활동으로 인한 현금흐름은 유입에서 유출로 바뀐다.

■■■ 단기 자금소요를 어떻게 예측하나?

현금흐름 예측기간은 목적에 따라 단기와 중장기로 나눌 수 있다. 단기 예측은 일(day) 단위 살림살이 계획을 세우기 위해 비교적 짧은 기간에 대해 일 혹은 주 단위로 현금의 흐름을 상세하게 예측하는 것이다. 가령, 한 달간의 현금계획을 세울 때는 일 혹은 주 단위로 현금의 유입과 유출을 기록한다.

어느 단계에서나 마찬가지이지만, 창업 초기에 현금흐름의 예측과 통제는 특히 중요하다. 충분한 현금을 가지고 시작하지 않은 한 창업 초기에는 대부분 자금이 빠듯하다. 사업운영 경험이 많지 않아 예상하지 못한 자금소요가 발생할 수도 있다. 단기 현금통제의 실패는 바로 부도나 심각한 신뢰저하로 이어질 수 있기 때문에, 좀더 짧은 시간 단위에서 정교한 현금예측이 요구된다.

나가야 할 돈은 확실한데 들어올 돈은 불확실한 게 현실이다. 거래처로부터 받기로 한 돈을 항상 받을 수 있는 것은 아니다. 거래처가 부도가 날 수도 있고, 공급한 상품에 하자가 있어 대금 지급이 늦어질 수도 있다. 그렇다고 줄 돈을 안 줄 방법은 없다. 단기 현금흐름 예측은 이런 상황을 충분히 대비해야 한다.

우선 현금지출을 파악한 후 유입되는 현금을 고려하여 모자라는 현금 규모를 파악한다. 이때 실제 현금의 유입과 유출 시점이 기준이 되어야 한다. 가령, 1년 치 보험료를 내면 그 혜택이 1년 내내 지속되지만, 현금흐름 계산에서는 실제 보험료를 내는 시점만이 중요하다.

단기추정에는 높은 정밀도가 요구된다. 추정 시 개별 항목의 지급조건을 따지고, 시장 거래관행을 조사하며, 실제 견적을 받기도 하고, 공급자 혹은 구매자와 계약 조건을 협의하여 추정에 반영하기도 한다.

이해를 돕기 위해 기업용 모바일 오피스 소프트웨어 패키지를 개발하는 회사의 초기 6개월 현금흐름을 추정해보자(〈표 10-1〉). 초기 사무실 보증금과 서버 구입을 위해 목돈이 필요하다. 그리고 매달 거의 고정적으로 인건비, 사무실 운용비용이 필요하다. 이런 세부 항목을 종합하면 매달 현금변동을 알 수 있다. 이러한 현금흐름 추정은 매일의 살림살이를 위한 것이라기보다 1년 혹은 반년 단위의 자금수지 계획을 세우기 위한 것이다.

1월에는 사무실 임대보증금과 서버 구입비용으로 목돈이 필요하고 매출이 발생하지 않아 가장 큰 현금적자가 발생할 것으로 예상된다.

단위: 천 원

	1월	2월	3월	4월	5월	6월	총계
유입 – 매출	–	–	20,000	25,000	35,000	43,000	123,000
상품 A	–	–	8,000	10,000	15,000	18,000	51,000
상품 B	–	–	12,000	15,000	20,000	25,000	72,000
지출 – 투자비	35,000	–	–	–	–	–	35,000
사무실 임대보증금	20,000	–	–	–	–	–	20,000
서버 구입	15,000						15,000
지출 – 비용	26,900	25,100	25,100	25,300	28,600	28,700	159,700
월급	15,000	15,000	15,000	15,000	18,000	18,000	96,000
후생복지비	1,500	1,500	1,500	1,500	1,800	1,800	9,600
보험료	1,800	–	–	–	–	–	1,800
사무실 임대료	4,000	4,000	4,000	4,000	4,000	4,000	24,000
차량 임대비	1,600	1,600	1,600	1,600	1,600	1,600	9,600
기타	3,000	3,000	3,000	3,200	3,200	3,300	18,700
현금변동	(61,900)	(25,100)	(5,100)	(300)	6,400	14,300	(71,700)
기초현금	0	(61,900)	(87,000)	(92,100)	(92,400)	(86,000)	
기말현금	(61,900)	(87,000)	(92,100)	(92,400)	(86,000)	(71,700)	

주: 회계상으로 (괄호)로 표시된 숫자는 마이너스(–)를 의미함.

2월부터는 월간 현금부족 폭이 줄어들지만 여전히 현금유출이 있어 누적 현금부족은 점점 늘어난다. 이런 추세가 4월까지 지속되나 5, 6월에는 순수 현금이 유입되기 시작하면서 누적적자 규모가 줄어들 것으로 예상된다.

이 회사는 초기에 얼마의 자본이 필요한가? 현금소요량은 누적으로 현금이 가장 많이 부족한 시점을 기준으로 해야 한다. 4월에 대략 총 9,240만 원의 누적 현금적자가 예상되기 때문에, 어느 정도 여유를 고려해 초기 현금조달 규모를 결정해야 한다. 여유분을 얼마로 할지는 회사의 방침에 따라 다른데, 사업의 불확실성이 높으면 통상 더 많은 여

<표 10-2> 단기 현금흐름 - 자본 투여 후

단위: 천 원

	1월	2월	3월	4월	5월	6월
현금변동	(61,900)	(25,100)	(5,100)	(300)	6,400	14,300
기초현금	120,000	58,100	33,000	27,900	27,600	34,000
기말현금	58,100	33,000	27,900	27,600	34,000	48,300

유분을 갖는다. 예를 들어 현금소요량의 30%를 예비비로 가져간다면 9,240만 원 × 130%, 즉 초기 현금소요는 대략 1억 2천만 원이 된다.

1억 2천만 원의 자본을 가지고 사업을 시작한다면 현금흐름은 〈표 10-2〉와 같다. 매월 말 현금을 플러스로 유지할 수 있음을 알 수 있다. 잔고가 가장 적을 때인 4월에도 2,760만 원이 남아 있어, 예기치 못한 상황이 발생하더라도 어느 정도 대처할 수 있게 된다.

지금까지의 작업은 월 단위로 6개월간의 현금흐름을 추정한 것이다. 이 추정은 기업의 상반기 살림살이에 대한 큰 그림을 보여주기 때문에 월 단위 자금계획을 세우는 데 유익한 역할을 한다. 하지만 월 단위 현금흐름만으로 살림살이 계획을 세울 수는 없다. 매출현금은 월초에 유입될 수도 있고 월말에 유입될 수도 있는데, 월 단위 예측에서는 이 둘을 구별하지 않는다. 하지만 실제 살림살이에서는 주 단위 혹은 일 단위로 현금이 들어오고 나가는 것을 관리하지 않으면 안 된다. 따라서 사업 수행단계에서는 일 혹은 주 단위의 현금을 같이 추정해야 한다.

일 단위 현금추정은 자금을 조달하기보다는 단기적인 현금경색을 막기 위한 것이다. 만약 특정 시점에 단기적으로 현금이 부족할 것으로 판단되면 거래처에 대금 지불을 연기한다든지 받을 돈을 조기에 회수하는 조치를 취해야 한다.

장기 현금흐름 예측의 용도

중장기 예측은 단위가 주로 1년이고, 예측기간도 3~5년 혹은 그 이상이다(5년 이상을 추정하는 경우는 신약 개발사업이나 기초 연구분야와 같이 사업화에 오랜 시간이 걸리는 경우다). 중장기 현금흐름은 당장의 살림살이 계획보다는 중장기적인 자금조달 혹은 자금운용 계획과 관련 있다.

여기서 중장기적인 자금조달계획은 조달 규모와 시기뿐 아니라 조달원까지 포함한다. 자금조달원은 회사의 지배구조에 영향을 준다(지배구조는 쉽게 얘기해서 회사 지분을 어떻게 나누어 가질 것인가의 문제다). 가령 현금부족이 초기 1~2년에 집중된다면, 초기에 지분투자를 좀 많이 받더라도 큰 문제가 되지는 않는다. 하지만 현금부족이 몇 년에 걸쳐 이어질 것 같은 상황에서 초기 지분투자를 많이 받아버리면, 추가 자금유치 때마다 대주주의 지분 비율이 낮아져 나중에 경영권에 문제가 생길 수 있다.

장기 현금흐름은 투자를 받거나 돈을 빌릴 때 특히 중요하다. 금융권은 기업에 자금을 빌려줄 때 그 기업이 빌린 돈과 이자를 갚을 능력이 있는지를 본다. 마찬가지로 투자자는 기업이 앞으로 충분히 돈을 벌어 자기 돈을 키워줄 능력이 있는지를 본다(투자와 대여는 나중에 다시 자세히 다루기로 한다). 현금흐름은 그런 능력을 보여준다.

장기현금흐름표 작성

장기 현금흐름 추정은 앞으로 몇 년간 현금흐름이 어떻게 변할지 보는 것이다. 추정 기간과 단위가 길다 보니 추정항목을 최대한 단순화할 필요가 있다. 단순화한다고 항목을 임의로 선택하고 예측하는 것은 아니다. 장기추정과 단기추정은 방식이 조금 다르다. 단기추정 시 세부 현금항목을 찾아 일일이 예측했다면, 장기추정 시에는 손익과 자산 변동을 통해서 간접적으로 추정한다. 그렇기 때문에 장기 현금흐름 추정은 손익계산서와 현금흐름, 대차대조표와 현금흐름의 관계를 이해해야 가능하다(세 가지 재무제표는 다음 장에서 나오므로 여기서는 개념만 설명하기로 한다).

매출과 비용에서 현금 추정하기

영업활동에서 현금변동을 어떻게 계산할 수 있나? 손익계산서의 순이익에서부터 시작한다. 순이익은 번 돈이기 때문에 현금유입 효과가 있으나 손에 있는 현금과 똑같지는 않다. 앞에서 설명했듯이 매출 중에서 현금을 동반하지 않지만 수익에 영향을 주거나 현금을 동반하지만 수익에 영향이 없는 항목이 있기 때문이다. 따라서 손익은 현금이 아닌 거래를 기준으로 하기 때문에 현금을 동반하지 않는 거래를 더하거나 빼주면 현금흐름이 된다. 즉, 기업이 최종적으로 벌어들인 순이익에서 비현금성 비용을 더하고 비현금성 수익을 빼면 실제 현금유입이 된다.

현금 증가 = 순이익 + 비현금성 비용 − 비현금성 수익

감가상각비를 보자. 감가삼각비는 대표적인 비현금성 비용으로, 순수익 계산 시 이미 차감되었지만 실제 현금을 지출하지는 않았다. 따라서 순이익에서 이 비용을 다시 더해주어야 남아 있는 현금이 된다. 1억 원의 수익이 났는데 그중 감가상각이 2천만 원이라면 회사 통장의 현금은 1억 2천만 원 늘어났을 것이다. 마찬가지로 회사가 보유한 자산의 가치가 재평가를 통해 올라갔다면, 현금이 들어온 것도 아닌데 손익계산에서는 영업외이익으로 더해져 순이익을 늘린다. 따라서 이런 수익을 빼주어야 한다.

비현금성 비용에는 다양한 종류가 있다. 감가상각비와 퇴직충당금이 대표적이고, 회사가 보유한 주식의 평가손실액, 유·무형 자산의 가치 하락분, 영업권의 손상 등도 이에 해당한다. 비현금성 수익은 회사가 보유한 증권, 자산 등의 가치가 증가하는 경우 발생한다. 회사가 보유한 땅의 가치가 재평가를 통해 두 배 늘어났다면 손익상으로는 땅 가치만큼 수익이 늘어난 것으로 기록한다. 하지만 이 수익은 장부상의 가치 변화로만 기록되는 것으로, 팔 때까지 현금의 흐름에 영향을 주지는 않는다. 이 부분을 자세히 이해하려면 회계 도서를 참조하기 바란다.

자산 변동에서 현금 추정하기

앞에서 자산의 변동은 투자활동에 의한 현금변동이라고 했다. 장비나 건물 등을 '고정자산'이라고 한다면 영업행위 과정에서 생겨나는 자산은 '유동자산'이라 한다. 고정자산의 변화로 인한 현금변동은 상대적으로 간단한 구조를 갖고 있다. 자산(장비, 건물 등)의 구매와 매각에 관한 것으로, 자산이 늘어나면 현금이 줄어들고 자산이 줄어들면 현금이 늘어난다. 벤처기업의 경우, 자산가치가 늘어난 만큼 현금이 줄어드는 것이 일반적이다.

유동자산에는 '매출채권', '재고', '미수금' 등이 있다. 이런 유동자산의 변화는 현금흐름에 직접적으로 영향을 주지만 손익에는 영향이 없다. 그럼 유동자산의 변화는 현금에 어떻게 영향을 주나? 매출채권은 외상으로 팔았는데 아직 받지 못한 돈으로, 특정 기간 매출채권의 증가는 외상이 늘어났음을 의미하므로 현금을 감소시키는 역할을 한다. 마찬가지로 재고는 판매되기 전까지는 비용이 아닌 자산이기 때문에, 재고의 증가는 수익이 똑같다면 보유 현금이 줄어든 것을 의미한다. 미수금은 매출채권을 제외하고 받지 못한 돈을 말하는데, 현금흐름에 매출채권과 같은 역할을 한다. 결국 유동자산 증가도 현금을 줄이는 효과가 있다.

영업활동에서 생겨난 부채도 있다. '매출채무', '선급금'이 이에 해당된다. 매출채무는 외상거래로 인해 생긴 빚으로, 매출채무가 많다는 것은 수익이 똑같다면 현금의 양이 늘어났음을 의미한다. 계약금을 받는 것은 일종의 선급금이다. 먼저 받은 돈, 즉 회계적인 판매가 이루어지기 전에 생긴 현금인 선급금의 증가는 수익에는 변화가 없으면서 현금은 증가시킨다. 결국 이런 종류의 부채 증가도 현금을 증가시키는 효과가 있음을 알 수 있다.

종합하면 자산 변화와 현금흐름 변화는 다음과 같이 정리할 수 있다.

현금 증가 = 부채 증가 - 자산 증가

소요자금 계산하기

현금변동에 영향을 주는 세 가지 원천에서 자금의 조달은 '재무활동에 의한 현금'에 해당한다. 얼마의 자금이 언제 필요할 것인가는 결국 재무를 제외한 두 가지 활동에서 현금이 어떻게 움직이느냐에 따라 결정된다고 할 수 있다. 즉, 창업기업은 세 가지 원천 중에 영업과 투자활동을 위해 필요한 현금부족을 파악하고, 재무활동을 통해 부족한 자금 이상을 조달해야 한다. 따라서 다음 박스에서 보는 것과 같이 영업활동과 투자활동으로 인한 현금흐름이 독립변수가 되고, 재무활동을 통한 현금변동이 종속변수가 된다.

재무활동 현금 > 영업활동 현금부족분 + 투자활동 현금부족분

〈그림 10-2〉 손익계산서와 대차대조표에 나타난 비현금성 거래

손익 계산서		대차대조표	
매출액		영업 관련 자산	×××
매출원가		－매출채권	
판매관리비		－재고자산	
－퇴직충당금	×××	－선급금	
－감가상각비	×××	－선급비용	
…		영업 관련 부채	×××
영업외수익		－매입채무	
－자산처분이익	×××	－선수금	
…		－예수금	
영업외비용		－미지급비용	
－자산처분손익	×××		
…			
법인세			
당기순이익	×××		

　매년 영업활동에 의한 현금부족분은 앞 장에서 다루었던 추정손익계산서 데이터를 근거로 작성할 수 있다. 〈그림 10-2〉에서 볼 수 있듯이 손익계산서는 순이익이 계산되는 과정에 참여했던 변수들을 같이 보여준다. 앞에서 설명했듯이 비현금성 거래를 더하고 빼줌으로써 현금의 증감을 알 수 있다. 마찬가지로 자산 변동에 의한 현금은 '대차대조표'에 나타난 자산의 변화를 통해 계산할 수 있다(대차대조표는 뒤에 나오는 회계 부분에서 자세히 설명하기로 한다).

현금흐름 예측하기

이 회사는(가상) 스마트폰용 블루투스 무선 스피커를 만든다. 이 회사 CEO는 같은 회사에 다니던 직장 동기와 뜻이 맞아 1년 전 창업했다. 창업자금은 두 사람의 퇴직금 5천만 원이다. 지난 1년간 기술개발에 전념해 경쟁사 대비 같은 가격대에서 우수한 성능을 보이는 상용제품을 시장에 내놓을 수 있게 되었다.

이제 본격적으로 시장에서 상품을 팔기 시작함에 따라 많은 매출이 발생하지만, 그에 상응하는 비용도 발생할 것으로 보인다. 현재는 내년을 준비해야 하는 12월이다. 내년 1월부터의 현금흐름을 예측하려 한다. 다음은 주요 항목에 대한 예측이다.

- 매출은 1월부터 발생할 것으로 보인다. 첫 번째 모델의 판매 단가는 8만 원으로, 상반기에 매월 200개, 하반기에 매월 300개가 팔릴 것으로 기대된다. 상품 특성상 청소년들의 선물로 적합하기 때문에 여름방학인 8월, 겨울방학인 12월에 매출이 전달 대비 50% 늘어날 것으로 예상한다.

- 회사는 1월부터 개발자 2명과 영업사원 1명을 뽑을 계획이다. 시장 평균 인건비는 개발자 과장급은 월급 300만 원, 3년차 경력자는 180만 원 정도이며, 3년차 영업사원은 약 200만 원 정도이다. 6월과 12월에 월급의 100%씩을 보너스로 줄 계획이다.

- 새로운 직원이 합류함에 따라 1월에 좀더 큰 오피스텔로 옮기기로

했다. 실 평수 6평 정도로, 보증금 2천만 원에 월 80만 원을 내기로 했다. 두 대의 차량을 주차할 수 있는데, 분기에 한 번씩 30만 원을 내야 한다.

- 스피커를 만들기 위한 재료비는 개당 평균 3만 원이다. 재료를 구입하고 나서 상품이 시장에서 팔리기까지 평균 2달이 소요될 것으로 예상된다. 결국 두 달 정도 현금이 잠기게 된다.
- 완성품은 출고하기 전에 테스트를 해야 한다. 상반기(1~6월)에는 월 100만 원으로 외부에 위탁하기로 하고, 하반기부터는 테스트 장비를 사기로 했다. 장비 가격은 2천만 원이고 통상 3년 정도 쓸 수 있다고 한다.
- 회사는 예기치 못한 일을 대비하기 위해 회사 잔고의 30%를 추가 예비비로 두기로 했다

토론을 위한 질문

1. 회사의 현금흐름을 예측하고 어느 시기에 어느 정도의 현금을 외부에서 조달해야 하는지 계산하시오.

제11장
· · ·

수익과 현금흐름을
어떻게 관리할 것인가?

■■■ 수익을 어떻게 높일 것인가?

사업에서 매출이 발생하기 시작하면 매출과 비용을 관리하여 수익을 극대화해야 한다. 어떻게 하면 수익을 효율적으로 높일 것인가? 수익 목표를 세우고, 매출과 매출원가, 그리고 판매관리비를 구성하는 세부 요인의 변화를 분석하고, 문제가 있는 부분의 원인을 찾아 대응하는 것이 필요하다. 손익을 개선하기 위한 조치는 단기와 장기로 구분할 수 있다. 장기적인 조치는 사업구조적인 문제로 비즈니스 모델의 문제에 가깝기 때문에, 여기서는 단기적인 조치를 중심으로 다룬다.

목표 수립

수익관리는 목표를 세우는 것에서 시작한다. 목표가 명확하지 않으면 조직의 힘을 모으기 힘들고 손익활동을 잘 관리할 수 없다. 목표는 크게 이익에 관한 것과 손익분기점에 관한 것으로 나눌 수 있다. 목표는 도저히 달성 불가능한 높은 수준보다는, 현재와 충분한 격차가 있는 도전적인 수준이되 최선의 노력으로 달성 가능한 수준인 것이 좋다. 단기 목표는 항상 장기 손익을 염두에 두고 설정해야 한다. 자칫 단기적인 이익을 추구하다 장기적인 경쟁력이 손상될 수 있기 때문이다.

전사의 이익 목표는 조직 단위의 목표로 세분화되어야 한다. 그래야 개별 조직이 목표를 달성했을 때 자연스럽게 회사 전체의 목표가 달성되기 때문이다. 이익은 매출과 비용에 영향을 받기 때문에 조직의 임무에 맞게 매출 혹은 비용 목표를 가져야 한다. 영업부서는 판매량이나 매출, 생산부서는 생산량이나 생산단가 등, 개발부서는 품질이나 상품원가, 구매부서는 원자재 가격 등이 목표가 될 수 있다.

성과와 피드백

손익관리를 위해 많은 보고서를 정기적으로 작성하는 것이 중요하다. 보고서의 작성주기는 일·주·월·분기·연 단위인데, 판매량이나 비용 변동이 민감할수록 짧은 주기의 관리가 필요하다. 연 단위 손익관리 보고서가 연초 사업계획에서 제시한 목표가 달성되었는지 확인하는 성격이라면, 일·주·월·분기 보고서는 연 단위 목표가 실현될 수 있게 과정을 관리하는 성격이 강하다.

보고서를 통해 수익지표의 실적을 평가하고 개선책을 찾는다. 핵심

관리지표는 매출과 세부적인 비용 요소에 대한 것으로, 이들이 어떻게 변하고 있고 지금의 변화 추세로 보아 연말 목표를 달성할 수 있을지 등을 판단하게 한다. 따라서 보고서는 당기 실적을 직전의 실적과 비교하고 연 단위 누적 실적도 같이 보여줘야 한다. 연 단위 보고서는 경쟁사 혹은 산업 평균치와 비교함으로써 회사의 시장지위를 쉽게 파악할 수 있게 한다.

수익과 관련하여 회사는 스스로 아래와 같이 질문한다. 이런 과정은 지속적으로 문제를 찾아내고 개선하는 노력의 일환이다.

- 매출원가가 동종업계와 비교하여 과다하지 않은지
- 판매관리비가 매출액 또는 전체 영업규모에 비해 과다하지 않은지
- 일인당 인건비가 높지 않은지
- 당기순이익률이 경쟁사 대비 어느 수준인지 등

관리요소는 대체로 매출과 비용에서 중요한 비중을 차지하는 것들이다. 매출에서 판매량, 시장점유율, 판매가격 등, 매출원가에서 제조원가, 인건비 등, 판매관리비에서 프로모션 비용 등은 중요한 관리요소로, 주로 변동비 성격이 강하다. 제조업에서는 원자재 가격이 중요하기 때문에, 회사의 원자재 구매비용과 시장가격 추이를 비교하면 거래선을 유지할지 변경할지를 판단할 수 있다.

손익관리는 항상 재무적 지표만 다루는 것이 아니다. 손익은 결과다. 선행요인을 파악하고 관리해야 결과가 좋아진다. 고객이 품질에 만족하거나 브랜드에 좋은 이미지를 가지고 있으면 상품이 잘 팔린다. 제품

반품이 많아지면 원가가 상승하고, 서비스 장애시간이 길어지면 상품 판매가 저조해진다. 결국 손익에 영향을 주는 운용지표도 같이 관리해야 한다는 것이다. 주요 지표로는 불량률, 불만 접수 건수, 브랜드 인지도, 생산량, 개발진도 등이 있는데, 기업의 특성에 맞게 요소를 발굴해야 한다.

■ 수익을 어떻게 조절할 것인가?

기업은 이익을 늘리기 위해 매출을 높이고 비용을 줄이려 한다. 하지만 대부분 매출을 늘리기 위해서는 비용도 같이 늘려야 하고, 비용을 줄이다 보면 매출도 따라 줄어든다. 가령, 매출을 늘리기 위해서는 기술개발에 더 투자해 품질을 높이거나, 광고와 프로모션을 더 많이 집행해야 한다. 마찬가지로, 비용을 절감하기 위해 애프터서비스의 질을 낮추어야 할지도 모른다.

여기서 매출을 늘리거나 비용을 줄일 때 이익을 최우선으로 생각해야 한다. 이는 매출을 늘리려 할 때 비용 증가를 고려해야 하고, 비용을 줄이려 할 때 매출감소를 고려해야 한다는 의미다. 매출은 늘었는데 비용이 더 높아지거나, 비용은 줄었는데 판매가 더 줄어드는 경우가 그리 드물지는 않다.

하지만 이익 목표는 기업의 경쟁전략하에 있다는 것을 명심해야 한다. 창업 초기에 후발사업자로서 시장을 단기간에 확대하는 것이 중요하다면 단기적 이익을 희생할 수 있어야 한다. 마찬가지로 상품이 프리미엄 전략을 추구하는 경우 재고 소진을 위해 가격을 낮추는 것보다 아예 폐기할 수도 있다.

때에 따라서 이익을 조절하기도 한다. 그렇다고 돈을 더 벌 기회를 포기하거나 회계부정을 저지르자는 것은 아니다. 이익이 많아져 세금이 높아질 것 같으면 미래에 발생할 비용을 현재로 당겨오는 것도 생각해볼 수 있다. 이익이 많이 나는 해에 투자를 늘려 합법적으로 세금을 줄이기도 한다(투자 자산의 감가상각 비용이 높아지기 때문에).

▰▰ 장기적으로 현금을 어떻게 관리해야 하나?

장기 현금흐름 관리는 현금이 발생하는 세 가지 원천의 관리다. 현금이 생성되는 영업, 투자, 재무활동은 시간이 지나면서 그 역할이 달라진다. 처음에는 생산과 영업 기반을 갖기 위해 자산에 대한 투자가 크기 때문에 투자에 의한 현금유출이 많다. 같은 기간 상품을 만들어서 현금을 회수할 때까지 현금을 유출한다. 이때 모자라는 돈은 자본투자와 차입을 통해 해결한다. 따라서 초기 사업은 재무활동으로 유입된 현금이 투자와 생산활동을 위해 필요한 현금을 충당하는 구조로 이루어진다.

사업 초기에는 영업활동을 통한 현금유출이 유입보다 크게 많지만, 시간이 가면서 그 격차는 줄어들 것이다. 만약 격차가 줄어들지 않는다면 사업을 계속 유지하기 힘들어진다. 어느 시점에 영업현금이 플러스로 돌아섰더라도 아직 자산을 추가로 구매해야 하는 상황이 발생하므로 재무활동으로 여전히 모자라는 현금을 충당해야 한다. 영업이 만들어

내는 현금이 투자에 필요한 현금을 넘어서면서 사업은 궤도에 오른다.

영업활동이 만들어낸 현금이 투자활동으로 인한 현금소유분을 충당하고 남은 잉여현금(*free cash*)을 장기적으로 흑자로 전환·유지해야 한다. 여기서 현금원천 관리의 핵심은 기업의 본원적 활동인 영업을 통해 현금창출을 극대화하는 것이다. 투자와 재무는 결국 영업이 충분한 현금을 만들 때까지 버텨주는 역할을 한다. 현금흐름 중시 경영은 순이익을 확대하면서 동시에 현금이 적절히 유지되도록 하는 데 중점을 두는 것이다. 그런 의미에서 보면 현금흐름은 독립적인 것이 아니라 손익관리, 재무관리, 자산관리와 함께 종합적으로 관리되어야 한다.

때에 따라서는 자금조달 환경에 맞게 사업계획을 수정할 필요가 있다. 사업이 유망해도 현금을 조달하는 것이 어려울 수 있다. 이런 경우에는 영업과 투자에 맞추어 자금계획을 세우기보다, 차입이나 투자 환경에 맞게 영업과 투자 계획을 보수적으로 조정할 필요가 있다. 만약 꼭 필요한 시설이라면 대금을 몇 년에 걸쳐 나누어 낼 수 있게 계약하거나, 구매 대신에 임대(*lease*)하여 초기 현금부담 규모를 낮추어야 한다.

영업환경의 변화도 고려해야 한다. 빠른 시간에 시장에 진입하기 위해 대규모 영업활동이 필요할 수 있다. 이때는 공격적 투자와 그에 맞는 자금조달 활동이 필요하다. 반대로, 잘 팔리던 상품의 고객이 대체상품의 등장으로 급격하게 이탈하는 상황이 있을 수 있다. 만약 이것이 일시적인 현상이 아니라면 기존 자산의 매각도 고려해야 한다. 마찬가지로 사업의 불확실성이 커지는 경우(예: 환율변동, 원자재가격 상승, 원유가격 상승 등)에는 계획된 투자를 줄이고 현금지출을 유보해야 한다.

단기적으로 현금흐름을 개선하기 위해 여러 조치를 취할 수 있다. 간혹 단기적인 현금흐름에 경색이 예상되는 경우에는 좀더 극단적인 조치를 취하기도 한다. 하지만 평소 꾸준한 현금관리가 필요하며, 극단적인 조치는 근본적인 현금흐름을 개선할 수 없고 때에 따라서 손익이나 자산가치의 훼손을 가져올 수도 있음을 명심해야 한다.

부실채권 관리 현금을 받으면 부실이 생길 수 없다. 하지만 많은 경우 외상거래를 한다. 상품을 양도했으나 돈을 받지 못하면 매출채권은 부실채권이 된다. 부실채권은 당장의 현금흐름뿐만 아니라 손익에도 부정적인 영향을 주기 때문에 매출채권이 부실화되지 않게 해야 한다. 구매자 신용관리는 부실화를 방지하는 데 효과적인 방법이다. 금융기관이 제공하는 고객의 신용정보, 그간의 거래실적, 시장상황 등을 종합적으로 고려하여 고객 신용등급을 정하고, 등급에 따라 거래조건을 달리해야 할 필요가 있다. 신용등급이 낮은 경우에는 현금결제를 요구하거나 담보를 요구하고, 경우에 따라서는 거래를 거부할 수 있어야 한다. 단, 지나치게 까다롭게 신용관리를 하면 매출이 떨어질 수 있으므로 균형적인 판단이 필요하다. 부실이 발생한 경우에는 거래처와의 협상이나 법원 소송을 통해 채권을 회수해야 한다.

재고 관리 재고를 필요한 최소치로 유지하고 이를 최대한 빨리 현금화해야 한다. 재고는 현금이 가장 많이 묶이는 곳 중 하나다. 그렇다고 재고가 너무 적으면 고객이 원할 때 상품을 제때 전달하지 못해 영업에 큰 지장을 초래할 수 있다. 재고를 줄이기 위해 수요를 정확하게 예측하고, 자재 주문에서 납기까지 시간을 단축하며, 불필요한 생산시간을 제거해야 한다. 정기적으로 재고수준을 파악하고 필요한 경우 시장상황을 고려하여 생산량을 줄여야 한다. 재고 기간이 길어져 상품성이 낮아질 것 같거나 당장 현금이 필요한 위급상황이 예상되면 할인, 광고, 프로모션 등 판매촉진 정책을 통해 어느 정도 손해를 보더라도 처분해야 한다.

지급 유예 현금 지급을 최대한 늦추어야 한다. 신용카드로 결제하거나 외상거래를 할 경우 지불 시점을 최대한 늦추는 것이 필요하다. 거래조건을 확정한 계약이 있더라도 때에 따라서는 거래처와 재협의를 통해 지급시점을 유예해야 한다. 은행에 빌린 돈의 원금과 이자를 갚아야 하는 경우에도 얼마든지 협의를 통해 지급 시점을 조정해볼 수 있다.

기타 유휴자산을 찾아 매각하거나 극단적으로는 인력 감축도 필요하다. 본원적 영업활동에 직접적인 영향을 주는 시설을 제외하고 활용이 덜한 중고 장비나 시설을 처분하는 것도 방법이다. 시설 임대보증금이 있는 경우 월 임대료를 높이고 보증금 일부를 상환 받는 협의를 하거나 금융권 채무조정을 통해 차입금 이자비용을 줄이려 노력해야 한다.

EBITDA

EBITDA(Earnings Before Interest, Taxes, Depreciation and Amortization) 는 기업가치 평가에 많이 이용되는 지표로, 기업의 영업활동을 통한 현금 창출 능력을 나타낸다. EBITDA는 영업활동 현금흐름과도 다르고 순 현금 흐름과도 다르다. 좀 전문적인 용어기는 하지만, 간단히 말하면 영업이익 에서 실제 지출되지 않은 감가상각비와 무형자산 상각을 뺀 수익이다. 여 기에 국가마다 상이한 법인세와 기업마다 다른 이자를 추가로 뺀다. EBITDA는 수익성을 나타내는 지표로서, 기업가치를 평가하는 중요한 잣 대로 쓰인다(EBITDA에 몇 배를 곱하는 식으로 기업가치를 산정한다).

순현금흐름

순현금흐름(Net Cash Flow)은 영업활동을 통해 창출된 순현금에서 운전자 금을 뺀 것이다. 운전자금이란 영업활동 과정에서 원자재의 매입과 생산, 영업활동과 관련된 자산(재고, 매출채권) 또는 부채(매입채무)에 지출하는 돈을 말한다. 운전자금을 제외했기 때문에 순현금흐름은 투자나 차입금을 상환할 수 있는 여력을 나타낸다(운전자금은 여러 방식으로 계산할 수 있는데, 여기서는 상세히 다루지 않기로 한다).

잉여현금흐름

잉여현금흐름(Free Cash Flow)은 순현금흐름에서 투자나 배당금을 갚고 난 난 후 남는 현금을 말하는 것으로, 차입금을 갚거나 영업 외적인 부분에 투 자할 여력을 보여준다. 영업 외적인 부분 투자는 자금 운용에 관한 것으로,

다른 회사 주식의 인수, 투자 목적의 부동산 구입 등이 있다.

운전자금회전기간

운전자금회전기간은 매출채권, 재고자산, 매입채무가 현금으로 전환되는 데 필요한 시간을 말한다. 회전기간이 짧으면 그만큼 돈이 빨리 돌기 때문에 적은 운전자금만 있어도 된다. 회전기간은 몇 단계로 나누어 계산한다. 이미 생산에 돈이 투입된 재고가 팔릴 때까지의 시간(재고자산회전기간)과 상품이 팔리고 나서 돈을 회수할 때까지의 시간(매출채권회수기간)은 회전기간을 늘리고, 기업이 외상으로 자재를 구매한 경우 이 돈을 값을 때까지의 시간만큼 회전기간은 줄어든다. 즉, 운전자금회전기간은 받을 돈을 회수하는 데 필요한 시간을 더하고 줄 돈을 갚는 데 걸리는 시간을 뺀 것이다.

운전자금회전기간 = 재고자산회전기간 + 매출채권회전기간 − 매입채무회전기간

수익성

수익성을 나타내는 지표는 다양하다. 현금흐름마진은 영업현금흐름을 매출액으로 나눈 것이다. 만약 이 비율이 낮다면 매출 중에서 외상 비중이 높음을 의미하는 것으로, 매출채권이 제대로 회수되지 못하면 유동성 문제가 발생할 수도 있다.

■■■ 사례분석

메가스터디 수익지표

메가스터디는 대표적인 국내 교육업체다. 국내에 초고속인터넷이 급속도로 확산되던 2000년, 당시 학원가 스타강사였던 손주은 씨는 교육서비스가 인터넷으로 확장될 것이라 예상하고 3억 원의 자본금으로 회사를 설립하였다. 고등학생을 대상으로 한 온라인강좌로 시작하여 2002년 중등부로 영역을 넓혔고, 2003년에는 오프라인 학원도 개원하였다. 회사는 2004년 드디어 코스닥시장에 상장하여 코스닥 최고기업의 하나가 되었으며, 이후로도 계속해서 사업을 확장한다.

하지만 메가스터디의 승승장구에 제동이 걸렸다. 정부가 대학 수능시험과 EBS 연계를 강화하면서, 주력인 중·고등부 온라인 교육사업이 흔들리기 시작했고 매출은 크게 줄어든다. 손 대표는 대안으로 경찰공무원 고시와 로스쿨 입시 강의까지 영역을 확장하고 아이비김영을 인수하였으며, 급식사업까지 손댔다. 하지만 실적은 개선되지 않았다.[1]

회사의 주가는 상장 후 꾸준히 상승하여 2008년 4월 30일 최고치인 38만 9천 원을 기록했다. 하지만 정점을 찍은 주가는 계속해서 떨어져, 2014년 7월 초 5만 8천 원대를 유지하며 최고치의 15% 수준까지 이르렀다. 메가스터디의 대주주인 손주은 씨는 2014년 4월 본인의 지분을 매각하겠다고 공식 선언하고 새 주인을 찾는 작업을 한다. 회사의 지난 3년간 주요 손익항목은 〈표 11-1〉과 같다.

---

1 〈한국일보〉 2014년 4월 23일, "메가스터디 매각 검토 … 막 내리는 손주은 신화".

<표 11-1> 메가스터디 5년간 손익

단위: 억 원

항목	2009	2010	2011	2012	2013
매출액	2,383	2,457	3,436	3,279	3,168
매출원가	869	926	1,343	1,293	1,247
매출총이익	1,514	1,531	2,093	1,986	1,921
판매비와 관리비	667	718	1,277	1,393	1,419
영업이익	847	813	816	593	502

자료: 회사 공시자료.

토론을 위한 질문

1. 회사 주가는 통상 회사가 벌어들이는 수익과 비례한다. 위에 제시된 간략한 손익계산서를 보고 주가가 떨어진 주된 원인을 설명하시오. 수익성을 설명하는 지표에는 어떤 것들이 있나?
2. 메가스터디의 비용 항목을 유사 업체와 비교하여 어디에 문제가 있는지 찾아보시오.
3. 신규 사업이 기존 사업의 사업성까지 악화시키는 경우가 많다. 재무제표상에서 신규 사업이 기존 사업을 잠식하는지 여부를 어떻게 알 수 있는지 논의해보시오.

제12장
· · ·
어떻게
기록할 것인가?

집안 살림을 위해 가계부를 쓴다. 가계부를 쓰면 돈의 흐름을 훤히 알수 있어 살림살이에 도움이 된다. 기업도 가계부가 필요하다. 그럼 어떻게 기록할 것인가? 회계의 기본 원리를 살펴보자. 회계의 핵심개념을 이해하고, 개별적인 거래가 회계적으로 어떻게 기록되며, 이러한 개별 회계정보가 수요에 맞게 어떻게 가공되는지를 알아본다.

회계란 무엇인가?

연초에 현금이 하나도 없었는데 12월 31일 회사 통장을 보니 5억 원이 남아 있었다. 회사는 올해 5억 원을 벌었다고 말할 수 있는가? 그렇게 말할 수 없다. 통장에는 없지만 받을 돈 3억 원이 있다면 그것은 수익에 더해야 하고, 줄 돈 2억 원이 있다면 그만큼은 빼야 한다. 이 정도 상황이 다가 아니다. 이것보다 훨씬 복잡한 상황이 많다. 회계가 현금을 기준으로만 하지 않기 때문에 복잡해진다.

대부분의 사람들에게 회계는 골치 아프다. 그건 아마 원칙을 익혀야 하기 때문일 것이다. 그런데 원칙은 아주 복잡하고 수학공식처럼 확정적이지도 않다. 지출과 수입의 발생은 일상의 간단한 상황에서부터 특수한 상황까지 너무나 다양하다. 장비를 사고, 물건을 외상으로 팔고, 거래처가 부도나고, 재고가 생기는 것은 일상적으로 일어나는 일인데, 이런 것들을 회계적으로 기록하는 것이 일반인에게는 쉽지 않다.

기업은 여러 가지 상거래 행위를 한다. 재료를 사거나, 직원에게 월급을 주거나, 상품을 팔거나, 새로운 기술을 사오는 등이 그것인데, 모두 돈이 들어오거나 나가는 일이다. 이러한 돈에 대한 기록이 회계다. 기록된 숫자는 기업 내부에서 혹은 외부로 소통되기 때문에 서로 간에 숫자를 표기하는 원칙을 합의해야 한다.

복잡하다고 회계를 임의로 할 수는 없다. 정해진 회계원칙이 없으면 심지어는 회사가 돈을 벌었는지 손해를 봤는지도 알 수가 없다. 또한 경영자는 부서에서 매달 보고하는 실적을 믿을 수 없다. 그뿐 아니다. 회사 경영상태를 투명하게 알 수 없기 때문에 외부에서 투자를 할 수 없고, 정부는 세금을 제대로 매길 수 없다.

전문적으로 얘기하자면, 회계는 전달을 목적으로 회계정보 이용자가 합리적인 의사결정을 할 수 있도록 기업의 거래정보를 식별하고 측정하고 정리한 것이다. 매출과 비용, 상품의 원가, 인건비, 현금 잔고 등을 기록한다. 따라서 회계를 보면 기업이 잘 운영되었는지, 앞으로 잘 운영될 것 같은지, 그리고 어떤 위험이 예상되는지 등을 알 수 있다.

거래를 인식하고 정리하는 일은 전문성을 요하기 때문에 회계는 통상 전문부서에서 담당한다. 회계 부서는 회사 전 부서와 소통하면서 거래에 관련된 모든 정보를 받아 규정과 용도에 맞게 기록한다. 따라서 개별 부서는 거래에 관한 기록을 빠짐없이 관련된 서류와 함께 정기적으로 회계 부서에 전달해야 한다.

회계 부서는 외부와도 커뮤니케이션하기 때문에 사회적으로 통용되는 회계 양식과 작성방법을 따라야 한다. 국내 회계기준이 있고 국제 회계기준이 있는데, 기업의 활동범위가 점차 세계시장으로 넓어지고 있어 많은 국내 기업이 국내 기준뿐만 아니라 국제 기준도 같이 따르고 있다.

■ 회계는 누구를 위한 것인가?

회계담당자가 만든 정보를 누가 보나? 회사 내부와 외부에 회사 경영성과에 관심 있는 자가 누구인지 생각해보자.

먼저 회사 내 경영자가 있다. 대표이사를 비롯해서 임원, 부장, 과장, 중간관리자까지 모두 회계정보를 필요로 한다. 특히 위로 올라갈수록 회사가 경영목표를 제대로 달성했는지에 관심이 많다. 또 회사의 인건비가 경쟁사에 비해 높은 것은 아닌지, 상품의 원자재 가격이 높은 것은 아닌지 등 회사의 주요한 경영활동이 적절한지 알고 싶어 한다. 그들이 회계정보의 1차 수요자다.

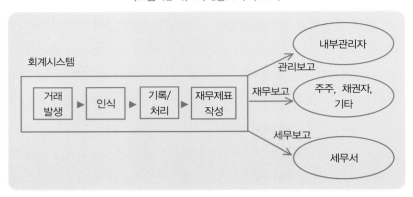

그 다음으로 투자자를 생각해볼 수 있다. 투자자는 회사에 직접 투자하거나 돈을 빌려주는 금융권, 혹은 개인투자자일 수도 있다. 요즘은 정부에서 벤처기업에 금융지원을 많이 하기 때문에 정부도 회사 실적에 관심이 많을 수밖에 없다. 그들은 회사에 투자나 융자를 할지, 아니면 투자나 융자한 돈을 회수할지 판단하기 위해 실적정보를 보게 된다.

또 하나의 수요자는 세금은 거두어가는 국세청이다. 정부는 국내에서 영업활동을 하는 기업이 번 돈에 대해 세금을 부과한다. 이때 세금은 벌어들인 돈의 규모에 따라 달라진다. 그렇기 때문에 정부는 세금계산에 필요한 세무 원칙을 정하고 있다.

회계정보 수요자들은 서로 다른 시기에 서로 다른 형태의 정보를 요구한다. 그래서 기업 회계정보는 크게 세 개의 용도로 구분하여 관리되는데, 〈그림 12-1〉에서 보듯이 기본 회계 데이터가 수요처의 요구에 맞게 가공된다.

회계는 수요처에 따라 달라진다. 그들이 서로 다른 관심사항을 가지고 있기 때문이다. 내부 관리를 위한 것이 '관리회계', 외부 투자자를 위한 것이 '재무회계', 국세청을 위한 것이 '세무회계'이다. '재무회계'는 또한 내부 관리에서 많이 활용된다.

재무회계

회사의 경영상태를 보여주는 가장 일반적인 회계다. 회사의 성적표인 셈이다. 기업 성적표는 학교 성적표와 마찬가지로 자신의 성적을 이해하고 앞으로 강점을 강화하고 문제점을 보안하는 데 활용된다. 성적표는 또한 외부와의 소통 시에도 사용된다. 외부 중에서도 특히 자신들이 투자하려는 혹은 투자한 기업이 어떤 성적을 내는지 알고 싶어 하는 투자자에게 제공된다.

그렇다면 무엇을 보여주어야 하나? 기업성적은 크게 세 가지 측면에서 본다. '돈을 얼마나 벌었는지', '빚을 갚을 능력이 되는지', '현금은 얼마나 있는지'가 그것이다. 좀더 구체적으로 얘기하면 ①'기업이 일정한 기간 동안 얼마를 벌었는지'(혹은 손실을 냈는지)는 경영성과에 관한 것이고, ②'기업이 가진 자산(팔아서 돈을 만들 수 있는 것)과 갚아야 할 부채가 어느 정도인지'는 재무상태에 관한 것이고, ③'기업이 보유한 현금이 어느 정도인지'는 현금 입출금 상황에 관한 것이다. 이와 같은 정보를 순서대로 '손익계산서', '대차대조표'('재무상태표'라 부르기도 한다), '현금흐름표'라 하는데, 이들을 통칭하여 '재무제표'라 한다. 여기서 손익과 현금흐름은 특정 기간 동안의 변화를, 재무상태는 특정 시점의 상태를 보는 것이다. 자세한 내용은 이후에 다시 다룬다.

관리회계

관리회계는 말 그대로 내부 관리를 위한 것이다. 회사의 주요한 성과를 보여줌으로써 경영자가 경영 현황을 쉽게 파악하고 합리적인 의사결정을 내릴 수 있게 한다. 회사 내부만을 위한 회계이기 때문에 법규적인 구애를 받지 않고 회사의 필요에 맞게 대상과 양식을 정할 수 있다. 관리회계는 앞에서 다룬 핵심 관리지표를 대상으로 한다. 지표를 개발하여 관리하면 경영의 주요 변수가 변하는 추세를 보고 동종업계의 다른 기업과 비교할 수 있어 합리적인 결정에 도움이 된다. 예를 들어, 인건비가 늘어나고 있다면 인력 투입에 문제가 있는지 찾아보고, 제조원가가 올라간다면 자재 거래선에 문제가 있는지 점검하게 된다. 수익성은 회사가 벌어들이는 수익능력을 지표로 환산한 것으로, 중요한 관리회계의 대상이다.

관리회계 자료에 포함되는 지표들로는 매출액 중 영업이익이 차지하는 비율, 매출액 중 순이익이 차지하는 비율 등 이익에 관련된 지표와 제품판매가 중 원가 비율, 제품원가 중 간접비 비율 등 원가, 비용에 관련된 지표들이 있다. 이러한 지표는 총 매출이나 이익 규모와 같이 전사적인 지표와 함께 중요한 역할을 한다. 전사뿐만 아니라 각 조직은 역할에 따라 더 구체화된 지표를 개발하여 관리한다. 인사부서는 종업원 1인당 교육훈련비, 총무부서는 1인당 간접비, 홍보실은 매출 대비 광고비, 개발부서는 제품당 인건비 및 재료비, 구매부서는 최초 가격

대비 최종 계약가격 비율 등을 지표로 정해서 관리한다. 각 조직의 임무에 맞게 관리지표를 가져야 한다.

세무회계

기업이 돈을 벌면 세금을 내야 한다. 세금액은 법에서 정하는데, 기업에서 제공한 회계정보를 기준으로 한다. 이때 세금신고를 하기 위해 작성하는 회계가 세무회계다. 세무회계는 재무회계와 다르게 법인세법이나 부가가치세법 등 세금 관련 법규에 따른 소득 및 비용처리 신고를 위한 회계이기 때문에 해당 법에 따른 조정과 증빙이 필요하다. 기업이 자율적으로 세금을 신고하면 세금을 줄이기 위해 매출은 줄이고 비용은 높일 수 있다. 1억 원을 주고 장비를 산 경우 내부적으로는 1억을 첫해년도에 모두 비용으로 처리할 수도 있고, 몇 년으로 나누어 처리할 수도 있다. 어떻게 비용처리 하느냐에 따라 수익과 세금이 달라지기 때문에, 법으로 감가상각 기간과 방법 등을 정해놓고 있다.

▰▰▰ 개별거래를 어떻게 기록하나?

회계를 이해하기 위해서는 기업에서 일어나는 개별적인 거래의 종류와 회계처리 원칙을 알아야 한다. 우리 일상의 거래와 유사한 점이 많으나 기업 거래는 좀더 다양한 경우를 포함하므로 학습이 필요하다.

거래가 무엇인가?

기업은 돈을 벌기 위해서 거래를 한다. 돈은 가지고만 있으면 가치가 커지지 않는다. 은행에 넣어두면 이자를 받는데, 이것도 돈의 가치를 키우기 위한 거래다. 재료를 구입하고, 만든 상품을 내다 팔고, 유능한 인재를 뽑아 일을 시키고 월급을 준다. 비용을 지불하고 재료를 사는 이유는 재료를 가지고 완제품을 만들면 높은 가격에 팔 수 있기 때문이고, 월급을 주고 사람을 고용하는 이유는 그들이 더 큰 가치를 만들어낼 수 있기 때문이다.

거래는 태초부터 있었다. 고대 아라비아 상인들은 비단길을 이용해 중국 등 아시아 쪽과 교류를 하다가, 뛰어난 항해술로 바닷길을 이용해서 아시아와 유럽을 오가며 물건을 사서 비싼 값에 팔았다고 한다. 심지어 이들이 삼국시대에 경주까지 와서 물건을 팔았다는 기록이 있다. 이들이 멀리까지 와서 거래를 한 이유는 자신이 가진 것을 훨씬 가치가 높은 것과 바꿀 수 있기 때문이다. 일상에서 거래는 사고파는 것, 혹은 주고받는 행위다. 돈, 물건, 재료, 사람의 노력과 시간 등이 거래의 대상이 된다.

기업에서 거래는 눈에 보이는 것만을 대상으로 하지 않는다. 재산상 변동이 있으면 모두 거래로 본다. 이 부분이 우리 삶에서의 거래와 다른 점이다. 언뜻 이해가 안 갈 수 있다. 5년 수명의 컴퓨터를 1년 사용했다면 가치는 단순히 계산해서 1/5만큼 줄어들었다고 볼 수 있다. 연말에 회사 재산을 기록할 때 컴퓨터 가치를 그만큼 줄여야 하는데, 이런 것도 재산에 변동이 일어났기 때문에 회계적으로 거래라고 포괄적으로 본다. 심지어 재산이나 상품의 파손, 도난과 물가변동에 의한 재산의 가치 변동도 재산을 변화시키는 거래다.

　기업의 기본적인 활동을 거래 관점에서 보자. 재료를 사고 노동력을 투입하여 상품을 만들고 상품을 판다. 우선 재료를 구입하면서 창고에 재료가 늘어나지만 회사 계좌에서 현금이 빠져나간다. 재료에 장비와 인력을 투입하여 상품을 만들고 그것을 팔면 현금이 다시 유입된다. 이러한 일들은 대부분의 기업에서 가장 보편적으로 일어나는 거래다. 하지만 실제 상황은 좀더 복잡하다.

거래는 언제 발생하나?

게임개발사가 게임을 애플 '앱스토어'에서 서비스한다고 보자. 먼저 고객이 앱스토어에서 게임을 구매한다. 이때 고객은 앱스토어에 등록한 자신의 신용카드로 지불한다. 사이트 운영을 맡고 있는 애플은 고객이 지불한 금액의 30%를 수수료로 떼고 나머지 70%는 일정한 기간이 지난 후 정산해준다. 이와 같은 과정은 흔히 일어나는 외상거래다. 여기서 고객이 게임을 받고 돈을 내는 시점과 게임회사가 돈을 받는 시점이 다르다. 그렇다면 게임개발사 입장에서 판매가 이루어진 시점은 고객이 돈을 낼 때인가, 애플이 정산해줄 때인가?

　거래를 인식하는 시점에는 크게 두 가지가 있다. 판매의 경우, 상품이나 서비스 가격이 정해지고 이를 고객에게 양도할 때 판매가 이루어졌다고 보는 시각과 회사가 실제 현금을 받을 때 판매가 이루어졌다고 보는 시각이 있다. 구매의 경우, 비용 발생 시점은 물건을 받을 때인가, 물건 값을 지불할 때인가? 앞의 것을 '발생주의'라 하고 뒤의 것을 '현금주의'라고 한다.

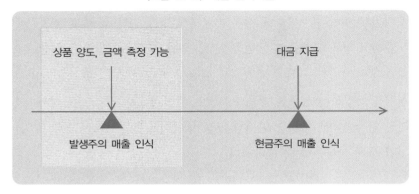

〈그림 12-2〉 매출 인식시점

상품 양도, 금액 측정 가능

대금 지급

발생주의 매출 인식

현금주의 매출 인식

　기업이 물건을 팔고 그 자리에서 현금만을 받으면 두 시점이 일치한다. 하지만, 위의 예처럼 게임이 고객에게 전달되고 고객이 돈을 냈지만 기업은 나중에 돈을 받는 경우 판매와 현금유입 시점이 달라진다. 마찬가지로 외상으로 원자재를 사면 '발생주의'는 계약하고 물건을 인도 받을 때 비용이 지출된 것으로 보지만, '현금주의'는 대금을 지급하는 시점에 비용이 발생한다고 본다.

　회계적으로 매출과 비용의 인식은 '발생주의'를 따른다. 즉, 수익이 발생하고 이를 금전적으로 측정할 수 있을 때 매출로 인식하는데, 대부분 판매시점에서 이 두 가지 요건이 충족된다. 좀더 복잡한 경우가 있을 수 있는데, 이는 전문적인 과정에서 다루기로 한다.

거래는 어떤 원칙으로 기록하나?

거래가 현금으로만 이루어지고, 물건이 만들자마자 팔리며, 구입한 장비의 수명이 1년밖에 되지 않는다면 거래를 기록하는 일은 쉬울 것이다. 하지만 현실은 물건을 판 대금은 나중에 주고(심지어는 물건을 팔기 전에 미리 주기도 하고), 물건을 다 만들었는데 팔리지 않아 창고에 있고, 장비는 몇 년을 쓴다. 그렇다면 외상을 어떻게 기록할 것인가? 재고는 회계적으로 도대체 무엇인가? 해가 갈수록 장비 가치가 떨어지는데 이를 어떻게 기록할 것인가?

앞으로 나올 재무제표를 이해하기 위해서는 좀 복잡하더라도 거래와 거래의 기록에 대한 기본 개념을 이해해야 한다. 대표적으로 영업과 자산 취득과정을 보자. 조금 복잡하더라도 원리를 잘 쫓아가도록 하자.

영업활동 재료를 구입하고 상품을 생산 판매하는 과정을 보자. 원자재를 구입하고 인력을 투입하여 상품을 만든다. 만들어진 상품은 고객에게 팔린다. 대금을 받으면서 과정이 끝난다. 〈그림 12-3〉은 대부분의 기업에서 일반적으로 일어나는 거래를 보여준다.

이 과정을 어떻게 기록할 것인가? 거래가 진행되면서 현금, 자산(현

〈그림 12-3〉 거래의 발생

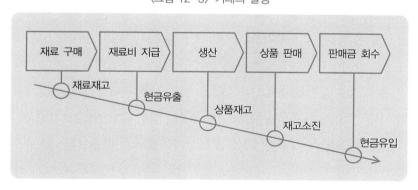

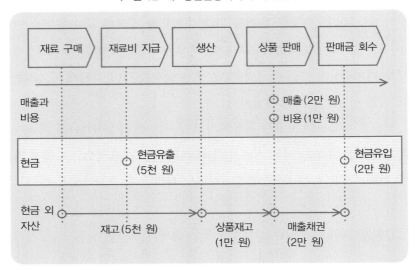

〈그림 12-4〉 영업활동에서의 거래인식

금을 제외한), 매출과 비용 항목이 서로 전환된다. 이해를 돕기 위해 간
단한 예를 보자. 재료비가 5천 원, 제조원가(재료비, 인건비, 제조비용
모두 포함한 것)가 1만 원, 판매가가 2만 원인 상품이 있다고 가정하자.

　상품이 팔리기 전에는 재료비, 인건비 등 상품을 만드는 데 투입된
지출은 비용이 아니고 재고자산이다(자산은 처분하여 현금화할 수 있는
것을 말한다). 좀더 구체적으로 말하면 상품으로 팔리기 전에는 장부에
재고로 기록되는데, 상품이 되기 전에는 원자재 구입비용이 재고가치
이며, 상품으로 만들어지고 나면(상품재고) 상품 판매가격이 재고 가치
가 된다. 그러다가 상품이 판매되면 재고는 '0'이 되고, 매출은 2만 원,
비용은 1만 원을 기록한다. 동시에 외상거래인 경우 매출채권(2만 원을
받을 권리)이 등장하고, 현금이 유입되면서 매출채권은 다시 '0'이 된

다. 재료를 외상 구입하는 경우도 같은 원리이다. 대신 돈을 줄 의무인 매출채무가 부채로 등장하고 현금을 지불하면서 '0'이 된다. 그 외 계약금 지급, 채권 부실 발생 등 좀더 복잡한 상황이 많다. 심화를 위해서는 별도의 학습이 필요하다.

자산구입 1억 원짜리 장비구매를 자산과 현금흐름 관점에서 보자(이때 장비는 1년에 2천만 원씩 감가상각 된다고 가정한다). 장비를 구매하는 순간 현금 1억 원이 유출된다. 동시에 자산항목에는 1억 원짜리 장비가 등장한다. 대차대조표는 보유 자산의 가치 변화를 반영하기 때문에 매년 장비가 감가상각 되는 것을 기록해야 한다. 감가상각은 회계적인 것이기 때문에 현금흐름은 변하지 않는다. 하지만 장비를 매각하는 순간 다시 현금은 매각 대금만큼 유입되고 대신 장비의 장부가치는 '0'원이 된다. 그 과정은 〈그림 12-5〉와 같다.

〈그림 12-5〉 가치변동에 따른 거래인식

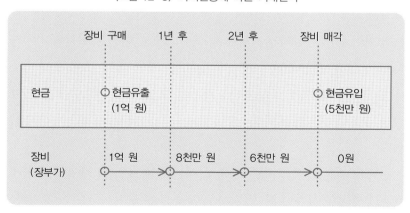

일정 기간 발생한 거래를 모아서 표로 정리한 것이 재무제표다. 재무제
표는 가장 일반적인 회계형식이다. 용도에 따라 여러 가지가 있는데,
그중 대표적인 것이 손익계산서, 현금흐름표, 재무상태표이다. 경영자
로서 직접 재무제표를 작성할 필요는 없지만 핵심개념을 이해해야 올바
른 경영을 할 수 있다.

손익계산서 이해하기

특정한 기간 동안 얼마를 벌었는지는 매우 중요한 정보다. 기업은 돈을
버는 곳이기 때문에 얼마를 벌었는지, 번 돈이 지난번보다 늘어났는지
줄어들었는지 등을 알아야 한다. 이런 용도를 만족시키는 것이 손익계
산서다. 여기서 손익은 손해 혹은 이익을 말한다. 통상 1년 단위로 손
익을 보지만, 더 짧은 기간 단위로도 같이 본다.

  수익은 번 돈에서 지출한 비용을 빼면 된다. 원리는 굉장히 간단하나
실제는 그렇지는 않다. 앞에서도 언급했듯이 거래가 발생하고 인식하
는 방식이 워낙 다양하기 때문에 번 돈과 지출한 비용을 정확히 기록하
는 것이 쉽지 않다. 100만 원짜리 컴퓨터를 사서 3년을 쓰면 올해 비용
은 얼마인가? 창고에 있는 재고는 비용인가? 상품을 넘겨주기 전 계약
금 천만 원을 받았다면 이것은 매출인가? 회계 초보자에게는 어려운 문
제다.

  손익을 계산할 때 중요한 원칙 중 하나는 '매출과 그 매출을 가능케
한 비용을 대응시켜야 한다'(*Revenue cost matching principle*)는 것이다.

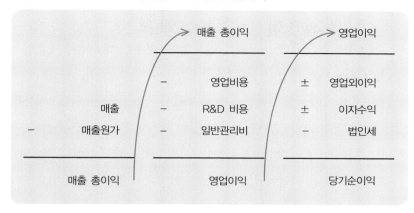

〈그림 12-6〉 손익계산서 구조

그래야 특정한 시점에 얼마를 벌었는지 정확히 알 수 있다. 가령 작년에 산 재료가 올해 상품으로 만들어져 팔렸다면, 작년에 재료비를 지불했더라도 올해 비용으로 잡아야 그 상품 판매로 얼마의 수익을 거뒀는지 알 수 있다. 비용은 작년에 잡고 매출은 올해 발생한 것으로 기록한다면 작년 수익은 실제보다 적어지고 올해 수익은 실제보다 많아진다.

수많은 재료가 회사로 들어오고 수많은 상품이 만들어져 나가는데, 이를 일일이 어떻게 대응시킬 것인가? 그뿐이 아니다. 앞으로 발생할 손실도 미리 계산해서 비용에 넣어야 한다. 사무실 주인이 망해서 내가 낸 보증금을 못 받을 수도 있는데, 이런 것도 비용에 포함해야 한다. 기타 눈에 보이지 않는 비용, 예를 들어 감가상각, 퇴직충당금 등도 비용에 반영해야 한다.

손익계산서는 '매출 - 비용 = 손익' 구조로 이루어진다. 구체적인 구조에 대해서는 〈그림 12-6〉를, 세부 항목에 대해서는 제 9장을 참고하기 바란다.

손익계산서는 크게 세 가지(혹은 네 가지) 서로 다른 이익을 보여준다. 매출총이익은 처음 등장하는 이익으로, 상품의 매출액과 매출원가를 직접 대응시켜 계산한 이익이다. 일반관리비, 영업비, 영업외손익 등 기타 수익·비용을 고려하지 않고 상품에 직접 관련된 수익·비용만을 고려한 것이다. 매출총이익은 기업이 만들어내는 부가가치를 의미한다. 재료, 인력, 경비를 투입하여 증가시킨 가치인 셈이다. 영업이익은 기업의 주된 사업에서 생긴 매출총이익에서 판매비와 일반관리비를 차감하고 남은 이익이다. 영업이익은 기업의 본래 활동성과를 나타내기 때문에 대표적인 수익성 지표다. 마지막으로 당기순이익은 영업이익에서 법인세 등 기타 모든 비용을 공제하고 순수하게 이익으로 남은 몫이다.

이익 규모뿐 아니라 이익률도 중요한 지표다. 서로 매출 규모가 다른 기업의 성과를 절대 이익 규모만으로는 비교할 수 없다. 그래서 사업 규모를 나타내는 매출액에 대비시켜 이익률을 계산한다. 예를 보자. 매출총이익률은 매출총이익을 매출액으로 나눈 것이다. 매출이 큰 기업과 그렇지 못한 기업에 대해 매출총이익률을 비교하면 각 기업의 부가가치 창출 능력을 알 수 있다.

현금흐름표 이해하기

회사는 수익이 플러스라도 현금이 없으면 갚아야 할 돈을 지급하지 못해 망할 수 있다. 현금은 기업을 움직이는 동력으로, 현금 창출능력은 중요한 경영지표다.

현금흐름표는 특정 시점에서의 보유 현금과 일정한 기간 동안 변동된 현금에 대한 정보를 보여준다. 현금잔고가 적으면 지불 능력이 떨어져 회사경영에 심각한 문제가 발생할 수 있다. 현금 변동도 중요하다. 앞에서 현금이 변하는 상황을 영업활동, 투자활동, 그리고 재무활동으로 구분한다고 했다. 영업활동으로 인한 현금흐름에서 사업의 수익성이 좋아지는지 나빠지는지를, 투자활동으로 인한 현금흐름에서 자산구입이 늘어나는지 줄어드는지를, 재무활동으로 인한 현금흐름에서 외부 현금조달이 늘어나는지 줄어드는지를 알 수 있다.

현금흐름표의 기본구조는 '기초현금 + 유입현금 − 유출현금 = 기말현금'으로, 〈그림 12-7〉과 같은 세부 정보를 제공한다. 처음에 가지고 있던 현금에서 특정 기간 동안 변한 현금을 더하면 시점 마지막의 현금이 된다.

대차대조표 이해하기

대차대조표는 기업의 재산상태를 정리한 표이다. 재산상태이기 때문에 기간이 아닌 특정 시점을 기준으로 한다. 재산상태를 말할 때는 가지고 있는 '현금', 현금은 아니지만 처분하면 돈으로 바꿀 수 있는 '자산', 그리고 갚아야 할 '부채'가 들어가야 한다. 그리고 자산에서 부채를 뺀 순수 자산을 '자본'이라 한다. 따라서 대차대조표는 자산, 부채, 자본으로 구성된다.

자산은 부채와 자본의 합이다. 현금을 1억 원 빌리면 대차대조표가 어떻게 바뀔까? 부채가 1억 원 늘어나고 그만큼 현금 자산도 1억 원 늘어난다. 1억 원짜리 장비를 현금으로 사면 어떤가? 부채나 자본은 변화가 없다. 단지 자산 내에서 현금이 1억 원 줄고 장비 가치가 1억 원 늘어난다. 투자를 유치하여 현금 1억 원을 받았다면 어떻게 될까? 자본금이 1억 원 늘어나고 현금 자산 1억 원이 같이 늘어난다. 그렇듯 부채와 자본의 합은 항상 자산과 일치해야 한다.

자산의 종류는 다양한데, 용도에 맞게 구분해 사용한다. 하나는 상품을 생산하기 위해 필요한 것으로 장비, 특허, 건물이 있다. 다른 하나는 상품을 생산하고 영업하는 활동과정에서 부수적으로 생겨나는 것으로 매출채권(물건을 외상으로 가져간 구매자로부터 돈을 받을 권리), 재고(팔리지 않은 상품) 등이 있다. 전자는 계획에 따라 장기적인 용도로 현금을 투자하여 획득한 자산이고, 후자는 상품이 현금으로 전환되기 전에 임시로 존재하는 자산이다.

부채는 갚아야 하는 빚으로, 자산을 확보하기 위해 빌린 돈과 생산과 영업활동 과정에서 발생한 빚으로 구분할 수 있다. 매입채무(외상으로 샀기 때문에 갚아야 하는 의무)와 선수금(상품을 팔기 전에 미리 받은 돈) 등이 영업과정에서 발생한 빚이다. 또한, 금방 갚아야 하는 단기부채('유동부채'라고 한다)와 좀 천천히 갚아도 되는 장기부채('고정부채'라고 한다)로 구분할 수도 있다.

〈그림 12-8〉 대차대조표 구조

자산	부채
현금, 장비, 건물, 토지, 매출채권, 재고, 특허 등	유동부채 고정부채
	자본
	자본금 이익잉여금

　자본은 부채를 빼고 내가 순수하게 가진 자산이다. 현재 3억 원짜리 아파트를 사려고 하는데, 내가 가진 돈이 2억 원밖에 없다면 1억 원을 빌려야 한다. 1억 원을 빌려서 아파트를 샀다면 3억 원은 자산이고 1억 원은 부채이며 자본은 2억 원이 된다. 기업을 처음 만들 때 주주가 낸 돈이 자본이다. 하지만 회사가 돈을 벌면 이익이 쌓여나가기 때문에 자본은 점점 늘어난다.

　대차대조표는 기업의 위험성을 보여준다. 갚아야 할 빚이 많다면, 특히 당장 갚아야 할 빚(유동부채)이 당장 현금화할 수 있는 자산(유동자산)에 비해 많다면 회사는 위험에 처할 가능성이 높다. 갑자기 돈을 빌려준 쪽에서 상환을 요구할 수 있기 때문이다. 이때는 설사 자산을 많이 가지고 있더라도 현금이 없어 도움이 되지 못한다.

회계항목 간 상관관계 이해하기

스마트폰 게임을 개발하는 A사의 작년 재무제표를 살펴봤다. 손익계산서상에 회사는 1년 동안 상품을 만드는 데 15억 원의 비용을 들였고, 상품을 판매하고 직원 인건비를 지급하는 데 10억 원을 들였다. 결과적으로 5억 원의 영업이익을 거둔 셈이다. 자산상태표를 보니 연말 기준 3억 원의 현금에, 처분했을 때 5억 원을 받을 수 있는 현금 외 자산을 보유하고 있었다. 반면 갚아야 할 빚은 6억 원이다.

토론을 위한 질문

1. 회사의 총자산은 얼마인가? 빚을 총자산에 포함하는 이유에 대해 논하시오.
2. 올해는 원자재 가격이 올라 작년보다 상품원가가 20% 정도 올라갈 것으로 예상된다. 이런 상황이 회사의 손익과 자산에 어떻게 영향을 줄지 논의하시오.
3. 기존 서버의 수명이 다해 올해 교체해야 한다. 서버를 5억 원에 구매한다면 올해 손익계산서, 자산상태표, 그리고 현금흐름표의 어떤 항목을 어떻게 변화시키는가?

제13장

자금을 어떻게
조달할 것인가?

아무리 좋은 아이디어를 가지고 있어도 밑천이 없으면 소용없다. 창업자가 가진 돈으로 사업에 필요한 자금을 충당하면 다행이지만 대부분의 경우 그렇지 못하다. 앞에서 사업이 창출할 현금흐름을 예측해봄으로써 자금이 필요한 시기와 규모를 알 수 있었다. 이제 자금조달 방식과 자금조달원의 특성을 이해하고, 조달 시 고려해야 하는 주요한 조건과 조달 과정에서 필요한 사업계획 작성방법을 알아본다.

미국 사업가 필그림 비아트(Pilgrim Beart)는 1998년 액티브 RF (Active RF)라는 회사를 설립했다. 액티브 RF는 소형, 저전력 그리고 저가 무선단말기용 소프트웨어를 만드는 회사였다. 회사의 핵심 가치는 다양한 곳에 퍼져 있는 자산이나 사람의 위치를 찾아내는 데 있었다. 자산에 소형 단말을 부착하면 단말이 중앙 서버에 위치를 실시간으로 알려 준다. 본 서비스는 이와 같은 기능으로 슈퍼마켓 도난물을 찾는 등의 다양한 응용시장이 있을 것으로 여겨졌다.

액티브 RF는 사업 초기 자신들이 보유한 기술이 쓰일 수 있는 다양한 분야를 발굴하려고 노력했으나 특정 분야에 집중하지는 못했다. 오랜 시행착오를 거쳐 비로소 사업방향을 잡았을 때 회사의 자금은 바닥이 났고 더 이상의 자금조달이 불가능한 상태였다. 결국 회사는 2003년 게이트키퍼 시스템(Gatekeeper System. LLC.)이라는 회사에 팔렸다.

액티브 RF는 몇 차례 자금조달을 했으나 그때마다 주요 주주와 이사회 변동을 겪었다. 최초의 자금조달은 창업자와 주위 엔젤투자자가 담당했고, 이사회도 이들로 구성되었다. 종업원 또한 회사 주식의 일부를 가졌다. 2차 자금조달에서는 벤처캐피털이 참여하면서 이들과 창업주가 이사회를 운영하게 되었다. 자연스럽게 엔젤투자자는 이사회에서 물러났다. 이후 추가로 벤처캐피털이 자금을 투여하면서 새로운 CEO가 등장했고, 창업자는 주요 의사결정에서 배제되었다.

---

1 www.venturenavigator.co.uk.

최종 자금조달 단계는 회사가 상당히 어려운 시기에 이루어졌기 때문에 회사 주식을 헐값에 넘길 수밖에 없었다. 그로 인해 기존 주주의 지분은 상당히 낮아지고 회사는 새로운 주인을 맞이하게 되었다.

■■■ 조달방식에는 어떤 것이 있나?

스탠퍼드대학교 박사과정 학생이었던 래리 페이지(Larry Page)와 세르게이 브린(Sergey Brin)은 그들이 개발한 검색기술을 팔기 위해 여러 업체에 제안하였지만 모두 거절되었다. 이들은 얼마 후 지도교수 소개로 썬 마이크로시스템(Sun Microsystem) 창업자 앤디 백톨샤임(Andy Bechtolsheim)에게 10만 달러를 투자 받아 1997년 구글을 창업한다. 앤디가 투자한 10만 달러는 2010년 5월 기준으로 17억 달러가 되었다 (www.wikipedia.com). 우리 돈으로 약 1억 원을 투자하여 2조 원을 번 셈이다. 만일 10만 달러를 투자하지 않고 빌려줬다면 얼마를 벌었을까?

직접 벌기
가진 돈을 밑천으로 번 만큼을 재투자해 사업을 조금씩 키워가는 방식이다. 이렇게 성공한 기업이 의외로 있다. 누구한테 돈을 빌리지 않아도 되고 투자자에게 지분을 내줄 필요도 없어 창업자 입장에서는 속 편할 수 있다. 문제는 시장 변화 속도가 이전보다 빨라져 단기간에 규모를 갖추어야 할 때는 적합하지 않은 방식이라는 점이다. 특히 인터넷 산업에서 그러하다.

상품을 만들기 전에 판매대금의 일부나 전부를 받아 조달할 수도 있다. 이를 먼저 판매하는 '선판매' 방식이라 부르는데, 그리 드문 경우는 아니다. 생산비용을 미리 받은 판매대금으로 해결할 수 있어 외부조달 규모를 줄일 수 있다. 다만 기업이 가진 기술이나 상품이 아주 경쟁력 있는 경우가 아니고서는 이런 식의 계약은 불가능하다.

빌리기

빌리는 것은 차입이라고 하는데, 돈을 빌리고 합의된 일정과 이자율에 따라 원금과 이자를 상환하는 것을 말한다. 돈을 빌리는 자의 신용만으로 차입이 이루어지는 경우도 있으나 통상 창업기업은 신용이 크지 않기 때문에 담보나 연대보증을 제공하는 것이 일반적이다. 담보는 팔아서 현금으로 바꿀 수 있는 자산으로, 빌린 자가 빚을 갚지 않을 때를 대비하여 빌려준 자는 빌린 자의 자산을 처분할 수 있는 권리를 갖는다. 연대보증은 빌린 자가 돈을 갚지 않을 때 보증 선 자가 대신 갚는 것을 말한다.

차입에는 장단점이 있다. 장점은 창업기업이 성공했을 때조차도 창

〈그림 13-1〉 차입

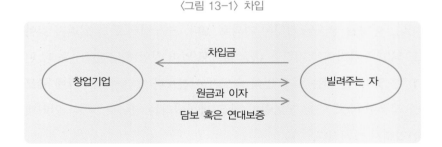

업자의 몫을 나눌 필요 없이 원금과 이자만을 갚아도 된다. 단점으로 차입은 이자를 발생시키기 때문에 비용으로 작용해 수익을 줄이고, 회사 운용이 어려워져도 이자와 원금을 갚아야 하는 부담이 있다.

투자 받기

지분투자는 회사가 발행한 주식을 투자자에게 넘기고 자금을 받는 것이다. 지분투자는 차입에 비해 생소할 수 있다. 지분이란 회사에서의 몫으로, 통상 주식 수로 나타낸다. 회사가 주식을 1만 주 발행했을 때, 1천주를 가진 자는 회사 지분의 10%를 소유하게 된다. 지분은 회사가 돈을 벌었을 때 배당의 기준이 된다. 예를 들어, 회사가 1억 원을 벌어 20%인 2천만 원을 배당한다면 지분 10% 보유자는 200만 원을 받게 된다. 이 기업이 다른 회사에 팔리면 투자자는 팔린 금액 중 지분만큼을 갖게 된다.

주식을 판다고 다 회사로 돈이 들어오는 것은 아니다. 기업이 주식을 추가로 발행하고(이를 '3자 배정 유상증자'라고 한다), 이 주식을 팔아야 회사로 돈이 들어온다. 만약 기존 주주(예: 창업자)가 자신이 보유한 주

〈그림 13-2〉 지분투자

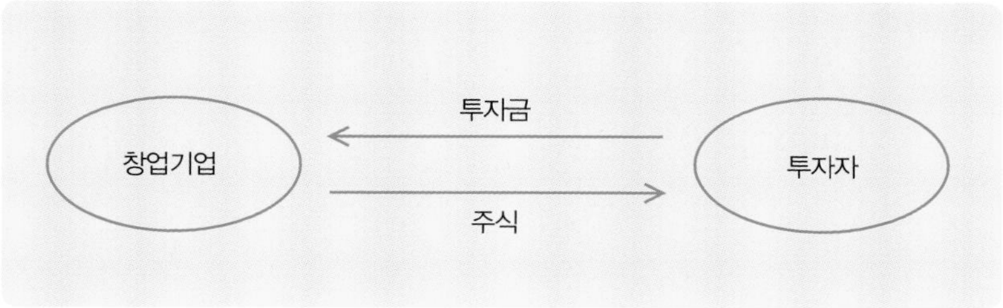

식을 팔면 투자자는 그만큼 회사의 지분을 가질 수는 있지만, 주식 판매대금은 회사가 아니라 주식을 판 개인에게 입금된다. 이렇게 되면 회사는 사업에 필요한 자금을 확보하지 못한다. 지분투자는 때에 따라서는 두 가지 방식이 혼합되기도 한다. 창업자가 자신의 주식 일부를 팔아 경제적 이득을 취하고, 동시에 회사는 주식을 추가 발행해 사업확장 자금을 마련한다.

투자를 받으면 이자를 내거나 최악의 경우 회사가 망해도 돈을 돌려주지 않아도 되는 장점이 있다. 하지만 회사가 성공하면 투자자는 크게 보상 받을 수 있고, 그만큼 창업자의 보상은 줄어든다.

혼합 방식

혼합 방식도 있다. 돈을 빌려준 자가 나중에 빌려준 돈에 대한 원금과 이자를 받을지, 같은 가치만큼 회사 주식을 받을지 돈을 돌려받는 시점에 선택하게 하는 것이다. 만약 주식가격이 오르면 투자자는 원금과 이자 대신 미리 정해진 가격으로 주식을 사서 이득을 취하게 된다. 이는 투자의 매력도를 높여 기업이 좀더 쉽게 자금을 빌릴 수 있게 개발된 장치다. 전환사채(CB: Convertible Bond)나 신주인수권부채(BW: Bond with Warranty)는 이런 방식 중 하나이다. 자세한 것은 별도의 공부가 필요하다.

창업 초기부터 자금조달은 무엇보다도 중요하다. 필요 자금을 확보하는 것도 중요하지만, 더 중요한 사항은 양질의 원천으로부터 좋은 조건으로 조달하는 것이다. 왜냐하면 자금 원천은 단순히 금전적인 관계에서 끝나는 것이 아니라 사업 파트너이기 때문이다. 문제 있는 투자자로 인해 회사의 독자적인 운영에 제약을 받기도 하고, 최악의 경우 회사의 주인이 바뀌거나 존립이 위태로워질 수도 있다.

자금의 원천은 다양하고 각 자금마다 그 특성과 조달의 원칙이 다르다. 따라서 자금 원천의 특성을 이해하고 기업의 내·외부 변수를 잘 따져 자금조달계획을 수립해야 한다. 실제 창업기업의 자금 내역을 보면 기업의 성공 가능성을 어느 정도 예측할 수 있을 정도로 자금 원천은 중요하다고 할 수 있다. 자금조달은 창업 초기에 한두 번으로 끝나는 것이 아니라 기반을 닦고 성장하고 확장하는 단계에도 꾸준히 필요하다. 따라서 창업 시점부터 적절한 외부 자금 동원을 염두에 두고 있어야 한다.

창업자

창업할 때 창업자와 주위 멤버들이 형편에 따라 개인 돈을 분담하는 경우가 많다. 이런 돈은 규모가 크지는 않지만 특성상 가장 신중하고 책임감 있는 돈이다. 그렇기 때문에 창업자가 분담한 돈은 나중에 외부 투자를 받을 때 투자자의 신뢰를 높이게 된다. 창업자도 사업에 재산을 걸었기 때문에 외부 자금만을 받아 사업을 하는 것보다 훨씬 열심히 할 거라 생각하는 것이다.

창업자 자금은 회사 경영권의 기반이 된다. 이 자금은 회사가 성장해 나가는 과정에서 지렛대 역할을 한다. 초기 1억 원의 종잣돈으로 기업을 설립하면 1억 원이 지분 100%가 된다. 회사가 성장하면서 외부 투자를 받는데, 1억 원의 지분 가치는 회사 창업 때보다 높아지게 된다. 예를 들어, 외부 투자자가 10억 원을 투자해 20%의 회사 지분을 갖는 다면 회사 전체의 가치는 50억이 된다. 이때 창업자는 1억 원의 투자로 80%의 지분, 즉 40억 원의 가치를 갖는 것이다.

엔젤

창업자 자금은 규모 면에서 크지 않다. 통상 사무실을 얻고 기초적인 자재를 구입할 정도다. 반면, 벤처캐피털이나 금융권 자금은 규모는 크지만 본격적인 사업확장 단계에서 들어오기 때문에 초반에 쓰기는 어렵다. 그래서 창업자 자금과 금융권 자금 사이에 공백이 있을 수 있는데, 그 공백을 엔젤(Angel)이 메운다. 물론 엔젤투자가 반드시 필요한 것은 아니다. 창업자 자금이 충분하거나 초기부터 차근차근 사업을 확장하는 경우, 또는 사업모델이 너무 좋아 벤처캐피털이 초기에 투자하는 경우 굳이 엔젤투자가 필요 없다.

엔젤투자는 보통 투자수익을 추구하는 개인 네트워크를 통해 이루어진다. 규모가 크지 않고 정보가 공개적이지 않기 때문에 엔젤 네트워크는 창업자 지인을 중심으로 형성되는 경우가 많다. 최근에는 제3자가 창업기업과 엔젤투자자를 연결하는 역할을 하기도 한다. 이들의 투자는 회사 경영권을 간섭할 정도의 지분을 갖지는 못하지만 회사가 성공할 경우 큰 수익을 얻기도 한다. 아직까지 제도화가 덜 돼 투자자 보호가 어렵고, 창업기업이 엔젤 네트워크에 접근하기 어려운 것이 엔젤투자의 단점이다.

벤처캐피털

벤처캐피털은 사업이 본궤도에 오르기 전에 성공 가능성만을 보고 상대적으로 큰 규모로 투자하는 곳이다. 은행이 비교적 안정적인 사업에만 돈을 빌려주는 것과 대비된다. 이들의 자금은 투자이기 때문에 창업기업은 이자나 원금에 대한 부담이 없다. 이들은 사업 초기 미래가 불확실한 상황에서 위험을 감수하고 투자하기 때문에 성공할 경우 크게 보상을 받는다(*High Risk High Return*).

벤처캐피털은 남의 돈을 운용해주는 회사다. 기업이나 개인들이 돈을 모아 투자조합(펀드)을 만들면 이들을 대신해서 돈을 투자하고 키워준다(물론 가끔 손해 보기도 한다). 이들은 산업에 대한 깊이 있는 지식과 경험을 바탕으로 투자를 결정한다. 조합은 일정 기간 동안만 운영되기 때문에 벤처캐피털은 그 기간 안에 자금을 회수해야 한다.

국내 벤처캐피털의 역사는 길지 않다. 1990년대 후반 정부가 대규모 정책자금을 벤처캐피털을 통해 조성하면서 급속하게 성장하기 시작했다. 2000년대 초 인터넷기업이 대거 상장했고, 그로 인해 벤처자금의 규모는 더욱 늘어났다. 2013년 5월 기준 약정금액(벤처캐피털이 벤처기업에 투자하기 위해 보유한 자금)이 약 9조 원 이상이다.

국내 벤처캐피털은 보수적인 편이다. 미국 벤처캐피털이 아이디어 단계에서도 투자하는 반면, 국내 벤처캐피털은 사업에서 어느 정도 가시적인 성과가 나올 때까지 기다린다. 또 미국 벤처캐피털은 사업 자체의 가능성만 보고 투자하지만, 국내 벤처캐피털은 사업이 잘 안 되는 경우에도 투자금을 회수하기 위해 기업의 자산, 심지어는 대표이사의 개인 재산을 담보로 요구하는 경우도 있다. 그래서 한국에서는 벤처를 하다 한 번 망하면 창업자가 신용불량자가 되는 경우가 허다하다. 이 부분이 한국 벤처생태계 발전의 걸림돌이라는 인식하에 정책적인 개선안을 마련 중에 있다.

벤처캐피털은 자금지원만 수행하는 것이 아니라 창업부터 성장, 발전 단계까지 자금, 기술개발, 경영지원 등을 제공하는 동반자적인 역할을 수행한다. 벤처기업에 경영을 자문한다든지, 그들이 보유한 전문가 그룹을 통해 추가적인 기술개발, 혹은 유망 파트너와의 제휴를 주선한다. 또 글로벌 네트워크를 통해 상품의 판로를 개척해주기도 한다.

정부기관

정부는 창업을 활성화하기 위해 다양한 지원제도를 갖추고 있다. 직접적으로는 자금을 지원하며, 창업공간 제공, 세금 감면, 그리고 인력 제공 등 간접적인 지원을 하기도 한다. 정부지원은 사업 초기단계부터 사업 확장단계까지 지원의 범위가 넓은 것이 특징이다. 정부지원은 다른 자금과 다르게 1차적인 목적이 수익이 아니라 산업발전에 있기 때문에 성공 시 몫의 분배 혹은 실패 시 상환에 대한 부담이 상대적으로 적다.

정책자금은 출연보조금과 융자지원금으로 구분된다. 출연보조금은 기업이 기술을 개발할 수 있도록 무담보 무이자로 지원하는 자금이다. 융자지원금은 시중자금보다 싼 이자로 빌려주는 방식으로, 기업은 나

중에 원금과 이자를 모두 상환해야 한다. 모든 창업기업이 정책자금을 받을 수 있는 것은 아니다. 기관별로 정해놓은 투자기준이 있으므로, 창업기업은 사전에 각 기관에 정보를 확인해야 한다. 지원의 주체는 중앙정부, 지방자치단체, 창업투자조합(벤처캐피털), 정부산하단체, 신용보증기금, 기술보증기금 등이다.

금융권

창업 초기 은행, 증권회사 등 금융권으로부터 자금을 조달하기는 쉽지 않다. 이들은 규정상 빌려주는 돈 이상의 담보를 확보해야 하기 때문에 대부분의 창업기업은 이 조건을 만족시키지 못한다. 그러면 이들은 벤처의 자금조달원이 될 수 없는가? 창업 초기 회사가 별다른 실적이 없을 때는 힘든 게 사실이지만, 매출이 쌓이고 어느 정도 거래실적을 갖게 되면 큰 규모는 아니라도 어느 정도의 신용대출은 가능하다. 시설투자를 위한 대규모 자금조달은 어려워도 인건비 등 운영에 필요한 자금은 대출 받을 수 있는 것이다. 물론 사업이 궤도에 오르면 회사의 자산을 담보하거나 신용을 바탕으로 큰 규모의 차입도 가능하다.

선도기업

기업 간 제휴가 활발하다. 특히 제휴를 강화하는 수단으로 선도기업이 작은 신생기업에 일정한 규모의 경제적 지원을 하는 경우가 늘어나고 있다. 선도기업은 창업기업이 기술이나 상품을 개발할 수 있는 수준의 자금을 지원하고, 대신 개발된 결과물을 유리하게 활용할 권리를 갖는다. 단, 자금을 대준 기업에 종속될 위험성이 있는 것이 단점이다.

기타

최근에 크라우드펀딩(*crowd funding*)이 등장했다. 인터넷을 통해 투자자를 모으는 방식이라고 보면 된다. 현재 크게 활성화되지는 않았으며, 투자자 보호를 위해 법을 정비하는 단계이다. 그 외 장비를 구매할 때 장비 공급업체가 장비를 담보로 구매자금을 빌려주는 방식도 있다. 사업에 성공하여 증권거래시장에 상장하는 것도 자금조달 방식 중 하나이다. 상장은 기업의 주식을 공개적인 거래시장에 등록하여 거래할 수 있게 하는 것으로, 기업은 자금이 필요할 때 주식을 발행하여 추가 자금을 조달할 수 있다. 주식 상장은 까다로운 조건을 통과해야 가능하므로 성공의 상징이라 볼 수 있다.

■■■■ 어떤 조건으로 조달할 것인가?

무엇을 고려하나?

창업기업은 한두 군데 혹은 여러 곳에서 자금을 조달한다. 조달 시 무엇을 고려해야 하나? 자금을 조달하기에 앞서 우선 소요자금의 규모, 자금의 용도, 자금조달의 목적, 자금상환, 추가 자금조달 필요성 등을 종합적으로 감안해야 한다. 현실을 무시하고 무리하게 자금을 조달하려다 시기를 놓치거나 불필요한 비용을 지출할 수 있기 때문이다.

조달원과 조달 조건은 고정된 것이 아니고 시장상황에 따라 유동적이다. 정부가 벤처산업 육성을 위해 정책자금을 많이 배정하면 벤처캐피털 자금이 늘어나 그쪽 투자유치가 상대적으로 쉬워진다. 만약 부동산 경기가 좋아지면 시장 자금이 그쪽으로 쏠려 벤처 자금조달은 어려워질 수 있다. 정부에서 대기업과 중소기업 간의 상생을 강조하면 대기업의 투자가 늘어날 수 있다. 구글, 페이스북과 같은 대형 벤처 성공모델이 늘어날수록 창업기업에 대한 투자가 우호적으로 바뀌기도 한다. 따라서 자금조달을 준비할 때는 이런 시장상황을 잘 이해해야 한다.

자금조달원에게는 그들만의 투자원칙이 있기 때문에 창업기업의 사업내용, 필요한 자금의 성격, 경영성과 등에 따라 조달의 난이도가 달라진다. 매출이 전혀 없는 상황에서 벤처캐피털 자금을 유치하거나 담보가 없는 상황에서 금융권에 큰돈을 빌리는 것은 무리다. 정책자금의 경우도 창업기업의 역사, 사업 분야, 기술개발 정도, 주주 구성 등 여러 조건들을 만족해야 하기 때문에 조달이 그리 간단치는 않다. 결국 창업기업은 자신들의 상황에 가장 잘 맞는 조달원을 찾아내야 한다.

회사가치 평가하기

회사가치를 얼마로 보느냐에 따라 투자금액과 지분비율이 달라진다. 2억 원을 투자 받고자 할 때 회사가치를 10억 원으로 보면 20%의 지분을 주고, 20억 원으로 보면 10%의 지분만 줘도 된다. 그런데 이제 막 사업을 시작한 기업의 가치평가는 쉽지 않다. 보는 관점에 따라 기업가치는 천차만별일 수 있다. 즉, 10억 원과 20억 원을 결정하는 명확한 기준이 없다는 것이다. 그럼 어떻게 해야 하나?

기업가치를 평가하기 위한 다양한 방법이 있다. 하지만 이들 방법은 매출이나 이익이 일정한 패턴을 보이는 비교적 안정된 기업을 위한 것이다. 창업 초창기는 평가 기준이 되는 매출과 비용, 그리고 현금흐름

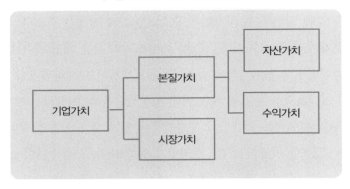

〈그림 13-3〉 기업가치 산정방식

이 형성되지 않았거나 형성되었어도 추세를 보여줄 정도가 아니다. 그럼에도 창업기업의 가치평가도 기존기업의 가치평가 원리를 따른다. 기업가치 평가는 재무전공자의 영역이지만 창업자도 최소한의 개념은 알아야 한다.

　기업가치를 계산하기 위해 기업이 앞으로 벌어들일 돈의 규모를 따져보거나, 기업이 보유한 재산을 평가하거나, 혹은 가치가 알려진 기업(예: 상장기업)과 상대비교를 한다. 이들을 각각 '수익가치', '자산가치', '시장가치' 산정방법이라고 부른다.

자산가치 산정　기업이 가진 재산을 기업가치로 보는 방식이다. 재산은 재무제표에서 순자산에 해당하는데, 자산총계에서 부채를 뺀 금액이다(개념이 명확하게 이해되지 않는다면 회계 부분을 다시 보기 바란다). 기업이 가진 것을 모두 팔아서 받은 돈에서 빚을 갚고 남는 돈을 기업가치로 보자는 것이다. 이 방법은 자산이 어느 정도 있으나 앞으로의 수익이 불확실한 경우 유용한 가치 산정방법이다. 반면 미래에 벌어들일 수 있는 돈은 전혀 고려하지 않기 때문에 창업기업 가치평가에는 적합하지 않은 측면이 있다. 좀더 간단한 방식도 있다. 현재 매출에서 몇 배를 곱하거나(매출 multiple), 자산에서 몇 배를 곱하는(장부가 multiple) 방식이다. 이런 방식은 이전에 존재하지 않던 새로운 산업이 등장하는 경우, 즉 비교 대상이 없고 합리적인 수익예측이 불가능할 때 사용하는 궁여지책이다. 이는 1990년대 말 인터넷 비즈니스 모델이 자리를 잡기 전에 인터넷 기업의 가치를 평가하는 데 쓰인 적이 있다. 하지만 아주 특별한 경우를 제외하고 이런 방식은 사용되지 않는다.

순익가치 산정 앞으로 벌어들일 수익을 추정하여 가치를 산정하는 방식이다. 단, 앞으로 벌어들일 수익은 현재 가치로 환산해야 한다(〈그림 13-4〉 참조). 1년 후의 1억 원은 지금의 1억 원보다 가치가 낮다. 지금 1억 원을 은행에 맡긴다면 1년 후에는 1억 원과 이자를 돌려받는다. 반대로 미래의 가치는 이자율만큼 깎아야 현재 가치가 되는 원리다.

　이 같은 방식은 장기적인 손익, 현금흐름, 그리고 자산 추정을 바탕으로 한다. 추정이기 때문에 사용된 변수가 타당한지 객관적으로 증명하기는 어렵다. 가령 초기 시장규모를 조금만 높게 잡아도 매출이 커지고, 향후 몇 년간 수익이 크게 증가할 수 있다. 이는 조그마한 가정치 변경으로도 사업가치가 크게 달라질 수 있음을 의미한다. 그렇기 때문에 가장 합리적으로 가정하는 것이 핵심이다.

시장가치 산정 시장에 유사한 기업이 존재하고 그 기업의 가치가 객관

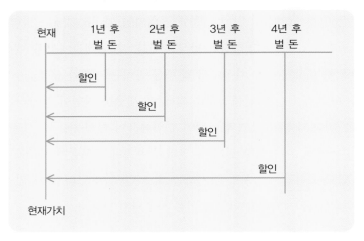

〈그림 13-4〉 현재가치와 미래가치

적으로 알려져 있는 경우, 상대비교를 통해 기업의 가치를 산정한다. 비교에는 여러 가지 방법이 있다. 이 중 기업이 번 수익을 회사가치로 나눈 '주가수익비율'(PER: Price Earnings Ratio)이 있다. 가령 50억 원을 번 회사의 주가가 500억 원이라면, '주가수익비율'을 적용하여 20억 원을 번 회사의 가치는 200억 원으로 산정할 수 있다. 기타 회사의 순수자산(순자산이라고 부름) 비율이나 영업이익을 비교하기도 한다. 이 방식은 직관적이고 이해하기 쉬운 장점이 있다. 하지만 비교 과정에서 사업의 차이를 반영하는 데 전문적인 경험을 필요로 한다. 또 매출이나 수익이 미비한 경우 이 방법 적용이 어려울 수도 있다.

챙겨야 할 부대조건

차입과 지분투자에서 여러 가지 드러나지 않는 중요한 부대조건이 있다. 만약 중요한 조건을 이해하지 못하고 계약했다가는 나중에 뜻하지 않은 사태를 당할 수 있다. 자본조달에 등장하는 중요한 부대조건을 알아보자.

개인보증 법적으로 기업과 창업자의 책임은 분리되어 있다. 기업이 망해 빌린 돈을 못 갚더라도 대표이사나 임직원이 그 돈을 갚을 법적인 책임은 없다. 그러다 보니 투자자나 금융권이 투자나 대출 시 대표이사와 임직원의 개인보증을 요구하는 경우가 허다하다. 계약상에 개인보증을 받아들이면 기업이 진 빚을 개인이 떠안게 된다. 현실적으로 요구하는 개인보증을 피하면 원하는 투자나 차입이 불가능할 가능성이 높겠지만, 이런 조항으로 개인은 파산에 이를 수 있다.

대주주 환매(Buy-back) 투자 받은 돈을 다시 돌려주는 조항이다. 경영실적이 예상보다 낮거나 계약서에서 요구한 특정 조건을 충족하지 못했을 때, 본 조항을 통해 투자자는 자신이 인수한 지분을 다시 회사가 사가도록 강제할 수 있다. 환매가 일어나면 회사는 투자금을 거의 다시 돌려줘야 하기 때문에 심각한 타격을 입게 된다.

매수청구권(Call 옵션) 향후에 주식을 정해진 가격으로 추가로 살 수 있는 권리를 말한다. 회사실적이 좋아지면 주식을 추가로 사고 그렇지 않으면 사지 않는다. 이는 투자 시점에 미래가 불투명하여 우선 조금 투자하고 앞으로 잘됐을 때 주식을 늘릴 수 있는 권리를 미리 확보하는 방식이다. 매수청구권이 있는 투자자는 향후 지분을 늘릴 수 있으므로 대주주의 경영권에 영향이 없는지 미리 살펴야 한다.

우선매수청구권(First right of refusal) 주식을 내가 먼저 살 권리다. 대주주의 지분이 투자자가 원치 않는 곳으로 팔리는 것을 방지하기 위해 본 조건을 요구한다. 회사가 주식을 매각하려면 가장 먼저 본 권리를 가지고 있는 투자자에게 살 의사가 있는지 타진해야 한다.

용도제한 기업이 투자 받은 돈을 사전에 정해진 용도 이외에 사용하는 것을 막기 위해 투자금 용도를 구체적으로 명시한다. 이전에는 이 조항이 없어 기업이 투자금을 타 용도로 전환하는 경우가 많았다. 이 조항을 어기면 경영자는 배임횡령으로 형사처벌을 받거나 계약위반으로 투자금을 회수당할 수 있다.

핵심기술력 유지 창업기업의 가치는 핵심인력으로부터 나오는 것이 일반적이다(물론 창업가도 포함된다). 투자를 했는데 그들이 갑자기 빠져버리면 회사는 빈껍데기가 될 수 있다. 이런 경우를 대비해서 핵심인력이 회사를 관두지 못하게 하거나 회사에 소속되어 있으면서 외부에 다른 회사를 차릴 수 없게 의무화한다. 계약 시 핵심인력을 구체적으로 지정하는 것이 일반적이다.

기타 이사 선임, 이사회 의사결정 요건 등 이사회에 관련된 조항과 외부 감사 선임, 임직원 파견 등 기업경영 참여에 관련된 조항이 관심을 가져야 하는 조건들이다. 또한 계약 위반의 범위, 위반 시 손해배상의 범위 등도 반드시 챙겨야 한다.

▥▥▥ 어떤 절차가 필요한가?

벤처기업 CEO가 재무제표에 대한 기본적 이해와 관심을 가지고 이를 투명하고 원칙적으로 다루는 것도 중요하다. 길라잡이는 "경영자가 기본적인 재무제표 내용에 대해 답변하는 모습과 전혀 답변하지 못하는 모습은 신뢰 측면에서 큰 차이가 있다"고 말한다.

통상 엔지니어 출신이 많은 벤처기업 CEO는 재무관리 부분에 소홀하기 쉽다. 그러나 회사 자금이 어떻게 사용되고 처리되는지 모르는 모습을 투자자에게 보일 경우 이는 투자자의 신뢰를 잃는 큰 요인이다. 아울러 경영자가 재무관리에 대한 관심과 지식을 가질 경우 회사의 회계는 저절로 투명해지고 원칙에 입각해 처리될 가능성이 높다. CEO가 재무제표에 관심을 가져야 하는 이유가 여기에 있다. 2

---

2 〈매일경제〉 2013년 4월 1일, "벤처캐피털리스트가 혹하는 기업의 투자매력은? 벤처기업 '돈 되는 기술' 보여줘야".

투자자는 어떤 절차로 결정하나?

소요 자금의 규모와 시기가 파악되고 나면 충분한 시간을 두고 자금조달 절차를 시작한다. 자금의 성격, 자금 제공자에 따라 자금을 받기 위한 절차가 조금씩 다르나 기본적인 절차에는 큰 차이가 없다. 〈그림 13-5〉는 일반적인 조달과정이다.

공식적으로 사업계획서를 제출하기 전에 사전 커뮤니케이션이 필요하다. 이 단계는 투자상담 단계로, 기관 담당자를 만나 기관의 투자·대출 요구조건을 확인하고 기업이 계획하는 사업을 간략하게 설명하는 자리다. 이 과정을 통해 기관의 입맛에 맞는 형식과 내용으로 사업계획을 준비할 수 있고, 사전 내용 소개를 통해 기관이 정식 사업계획서를 좀더 친근하게 검토할 수 있게 된다.

심사는 통상 두 단계를 거친다(물론 기관에 따라 단계가 더 있을 수 있고, 한 단계로 단순화될 수도 있다). 먼저 실무자 검토 단계가 있다. 실무자 검토는 내부 심사 실무자들에 의한 것으로, 이 단계를 통과해야 본심사 단계로 넘어간다. 실무 검토 시에는 사업계획서가 구성 요건을 갖추고 있는지, 기관의 투자원칙에 부합하는지, 제공된 정보가 정확한 것인지 등을 확인한다. 이후 본심사 단계에서는 공식적인 사업계획서를 바탕으로 경영자의 능력, 기술의 우수성, 시장성, 수익성을 평가하고, 투자 여부와 투자 조건을 의결한다.

투자가 결정되면 계약서를 작성하고 자금을 집행한다. 자금은 일시에 집행하기도 하고 조건이나 일정에 따라 나누어 집행하기도 한다. 투자사는 자금을 집행하고 난 후에도 지속적으로 관리하고 지원한다. 계약 조건에 따라 자금을 제대로 사용하는지 확인하고, 잘못된 경우 시정

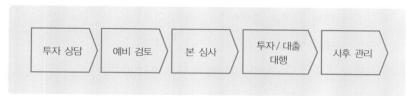

〈그림 13-5〉 투자절차

투자 상담 → 예비 검토 → 본 심사 → 투자/대출 대행 → 사후 관리

을 명령한다. 정기적으로 자금집행과 사업 진행현황을 보고케 하거나, 좀더 정밀한 감시가 필요한 경우에는 인력을 기업에 직접 파견하기도 한다. 또한 감시만 하는 것이 아니라 사업을 지원하기도 하며, 경영 노하우를 자문하고 새로운 시장 개척을 위해 고객을 소개하기도 한다.

전략적 제휴 투자, 정책자금, 금융권 융자도 비슷한 절차를 통해 이루어지지만 요구하는 정보의 초점은 서로 다를 수 있다. 전략적 제휴의 경우 투자회사의 기술이 자사의 기술력 향상에 얼마나 도움이 되는지, 정책자금의 경우 창업기업이 살아남을 수 있을지, 금융권 융자의 경우 담보에 충분한 가치가 있는지에 관심을 가질 것이다. 엔젤투자의 경우 전문적인 투자자가 아니기 때문에, 창업자가 얼마나 신뢰성이 있는지에 더 관심이 있을 수 있다.

투자자는 무엇을 보나?

투자자는 무엇을 보고 투자할 마음을 먹을까? 핵심은 원하는 시점에 투자한 돈 이상을 뽑을 수 있는가이다. 무엇을 보고 그것을 알까? 기본적으로 다음과 같은 항목들을 평가한다.

경영자 역량

- 산업에 대한 지식과 경험이 있는가?
- 경영 능력이 있는가?
- 사업전략과 수익모델을 명확하게 이해하고 있는가?
- 고객의 요구사항과 경쟁을 제대로 이해하고 있는가?

시장성

- 현재 시장규모와 앞으로의 성장성은 어떤가?
- 기술의 차별화로 후발사업자를 차단할 수 있는가?
- 제안된 사업이 새로운 시장을 만들 수 있는가?

수익성

- 경쟁으로 이윤 폭이 급격히 줄어들 가능성이 없는가?
- 원자재의 안정적 확보가 가능한가?
- 비용 경쟁우위가 있는가?

기술성

- 기술이 고객가치를 창조할 수 있는가?
- 기술의 독점적 소유가 가능한가?
- 시장 수용성이 큰가?

회수용이성

- 투자기간 내에 상장이 가능한가?
- 가능성이 높은 잠재 인수자가 있는가?

가장 중요한 것은 경영진의 역량이다. 사업 아이디어를 내고 상품을 개발하고 사업을 이끌고 갈 경영진이 가진 사업역량을 기술 그 자체의 우수성보다 더 중요하게 생각한다. 상품과 사업모델은 시장상황에 따라 언제든지 변할 수 있으므로, 변화를 따라갈 수 있는 경영자의 능력이 가장 중요하기 때문이다.

■■■■ 사업계획서를 어떻게 만드나?

사업계획서는 사업수행 계획을 기술한 일종의 보고서이다. 투자용으로 사업계획서를 작성하는 이유는 기업이 제품이나 서비스를 팔아서 향후에 만족할 만한 이익을 얻을 수 있을 것이라는 확신을 은행, 투자자 등 잠재 지원자에게 보여주어 이들로부터 지원을 받기 위한 것이다. 내부 관리용으로 만드는 사업계획서와 형식 면에서 큰 차이는 없으나 보여주는 대상이 외부 투자자라는 점이 다르다. 사업계획서는 연구계획서와 다르다. 단순한 '개발' 계획이 아니라 무엇을 어떻게 개발·생산·판매해서 이익을 실현할 것인가를 다루어야 한다. 아이디어의 우수성, 기술적 타당성뿐만 아니라 이 아이디어가 시장에서 얼마나 받아들여질 수 있는가를 설명할 수 있어야 한다.

사업계획서는 용도에 따라 형태와 내용을 달리한다. 벤처캐피털과 초기 상담을 위한 것인지, 최종 투자결정을 위한 것인지, 정부 정책자금을 받기 위한 것인지, 창업보육센터 입주를 위한 것인지에 따라 형식과 내용이 다르다. 따라서 기업은 목적을 명확히 이해하고 계획서를 만

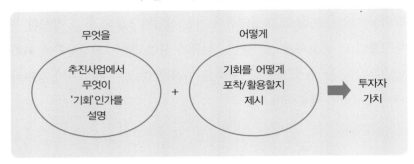

들어야 한다.

그러면 사업계획서는 어떤 내용을 담아야 하나? 기본적으로 기업이 하려는 사업이 무엇이고 지금 이 사업을 하는 것이 왜 기회인지, 그 기회를 어떻게 잡을 것인지를 제시해야 한다. 그리고 결론 부분에서 투자자가 우리 회사에 투자하면 어떤 혜택을 가져갈 수 있는지 명확히 보여줘야 한다.

사업계획서 첫 부분은 제안 목적과 취지로 시작해야 한다. 투자자는 항상 바쁘다. 그들이 왜 귀한 시간을 내서 제안서를 봐야 하는가? 서두에서 그러한 부분을 명확히 설명하지 못하면 끝이다. 그래서 사업계획서 초반에 제안의 배경, 목적, 취지 등을 서술한다. 여기서 중요한 것은 기업의 입장이 아니라 투자자의 입장에서 기술해야 한다는 점이다.

그리고 창업기업이 현재 하는 사업 혹은 앞으로 하려는 사업이 무엇인지를 구체적으로 설명해야 한다. 내가 하려는 구체적인 사업이 어느 시장에 속해 있고(예: 스마트폰 서비스 시장), 그중에서 내가 하려는 것은 무엇이며(스마트폰 사용자를 위한 소셜 게임 제공), 어떤 식으로 돈을 벌 것인지(게임을 유료로 팔 것인지, 무료로 제공하고 광고로 수익을 얻을 것인지 등)의 내용이 기본적으로 들어가야 한다. 하지만 많은 사업계획서가 시장이 유망하다고 강조하면서도 정작 자신들이 무엇을 하려는지는 명확하게 설명하지 않는다.

그런 다음 내가 하려는 사업이 돈을 벌 수 있다는 것을 증명해야 한다. 이를 위해서 진입 시장이 그동안 어떻게 성장해왔는지(그리고 앞으로 얼마나 성장할 것이라고 전문가들이 예상하고 있는지), 그 안에 속한 기업이 지금 돈을 얼마나 잘 벌고 있는지, 경쟁은 어느 정도인지 객관적인 데이터와 분석을 통해 설명해야 한다.

시장이 아무리 좋아도 경쟁에서 이기기 못하면 소용없다. 그렇기 때문에 내가 어떻게 성공할 수 있는지 보여주어야 한다. 성공에 필요한 핵심역량이 무엇이고, 내가 그 역량을 가지고 있으며, 이를 어떻게 수익으로 전환할지 설명해야 한다. 기술 기반 창업기업이 범하는 흔한 오류 중 하나가 기술적인 우수성만을 강조하는 것이다. 우수한 기술이 시장에서 승리를 보장하지 않는다는 것은 지난 역사에서 증명되었다. 내가 가진 우수한 기술이 어떻게 경쟁에 활용될 수 있는지 보이는 것이 더 중요하다.

재무예측도 반드시 있어야 한다. 향후 몇 년의 손익, 현금흐름, 자산을 추정하고 기업의 가치를 보여줘야 한다. 이때 기업가치 평가를 바탕으로 투자자가 갖는 보상을 구체적으로 보여주는 것이 필요하다. 얼마를 투자하면 얼마를 벌어갈 수 있는지 여부는 예비 투자자의 주 관심사일 수밖에 없다.

투자자 입장의 자금회수 계획이 없으면 앞선 설명도 모두 헛수고다.

기업이 돈을 잘 벌어도 투자자가 원하는 시점에 현금으로 찾아갈 수 없으면 아무 소용이 없다. 벤처캐피털 자금은 운영기간이 정해져 있다. 일정한 기간이 지나면 현금으로 회수해서 펀드에 돈을 댄 자들에게 돌려줘야 한다. 현금을 회수하는 방법은 투자한 기업이 상장하거나(기업의 주식을 공개적으로 거래하는 것), 다른 기업에게 인수되거나, 대주주가 다시 주식을 사는 것이다. 어떻게 투자자 지분을 현금화할 수 있는지 반드시 알려줘야 한다.

또한 결론은 자신감 있고 명료해야 한다. 사업계획서를 읽는 투자자는 하루에도 무수히 많은 서류를 본다. 내용이 아무리 좋아도 시각적으로 읽기 불편하거나 내용 전개가 깔끔하지 못하면 좋은 이미지를 줄 수 없다. 그들은 간결하고 명료하게 설명할 수 있어야 유능한 사업가라고 생각한다.

주장에는 항상 증빙자료가 뒤따라야 한다. 시장이 성장할 것이다, 나의 역량은 우수하다, 나의 기술이 경쟁력 있다 등의 주장은 객관적인 데이터나 사실로 증명하지 않으면 오히려 허황된 것으로 여겨질 수 있다. 증명할 자신이 없으면 아예 주장하지 않는 것이 나을 수 있다는 것을 명심해야 한다.

전문용어보다 이해 가능한 평이한 용어가 좋다. 상대는 사업계획서를 만든 사람보다 그 분야 전문지식이 부족할 수밖에 없다. 전문용어를 많이 사용하면 전문가로 높이 평가해줄 거라고 생각하면 오산이다. 오히려 핵심을 파악하지 못한다고 생각할 수 있다. 한 분야에 해박한 사람은 쉬운 용어를 쓴다는 것을 우리 모두 알고 있지 않은가.

객관적이고 정직한 자료를 근거로 계획서를 만들어야 한다. 예측이 맞을지는 누구도 알 수 없다. 그렇기 때문에 예측에 사용된 자료나 데이터가 신뢰할 만하면 그 예측이 믿을 만하다고 판단하는 경향이 있다. 데이터나 자료는 가능하면 권위 있는 전문기관의 것이어야 하고 반드시 출처를 밝혀야 한다. 숫자를 인용하는 경우 특히 정확성에 만전을 기해야 한다. 실수로 잘못 인용된 숫자는 사업계획서 전체의 신뢰를 떨어뜨린다.

계획서는 처음부터 결론까지 일관성 있고 서로 연결되어 있어야 한다. 시장분석은 사업전략과 같은 맥락에서 작성되어야 하고, 시장분석에 쓰인 데이터는 재무추정에도 똑같이 쓰여야 한다. 마지막으로 투자 시 잠재 위험요소 및 대응방안을 정확히 보여주는 것이 필요하다.

■■■■ 사례분석

차입할 것인가, 투자 받을 것인가?

개발자 A씨는 자신이 개발한 2D-3D 자동변환 알고리즘을 상업화할 목적으로 컴퓨터그래픽(CG) 벤처기업을 설립했다. 창업자금으로 본인이 가지고 있던 1억을 투자했고, 회사는 액면가 5천 원짜리 주식 2만 주를 발행하여 그에게 준다. 재무제표상으로 1억 원이 자본금으로 잡히고, 같은 규모의 현금(아마도 보통예금 형태)이 자산으로 잡힌다. 사무실 임대보증금으로 2천만 원을 내고, 사무실 집기, 각종 장비를 구입하고, 직원 월급을 주고 나니 6개월 만에 5천만 원을 쓰게 된다. 임대보증금은 사무실을 나올 때 받는 돈이지만 그래도 회사가 당장 쓸 수 있는 돈은 5천만 원밖에 되지 않는 셈이다.

창업자 A씨는 첫 개발품이 상용화되고 회사의 수익구조가 안정될 때까지 필요한 자금이 2억 원 정도라고 판단하고 이를 외부에서 조달하기로 한다. 수소문 끝에 관심을 갖는 엔젤투자자를 만나게 된다. 이 엔젤투자자는 회사의 사업계획을 듣고 투자를 결심하기에 이른다. 하지만 창업자는 투자자에게 회사 지분을 내주는 것이 영 못마땅하여 고심 끝에 투자 논의를 철회한다. 대신 은행에서 빌리기로 한다. 하지만 회사가 가진 자산이 변변치 않아 은행은 창업자에게 개인 담보를 요구하고, 창업자는 본인 아버지 명의의 땅을 담보로 돈을 빌린다.

토론을 위한 질문

1. 은행에서 2억 원을 빌린 것은 잘한 결정인가?
2. 만약 2억 원을 투자 받는다면 투자자에게 어느 정도의 지분을 내주는 것이 적절한가? 어떤 요소를 고려해야 하나?
3. 2억 원을 투자 받는 것과 빌리는 것이 자산의 건전성 면에서 어떻게 차이나는지, 자산상태표의 주요 지표로 설명하시오.
4. 현재 정부가 지원하는 프로그램 중 이 회사에 적합한 것을 찾아보시오

PART IV

어떻게 실행할 것인가?

제14장
· · ·
기업가는 누구이고
무슨 일을 해야 하는가?

▨▨▨ 기업가는 새로운 상품을 만드는 사람이다

성공적인 기업가들은 그들의 개인적인 동기가 금전이든, 권력이든, 호기심이든, 또는 명예나 다른 사람으로부터 인정받기 원하는 것이든 간에, … 그들은 새롭고도 다른 가치, 그리고 새롭고도 다른 만족을 창출하고자 노력하고, 물질을 자원으로 바꾸어놓고자 노력한다. 또한 기존의 자원을 새롭고도 더 나은 생산적인 모습으로 결합시키고자 노력한다.

… 그리고 새롭고도 다른 것을 할 수 있도록 항상 기회를 제공하는 것이 곧 변화다. 그러므로 체계적인 경영혁신(systematic innovation)은 변화를 목표지향적, 조직적으로 탐색하고, 그런 변화가 불러올 수 있는 경제적, 사회적 혁신 기회를 체계적으로 분석하는 활동이다.

… 성공적인 혁신들은 대부분 생각보다 훨씬 평범한 것으로, 그것들은

319

변화를 활용한 결과이다."1

—피터 드러커, 《미래사회를 이끌어가는 기업가 정신》 중에서

약 200년 전 프랑스의 경제학자 J. B. 세이(J. B. Say, 1767~1832)는 "기업가(*entrepreneur*)는 경제적 자원을 생산성과 수익성이 보다 낮은 곳으로부터 보다 높은 곳으로 이동시킨다"고 말했다.

그 이후 우리는 '기업가'라는 용어를 자주 사용하지만, 아직도 기업가가 누구이고 무슨 일을 하는지에 대하여 사람들마다 다양한 생각을 가지고 있다.

기업가는 누구인가?

기업가는 사업(*business*)을 만들고 운영하는 사람이다. 사업은 결국 새로운 서비스나 제품, 즉 상품(*product*)을 만드는 것이다. 상품은 사용자(*user*)에게 가치(*value*)를 제공(*delivery*)하는 것이다. 가치는 사용자의 욕구(*needs*)를 만족시키는 것이다. 결국 기업가는 사용자의 욕구를 만족시키는 새로운 상품을 만드는 사람이다.

새로운 상품은 어떻게 만드는가?

많은 사람들이 새로운 상품 하면 기존 상품과 완전히 다른 상품을 떠올린다. 그렇지만 대부분의 새로운 상품은 새로운 발명보다는 기존 상품의 개선을 통해 나온다. 새로운 상품은 기존의 상품을 개선함으로써 기존의 상품이 충족하지 못했던 사용자의 욕구를 만족시킨다. 사용자

---

1 Peter F. Drucker, *Innovation and Entrepreneurship*, 이재규 옮김(2004), 《미래사회를 이끌어가는 기업가 정신》, 한국경제신문, 53~54쪽.

는 기존의 상품보다 더 낮은 가격, 더 나은 기능, 새로운 기능, 더 나은 품질, 더 나은 사용경험 등을 얻고 싶어 하는 욕구를 가지고 있다. 이를 만족시키는 새로운 상품을 만드는 것이 기존 상품의 개선이다.

기업가는 사용자와 이를 만족시켜온 상품을 계속 관찰하여 사용자의 새로운 욕구를 발견하고 그 새로운 욕구를 충족할 수 있는 새로운 상품을 만든다. 이렇듯, 새로운 상품을 만드는 과정은 남들이 가지지 않은 새로운 아이디어를 내기 위해 혼자 상상하는 과정이 아니다. 새로운 상품을 만드는 과정은 기존의 상품들을 사용하는 사용자를 관찰하고 기존의 상품들이 사용자에게 제공하지 못한 것을 찾는 조사와 발견의 과정이다.

■■■ 새로운 상품은 계속 필요하다

이런 궁금증이 들 것이다.

세상에 무수히 많은 상품이 있는데 또 새로운 상품이 필요한가? 인류는 사람들의 욕구를 충족하는 많은 상품을 만들어왔고, 지금도 전 세계의 무수히 많은 사람들이 다양한 상품들을 만들고 있다. 이미 많은 욕구를 충족하고 있는 것 아닌가? 새로운 욕구를 찾는 것은 이제는 쉽지 않은 일이 되어버린 것 아닌가?

새로운 상품이 나왔고, 이 상품은 사람의 욕구를 완벽하게 충족하는 가치를 제공해서 사람들이 많이 사용한다. 그럼 끝일까? 이제 그 상품이 제공하는 가치, 그 상품이 만족시키는 사람의 욕구는 이미 충족되었기 때문에 그 영역에서 새로운 상품을 만드는 것은 무모한 일인가? 더 이상 새로운 상품은 나타나지 않을 것인가?

그렇지 않다.

사람의 욕구는 계속 변화한다. 그 상품을 경험하지 않은 사람과 경험한 사람의 욕구는 다르다. 그 상품을 경험하지 않은 사람은 그 상품이 제공하는 가치에 만족해서 사용하기 시작하지만, 그 상품을 사용하면서 새로운 욕구를 가지게 된다.

기업가가 새로운 상품을 만들고 난 후에도 사용자가 원하는 것을 끊임없이 상품에 반영하는 것은 기업가가 미처 생각하지 못했던 사용자의 욕구를 발견해서 이를 반영할 필요가 있기 때문이기도 하지만, 근본적으로는 사람의 욕구가 계속 변화하기 때문이다. 영원할 것 같아 보이는 상품이 새로운 경쟁상품에 의해 결국 역사의 뒤안길로 사라지는 것 역시 사람의 욕구가 계속 변화하기 때문이다.

새로운 욕구는 항상 생긴다. 따라서 새로운 욕구를 충족해줄 새로운 가치를 제공하는 상품은 계속 필요하다. 새로운 상품을 만드는 사람인 기업가는 계속 필요하다.

창업자만이 기업가가 아니다

기업가 하면 창업을 하는 사람을 떠올린다. 그럼 기업에 취업해서 새로운 상품을 만드는 사람은 기업가가 아닌가?

또한 기업가 하면 영리를 추구하는 기업을 만들고 운영하는 사람을 떠올린다. 영리를 추구하지 않는 공기업이나 사회적기업을 만들어서 새로운 상품을 만드는 사람들은 기업가가 아닌가? 교육기관은 교육서 비스를 제공하고 의료기관은 의료서비스를 제공한다. 교육기관이나 의 료기관, 나아가 행정기관 역시 상품(서비스)을 제공하는 것이다. 이런 기관에서 사용자에게 새로운 가치를 제공하는 새로운 상품(서비스)을 만들었다면 이들은 기업가가 아닌가?

기업가는 무엇인가? 새로운 사업을 만들고 운영하는 사람이다. 사업 은 결국 새로운 상품을 만드는 것이다.

기업가는 스스로 창업을 해서 새로운 상품을 만들기도 하고 다른 사 람이 만든 기업에 취업해서 새로운 상품을 만들기도 한다. 기업가는 영 리추구기업에 존재할 뿐 아니라 공기업, 사회적기업, 나아가 공공기관 에도 존재한다.

■ 성공하는 기업가의 실행

기업가는 새로운 상품을 만드는 사람이고, 성공하는 기업가는 새로운 상품을 성공시키는 사람이다. 성공하기 위해서 무엇이 필요한가 라는 질문에는 무수히 많은 대답이 있을 수 있다.

많은 사람들이 운이 가장 중요하다는 이야기를 한다.

"사용자들이 제 상품에 이토록 관심을 가지지 않을 것이라고는 생각 하지 못했어요. 정말 좋은 아이디어라고 생각했는데. 운이 없었던 것 이죠."

"상품의 프로토타입(*prototype*)을 사용자에게 보여주었을 때는 반응이 어땠나요?"

"그건 못해봤고요."

"그럼 이번에 내놓은 상품에 대한 사용자의 반응을 처음 경험하신 것이군요. 사용자의 반응을 보셨으니 개선하시면 되지 않습니까?"

"글쎄요. 개선을 하려면 꽤 많은 일들을 해야 하는데 일단 자금이 부족해요. 그리고 최근에 경쟁사의 상품이 나왔는데, 저희 것보다 월등해요."

"상품을 내놓은 이후엔 반드시 개선이 필요하죠. 상품을 내놓을 당시 사용자의 욕구를 잘 파악하지 못했을 수도 있고요. 또 사용자의 욕구는 변화하지요. 그래서 개선이 필요합니다. 따라서 개선하기 위한 일이 생길 것을 미리 감안해서 사업계획과 자금계획을 수립하고 사업을 시작했어야 하겠죠?"

이런 대화에서 무엇을 느낄 수 있는가? 사업에서 기본적으로 준비해야 하는 것들을 제대로 실행하지 않고 실패의 원인을 운으로 돌리려는 것이다.

"갑자기 거래처가 계약을 끊었어요. 우리 회사 매출의 반을 일으키는 중요한 거래처인데. 결국 버티지 못하고 회사를 넘기고 말았지요. 운이 없었어요."

"중요한 역할을 하던 핵심인재들이 갑자기 회사를 떠났어요. 상품은 급속도로 경쟁력을 잃고 말았죠. 운이 없었어요."

"……."

안타까운 이야기다. 그러나 운으로 돌리는 이들의 이야기에 동의하기는 어렵다. 모든 일에는 반드시 원인과 결과가 있다. 그 원인이 인간의 힘으로 어쩔 수 없는 천재지변이 아니라면 충분히 사전에 감지하거나, 미리 대비책을 준비하거나, 또 사후에 대책을 실행할 수 있다. 기업가가 충분히 할 수 있는 일들을 하지 않고 '운'에 기대서는 안 된다. 모든 것이 내 탓인 것이다.

또 많은 사람들이 독창적인 상품 아이디어가 가장 중요하다는 이야기를 한다. 세상에서 오로지 나만이 가진 독창적인 상품 아이디어가 과연 존재할까? 인류는 사람들의 욕구를 충족하는 수많은 상품을 만들어 왔고, 지금도 전 세계의 무수히 많은 사람들이 다양한 상품들을 만들고 있다. 당신이 가진 아이디어를 분명히 많은 사람들이 생각하고 있고, 또 그중에 여러 사람들이 그 아이디어를 실행에 옮기고 있을 것이다.

당신이 가진 아이디어가 당신만이 가진 독창적인 아이디어라고 가정하자. 그래서 당신이 세상에서 가장 먼저 상품을 내놓았다고 치자. 1년 후에는 당신의 상품만 세상에 존재할 것이라고 믿는가? 사업을 해본 사람들은 다들 느끼는 이야기이지만, 애초에 생각했던 사업 아이디어와 똑같은 상품을 만들고 이를 지속하는 경우는 극히 드물다. 개선이 지속적으로 일어난다. 시간이 지남에 따라 가치, 고객, 상품, 생산과 유통 등 모든 것이 변한다. 이런 변화 속에서 상품은 끊임없이 변화한다.

유사한 사업 아이디어라도 실행하는 사람에 따라 성공과 실패가 가려지는 경우를 우리는 무수히 본다. 상품 아이디어는 분명히 중요하긴 하다. 그러나 사업 성공에 있어 하나의 요소일 뿐이다.

그럼 성공하는 기업가는 어떤 일을 해야 하는가?

사업에 성공하려면 운과 사업 아이디어에 기대지 말고 성공하는 실행을 해야 한다.

성공하는 실행은 무엇인가?

너무 어렵게 생각할 필요가 없다. 기업가의 실행은 상식적인 것이다. 성공적인 기업가가 되기 위한 많은 연구들이 있었다. 또 많은 이론들이 현실에 적용되고 검증되고 개선되어왔고, 이 기술들은 계속 발전하고 있다. 성공하기 위해 필요한 방법들은 이미 잘 정리되어 있는 것이다. 이것들을 제대로 익히고 실행하면 된다.

그런데 성공하는 기업가가 되기 위해 이런 모든 것을 다 습득해야 하는가? 기업가들이 모든 이론과 기술을 익히는 것은 불가능하고 그럴 필요도 없다.

다음과 같은 일을 기업가가 제대로 실행하면 성공할 수 있다.

첫째는 사업에 대한 자세를 명확하게 하는 것이다. 이 사업을 통해 무엇을 얻고, 이 사업을 위해 무엇을 투자하고, 또 실패했을 때 무엇을 감내할 것인지 마음을 정하는 것이다.

둘째는 사업의 전반적인 계획을 수립하고 평가하는 것이다. 누구에게 무엇을 제공할 것인지, 어떻게 만들고 알릴 것인지, 어떻게 판매하고 유통할 것인지, 필요한 자원을 어떻게 확보할 것인지를 사업 단계별로 계획하는 것이다. 계획대로 이루어지지 않았을 때는 어떻게 할 것인지를 미리 계획에 반영하는 것이다. 또 이런 계획이 애초에 생각한 사업의 목적에 부합하는지 평가하는 것이다.

셋째는 같이 실행해서 성과를 낼 수 있는 사람들을 모으는 것이다. 사업의 성공은 실행에 달려 있고, 그 실행의 핵심은 성과를 낼 수 있는 사람을 어떻게 확보하느냐에 달려 있다.

넷째는 역할 분담을 하는 것이다. 혼자서 할 수 있는 사업은 거의 없다. 사람들과 일을 나누어 해야 한다. 어떻게 일을 나누고 협업할 것인가를 정해야 한다.

다섯째는 역할을 분담한 사람들이 자신이 맡은 역할에 몰입하여 성과를 낼 수 있도록 경영(management)하는 것이다. 역할을 맡은 영역에서 구체적인 실행목표─목표를 달성하기 위한 행위(activity)의 실행─지속적인 점검과 개선─성과─평가─보상으로 이어지는 과정에 몰입하여 성과를 낼 수 있도록 경영하는 것이다.

여섯째는 사업의 목적을 실현하는 것이다. 이 사업을 통해 무엇을 얻고, 이 사업을 위해 무엇을 투자하고, 또 실패했을 때 무엇을 감내할 것인지 계획한 것을 실현하는 것이다.

토론을 위한 질문

1. 구글의 검색 서비스를 뛰어넘는 서비스는 나타나지 않을 것인가? 만약 나타난다면 어떤 사용자의 욕구를 만족시키는 어떤 서비스가 될 것인가?

2. 당신은 삼성전자의 스마트폰 사업부문 최고책임자이다. 향후 3년간 당신의 사업에 큰 위협이 될 만한 '불운'이 무엇이 될 것인가? 또 당신의 사업에 큰 위협이 될 만한 '새로운 서비스 아이디어'는 무엇이 될 것인가? 당신이 현재 예측한 '불운'과 '새로운 서비스 아이디어'에 대하여 어떤 대비책이 있을 수 있는가? 또한 당신이 현재 예측하지 못하는 '불운'과 '새로운 서비스 아이디어'가 있다고 가정하자. 이에 대하여 어떤 대비책이 있을 수 있는가?

제15장
· · ·
이 사업을 통해
무엇을 얻을 것인가?

사업의 목표를 이야기하다 보면 보통 제공하는 제품의 구매자 수, 서비스의 사용자 수, 매출, 이익 등을 떠올리게 된다.

이런 사업 자체의 목표들도 당연히 세워야 하겠지만, 이와 별개로 사업목표에 앞서 먼저 세워야 하는 목표가 있다.

그것은 '이 사업을 통해서 무엇을 얻을 것인지'를 구체적으로 결정하는 것이다. 또 '무엇을 투자할 것인지', '실패하면 어디까지 잃을 것인지'를 구체적으로 결정하는 것이다.

사업 자체의 목표를 세우기에 앞서 사업을 대상으로 놓고 무엇을 얻고 무엇을 투자하고 또 무엇을 잃을 것인지를 구체적이고 명확하게 해야 하는 이유는 첫 번째로, 너무나 당연하게도 사업을 시작한 사람이 꼭 생각해야 하는 일이기 때문이다. 사업을 하면서 이런 생각을 정리하지 않는 것은 정말 우스운 일일 것이다. 두 번째로, 이런 목표가 사업의 핵심적인 방향으로서, 사업을 시작할 때 사업계획의 기준이 되며 사업을 운영하는 과정에서는 중요한 의사결정의 기준이 되기 때문이다.

창업을 준비하는 사람, 이미 창업을 해서 사업을 운영하는 사람, 그리고 기업에서 고용자로 일하는 사람 등과 대화를 해보자.

"당신은 이 사업을 통해 무엇을 얻을 것입니까?"

"1년 내에 상품을 성공적으로 출시하고 시장점유율을 3년 내에 10% 이상으로 끌어올리는 것이 목표입니다. 궁극적으로 20%정도의 시장점유율을 가지는 것이 사업의 목표입니다."

"그것은 사업 자체의 목표이고요. 제 질문은 이 사업을 통해 당신이 무엇을 얻을 것인가 입니다."

"돈을 벌고 싶습니다."

"구체적으로 언제까지 얼마만 한 금액을 벌고 싶은가요?"

"글쎄요, 구체적으로는 생각 안 해봤는데요. 빨리 많이 벌면 좋겠죠."

"구체적인 금액과 시기를 목표로 정했을 때와 정하지 않았을 때 사업을 해나가는 데 어떤 차이가 있다고 생각하나요?"

"글쎄요, 뭐 큰 차이가 있겠습니까? 구체적인 목표를 정하든 정하지 않든 열심히 해나가는 것이 중요하다고 봅니다. 성과는 결과적인 것이지요. 목표를 무엇으로 가져가느냐는 크게 중요하지 않습니다."

'과연 그럴까?'

이런 목표를 구체적으로 어떻게 정하느냐에 따라 사업에서 하는 일들이 크게 달라진다.

15년 전, 이동통신회사들의 관심사는 새로운 통신기술을 확보하는 것이었다. 그중 하나가 건물 내부 같은 좁은 지역에서 높은 품질의 무선통신을 할 수 있는 기술이었다. 그 당시 이런 니즈(needs)를 만족시킬 수 있는 제품을 만드는 기업이 여럿 있었는데, 엑시오 커뮤니케이션즈(Exio communications)가 그중 하나였다.

꿈같은 이야기이지만 이 회사의 창업자는 창업 1년여 만에 600억 원을 번다. 다음은 당시의 신문기사이다.

국내 기업 미국 주재원 출신 한국인이 현지 벤처기업인으로 변신, 창업 1년여 만에 약 600억 원(미화 5천만 달러)을 번 아메리칸 드림을 실현했다. 미국 캘리포니아 주 새너제이에 있는 주기현 사장(44)은 지난 14일(현지시간) 자신이 세운 엑시오 커뮤니케이션즈를 시스코시스템즈에 1억 5,500만 달러 규모의 주식맞교환 방식으로 매각하기로 계약을 체결했다. 창업 1년 3개월여 만의 일이다.

엑시오는 코드분할다중접속(CDMA) 기술 기반의 기업네트워크용 빌딩형 무선기술을 보유한 회사로, 사무실에 있을 때 핸드폰이 걸려오면 자기 책상의 유선전화로 자동 연결되는 서비스를 가능토록 지원해주는 기술을 공급한다.

고려대하교 공대를 졸업하고 미 사우스캐롤라이나 주립대학교에서 컴퓨터 엔지니어링으로 석사를 마친 주 사장은 AT&T에서 근무하다 현대전자 미국현지법인에서 부장으로 5년간 일했다. 주재원을 끝으로 지난해 9

월 엑시오란 회사를 세웠다.

주 사장은 엑시오 주식을 전량 시스코에 넘기는 대가로 시스코 주식을 받았다. 자신의 엑시오 지분(전체의 3분의 1 수준)을 시스코 주식 시가로 환산하면 1천만 달러(600억 원)에 달한다. 벤처 창업 1년여 만에 미국 실리콘밸리에서 백만장자의 반열에 오르게 됐다. 지금까지 교포 출신이나 국내 벤처기업인이 나스닥에 상장하거나 M&A를 통해 거금을 거머쥔 경우는 더러 있었으나 주재원 출신인 1세대가 성공한 경우는 극히 드물었다. 주 사장은 앞으로 4년간 자신의 지분을 25%씩 분할 매각, 현금화할 수 있다. 주 사장이 시스코로 넘어가게 된 엑시오에서 어떤 역할을 맡을지도 아직 결정되지 않았다.

엑시오의 매각은 국내투자자들에게도 커다란 투자수익을 안겨줬다. 엑시오는 단 1차례 증자를 걸쳐 200만 달러를 전액 한국에서 조달했다. 이들 국내투자자들은 단 1년 만에 투자원금 200만 달러의 20배를 투자수익으로 건지게 된 것으로 알려졌다.

현대전자, LG벤처투자, 새롬기술이 50만 달러씩 투자, 약 1천만 달러(120억 원)를 벌어들였고 UTC벤처투자(20만 달러), 이커뮤니티(대표 정회훈)와 개인 엔젤투자자들도 30만 달러를 투자, '대박'을 터뜨렸다. 이들은 2개월 후 지분을 현금화할 수 있다. 주기현 사장은 "아직 성공했다고 생각하지 않는다"며 "주주가 모두 한국기업이나 개인투자자라 성공의 대가가 고국인 한국으로 돌아가는 것이 기쁘다"고 밝혔다. 코스닥시장이 침체를 벗어나지 못하는 가운데 한국인 벤처기업가와 한국투자자들이 이룬 '미국판 대박' 뉴스에 벤처기업인들은 고무되고 있다.

— 〈한국경제〉 2000년 12월 15일, "창업 1년 만에 600억 벌었다. 주기현 엑시오 사장"

이 예를 든 것은 엑시오 커뮤니케이션즈와 그 당시 유사한 제품을 만든 기업들 중 누가 더 사업을 잘했고 잘못했는지 이야기하기 위함이 아니다. '이 사업을 통해 무엇을 얻을 것인지'를 어떻게 결정하느냐에 따라 사업에서 하는 일들이 크게 달라진다는 것을 보여주기 위함이다.

"주 사장님, 엑시오 커뮤니케이션즈를 통해 무엇을 얻으려 하셨습니까?"

"나의 목표는 3년 내에 500억 원 이상의 돈을 버는 것이었어요."

"그 목표를 위해서 어떤 일을 하셨지요?"

"유사한 제품을 만드는 기업들과는 다른 전략을 취해야 했어요."

"그 전략이 무엇인가요?"

"이토록 빠르게 큰돈을 벌기 위해선 회사를 매각하는 것 외에는 답이 없었어요. 이런 기업을 M&A할 만한 회사는 큰 통신장비 제조업체들이죠. 이런 큰 통신장비 제조업체들이 M&A하고 싶어 하는 회사를 만드는 것이 저에겐 가장 중요한 일이 되었지요. 그들이 M&A하고 싶어 하는 회사는 제품만 잘 만드는 회사가 아니에요. 회계의 투명성도 중요하죠. 이 외에도 준비할 것이 참 많아요. 결국 큰 통신장비 제조업체들이 무엇을 원하는지 파악하고 매력적으로 느낄 수 있는 상품(회사)을 만들고 알리고 판매하는 것이 내가 한 일이었죠."

주기현 사장의 말처럼 엑시오 커뮤니케이션즈가 다른 기업들과 크게 다른 점이 하나 있었다. 그것은 고객과 상품이었다. 고객과 상품이 비슷한 기기를 만드는 회사들과 완전히 달랐던 것이다.

엑시오 커뮤니케이션즈와 경쟁사 모두 새로운 무선통신시스템을 만든 것은 동일하지만, 다른 경쟁사들은 무선통신시스템을 구매할 통신

회사를 고객으로, 무선통신시스템을 상품으로 정의한 반면에 엑시오 커뮤니케이션즈는 이 회사를 M&A할 만한 기업인 통신장비 제조업체를 고객으로, 회사, 즉 엑시오 커뮤니케이션즈를 상품으로 정의하였다.

창업자인 주기현 사장의 말처럼 타 회사들이 통신장비를 구매할 통신회사의 니즈 파악에 주력한 반면, 엑시오 커뮤니케이션즈는 창업 초기부터 이 장비를 구매할 통신회사의 니즈뿐만 아니라 이 회사를 구매할 통신장비 제조업체의 니즈를 파악했고, 이 니즈에 맞는 엑시오 커뮤니케이션즈가 되도록 노력한 것이다.

왜 이런 차이점이 생겼을까?

그것은 창업자가 '이 사업을 하는 목표'를 구체적으로 세우고, 그 방법을 연구하고 찾았으며, 또 그것을 위해 필요한 일을 했기 때문이다.

창업을 준비하는 사람, 이미 창업을 해서 사업을 운영하는 사람, 그리고 기업에서 고용자로 일하는 사람 등과의 대화에서 이런 대답을 많이 듣는다.

"당신은 이 사업을 통해 무엇을 얻을 것입니까?"

"돈도 벌고 싶고, 이 사업의 목적을 실현해서 사람들에게 가치도 제공하고 스스로 보람도 느끼고 싶고, 그리고 좋은 일자리를 많이 만들고 싶습니다."

"우선순위가 어떻게 되나요? 무엇이 가장 중요한가요?"

"글쎄요, 다 할 수 있었으면 좋겠는데요. 사업이 잘되면 이것들이 다 이루어지는 것 아닌가요?"

"사업이 잘되어도 의식적으로 노력하지 않으면 그것들이 저절로 다 이루어지지는 않아요. 그건 그렇다고 치고 사업을 시작할 때 그리고 사업과정에서 어떤 의사결정을 할 때 여러 가지가 서로 충돌하는 경우가 생기겠죠. 예를 들면 '돈'과 '보람'이 충돌하는 것은 너무 흔한 일이죠. 이때 무엇을 더 중요시할 것인가 하는 것이죠."

"그거야 그때 가서 상황에 맞게 판단할 문제이지 미리 정할 필요는 없지 않나요? 어떤 경우는 돈을 중시하고 어떤 경우는 보람을 중시하고 말이지요. 미래의 일은 예측하기가 어려운데⋯."

이런 사람은 사업에서 실패할 가능성이 높다. 하나의 목표를 달성하는 것도 어려운데 두 가지 세 가지 목표를 다 달성하겠다는 것이니 일단 두세 배의 힘이 든다. 또 우선순위를 정하지 않아서 사업을 할 때 불필요하게 가치의 충돌을 경험하게 된다. 이러다 보니 사업에서 실패할 가능성이 높아지는 것이다.

■■■ 나는 두 가지 목적을 달성하는 창업투자펀드를 만들겠다

1990년대 후반, 벤처창업 광풍이 불던 시기였다. 많은 국내 기업들은 창업투자펀드들을 만들겠다는 계획을 검토한 적이 있다. 재미있는 것은 이들이 설립을 하려는 창업투자펀드의 목적이었다. 거의 모든 기업들이 약속이나 한 듯이 두 개의 목적을 가지고 있었던 것이다.

"당신 회사는 이 창업투자펀드를 통해 무엇을 얻을 것입니까?"

"두 가지입니다. 하나는 캐피털 게인(*capital gain*), 즉 투자수익을 얻는 것입니다. 또 하나는 사업전략적인 목적입니다. 새로운 기술에 투자함으로써 이 기술을 우리 사업의 경쟁력을 갖추는 데, 또는 새로운 사업에 진입하는 데 활용할 생각입니다."

　재무적 이익과 전략적 이익 두 가지를 동시에 노리겠다는 것이었다.

　"두 가지를 다 만족시키는 것은 굉장히 어려운 일일 것 같습니다. 하나를 선택해야 합니다. 어느 한 회사에 투자를 했다고 칩시다. 그 회사가 가진 기술은 당신 회사의 사업에 도움이 되는 기술입니다. 그런데 다른 회사에서 굉장히 높은 가격에 당신이 투자한 회사의 지분을 매입하겠다는 제안이 들어왔습니다. 캐피털 게인 측면에서는 매각하는 것이 맞겠지요. 그런데 사업경쟁력 측면에서는 그 기술을 보유해야 할 것입니다. 충돌이 생기는 것이죠."

　"그런 경우는 행복한 경우가 될 것 같습니다. 그때 가서 판단하지요."

　벤처투자펀드를 준비하던 기업들은 의사결정에 있어 충돌이 발생할 수 있다는 것은 이해하지만 두 개의 목표 중 하나를 정하란 말에 잘 수긍하지는 않았다.

　"그럼 이런 경우를 생각해보죠. 투자를 검토 중인 어떤 회사가 있습니다. 이 회사는 당신 회사의 기술적인 경쟁력을 키우는 데 상당한 도움이 될 수 있습니다. 당신 회사의 기술조직에서도 무척 좋아합니다. 그런데 투자수익적인 측면에선 매력적이지 않습니다. 투자 의사결정을 하는 데 많은 고심을 하게 되겠지요?"

　이것은 실은 전 세계의 많은 기업들이 똑같이 경험한 문제이다. 수많은 기업들이 기업 내에 자체 벤처투자펀드를 만들면서 투자수익과 전략적인 목적을 모두 다 달성하려 한 것이다.

　결과적으로 보면 국내, 해외를 불문하고 이와 같이 두 가지 목적을 추구한 벤처투자펀드들은 대부분 실패했다. 두 마리 토끼를 쫓다 이도

저도 안 된 것이다. 벤처투자펀드 운영에 성공한 기업들은 이 중 하나
를 명확하게 목표로 정한 기업들이다.

■■■ 나는 마이크로소프트가 지배하는 오퍼레이팅시스템에
새로운 대안을 만들겠다

1990년대 말에 팜팜테크라는 회사가 설립되었다. 이 회사는 당찬 계획
을 세웠다. 마이크로소프트가 지배하는 오퍼레이팅시스템(*operating
system*) 시장을 변화시키겠다는 것이었다. 이 회사는 미래에는 핸드폰
이 컴퓨터가 될 것이라고 생각했다. 따라서 다양한 핸드폰용 소프트웨
어들이 나타날 것이고, 이 소프트웨어들이 동작하기 위해서는 핸드폰
에 맞는 새로운 오퍼레이팅시스템이 필요할 것이라고 생각한 것이다.

　얼마나 멋진 이야기인가? 이 회사 창업자와의 대화를 보자.

　"소프트웨어 산업의 문제는 마이크로소프트가 오퍼레이팅시스템을
독점했다는 데 있어요. 그렇다 보니 오퍼레이팅시스템 위에서 동작하
는 소프트웨어들도 마이크로소프트가 모두 장악하고 있어요. 새로운
혁신을 만든 기업들은 모두 망했어요. 워드퍼펙트(Word Perfect)는
MS 워드가, 로터스 1-2-3(Lotus 1-2-3)는 MS 엑셀이, 넷스케이프
(Netscape)는 MS 익스플로러(Explorer)가 대체해버렸죠. 이제 누가
새로운 혁신적인 소프트웨어를 만들겠습니까? 마이크로소프트가 새로
운 혁신이 나타나는 것을 보고 있다가 비슷한 것을 만든 다음, 오퍼레
이팅시스템 시장장악력을 이용해서 경쟁자들을 다 죽일 텐데요. 이것

을 깨야 합니다. 다행히 새로운 변화가 나타나고 있어요. 새로운 기기의 출현입니다. 핸드폰이죠. 이것이 새로운 오퍼레이팅시스템이 세상에 나타나서 마이크로소프트와 경쟁할 수 있는 절호의 기회가 될 것입니다."

창업자가 말했고 많은 사람들이 공감했다.

"저도 공감합니다. 결국 핸드폰이 컴퓨터가 될 것이고 핸드폰을 위한 오퍼레이팅시스템이 필요하겠지요. 더구나 최근에 마이크로소프트가 윈도우 CE(Window CE)라는 핸드폰용 오퍼레이팅시스템을 내놓았지만 품질이 좋지 않아요."

"그런데 다른 사람들과도 이야기 많이 해보셨죠? 어떤 반응인가요?"

"하하하, 다들 필요한 일이지만 사업은 실패할 확률이 높으니 하지 말라고 합디다."

"무척 어려운 일이라고 생각합니다. 아마 창업자께서도 그렇게 생각하시겠지요."

"네, 저도 아주 어려운 일이다, 그렇게 생각합니다. 그렇지만 도전해볼 만한 가치가 있죠."

정말 훌륭한 생각이다. 사업을 새로 시작하는 사람들에게 항상 하는 질문을 창업자에게 던졌다.

"이 사업을 하시는 목표가 무엇입니까? 다시 말해 당신은 이 사업을 통해 무엇을 얻을 것입니까?"

"제가 만드는 오퍼레이팅시스템이 핸드폰에 장착됨에 따라 산업이 변화하는 것이 가장 해내고 싶은 일입니다. 이것이 성공되면 장기적으로 돈도 벌 수 있겠지요."

"산업을 변화·발전시키는 보람과 돈을 버는 것 중 무엇이 더 중요한가요? 아니, 하나만 고르라면 어떤 것을 선택하시겠습니까?"

"저는 단연코 소프트웨어 산업을 변화시키는 보람이 최우선순위에요. 독점기업이 시장을 지배해선 새로운 혁신이 나타나지 않습니다. 새로운 혁신이 없다는 것은 소프트웨어 산업이 발전하지 못한다는 것을 의미해요. 저는 소프트웨어를 전공한 사람으로서 산업의 발전에 기여하고 싶습니다. 만약 돈을 가장 우선순위로 놓는다면 위험천만한 오퍼레이팅시스템 말고 다른 것을 하는 것이 맞겠지요."

팜팜테크는 피나는 노력 끝에 리눅스(Lynux)를 기반으로 한 핸드폰용 오퍼레이팅시스템을 세계 최초로 상용화하는 데 성공했다. 스마트폰을 2000년에 만든 것이다.

이로부터 한참 후에 스티브 잡스가 아이폰을 시장에 내놓고, 구글이 안드로이드를 개발한 기업을 M&A해서 핸드폰용 오퍼레이팅시스템을 제공한다. 안드로이드는 팜팜테크와 마찬가지로 리눅스를 기반으로 한 핸드폰용 오퍼레이팅시스템이다.

다음은 2000년 11월 당시의 신문기사이다.

리눅스를 채택한 IMT-2000용 스마트폰이 세계 최초로 개발됐다. 팜팜테크(대표 최건)는 SK텔레콤, 서울대학교와 공동으로 리눅스 스마트폰을 개발, 29일 SK텔레콤 분당중앙연수원에서 시연회를 갖는다고 28일 발표했다.

이번에 개발한 스마트폰은 한마디로 '똑똑한 휴대폰'으로, 휴대폰에 개인휴대단말기(PDA) 기능을 합쳐놓은 것이 특징. 동영상은 물론, MP3플레이어, 화상통신이 가능하다. 또 근거리 무선통신규격인 '블루투스'를 지원, 다른 단말기와 초고속으로 데이터를 주고받을 수 있다. 사용환경도 데스크톱 PC와 동일하고 고해상도 그래픽시스템을 구현했으며 전력도 덜 쓰는 것이 특징. 이 제품은 206MHz CPU와 4인치 LCD스크린을 장착했으며 스크린을 두드리면 프로그램이 실행되는 '터치패드 스크린' 기능을 갖추고 있다. 또 음성녹음과 화상통신은 물론 게임 등 다양한 프로그램을 즐길 수 있다.

  팜팜테크는 리눅스 스마트폰을 개발하기 위해 게임은 ㈜엠드림, 터치패드는 디오텍, 블루투스는 지인과 각각 협력했다. 노르웨이의 트로텍과는 임베디드리눅스, 오페라와는 웹브라우저 분야에서 힘을 합쳤다. 스마트폰 양산은 ㈜에이치엔티(대표 최인규)가 맡는다.

— 〈한국일보〉 2000년 11월 28일, "[팜팜테크] 리눅스 IMT-2000 스마트폰 세계최초 개발"

세계최초 개발의 기쁨도 잠시, 창업자는 문제에 봉착했다. 시장에서의 반응도 상당히 좋았고 수요도 많았다. 그 당시 많은 기업들이 핸드폰이나 PDA, 그리고 이북(*e-book*) 기기를 만들고 있었고, 그들에게 팜팜테크가 만든 오퍼레이팅시스템은 충분히 매력적이었기 때문이었다.

  그러나 그 기업들은 팜팜테크의 기술에 대해 제대로 대가를 지불하는 것을 꺼려했다. 소프트웨어는 통상 카피(*copy*) 당 가격을 지불한다. 그러나 한심스럽고 답답하게도 삼성전자 등을 포함한 다양한 제조업체들은 팜팜테크가 개발한 소프트웨어에 대해 카피당 가격을 지불하기보다는 용역을 해주길 원했다. 기술을 자신들 핸드폰에 적용하고 핸드폰 수에 상관없이 개발용역 대가를 주길 원했던 것이었다. 그로부터 십 년 후 이들 기업들은 아이폰과 안드로이드의 공세에 속절없이 한숨만 쉬었지만 말이다.

창업자는 두 가지 선택의 기로에 놓였다. 오퍼레이팅시스템에 새로운 대안을 만들겠다는 원래 생각을 고수하기 위해 제조업체들의 요구에 따라 낮은 대가를 받으면서 계속 이 사업을 수행할 것인가(이 경우 계속 기술을 개발해나갈 수 있는 수입을 확보하는 것은 빠듯하지만 어느 정도 가능하다. 그러나 이 사업을 통해 이익을 내는 것은 상당 기간 불가능하다), 아니면 단기적으로 이익을 낼 수 있는 다른 방식을 취할 것인가?

투자자들은 단기적으로 승부를 보길 바랐고, 창업자는 이를 위해 이 오퍼레이팅시스템을 활용한 새로운 제품(POS) 개발에 나섰다. 창업자는 초기에 '오퍼레이팅시스템에 새로운 대안을 만들겠다'는 것을 최우선 목표로 삼았으나, 이후 '큰 이익을 내겠다'는 것을 최우선 목표로 바꾼 것이다.

이에 따라 회사에는 많은 변화가 있었다. 팜팜테크는 '오퍼레이팅시스템에 새로운 대안을 만드는 전문기업'에서 '오퍼레이팅을 활용한 새로운 POS 기기를 만드는 제조업체'로 변화한 것이다. 소프트웨어 엔지니어가 중심이었던 회사에 POS 기기를 개발하고 영업할 사람들이 합류하기 시작했다. 소프트웨어 기술개발 중심의 회사가 POS 제품개발 및 영업 중심의 회사로 변화했다. 창업자는 이 사업을 통해 얻고자 하는 목표를 바꿨고, 그 결과 회사의 고객과 상품 그리고 인력이 크게 변화해야 했다.

안타깝게도 이 회사는 도산했다. 도산의 이유가 전적으로 상품의 변화이었다고 생각하지는 않는다. 성공할 수도 있었을 것이다. 창업자가 변화를 잘 이끌어낼 수 있었다면 아마 창업자의 결정은 성공으로 이어졌을 것이다. 만약 오퍼레이팅시스템 개발에 계속 집중했으면 어땠을까? 나는 꼭 성공했을 것이라고 생각하지는 않는다. 용역을 하다가 서서히 자금이 고갈되어 도산했을 수도 있다. 그렇지만 분명한 것은 '얻고자 하는 것'을 변화시키면 사업의 중요 요소들이 변화한다는 점, 그리고 이러한 변화를 잘 실행하는 것은 무척 어렵다는 점이다.

팜팜테크의 사례에서 이야기하고 싶은 것은 이런 사업의 외형적인 성공과 실패가 아니다. 과연 창업자가 무엇을 얻었는가 하는 점이다. 창업자가 사업을 시작했을 때 얻고자 한 것은 사업의 외형적인 성공이 아니었다. 창업자의 생각은 외부의 요구, 즉 이익을 중시하는 투자자의 요구에 의해 바뀌게 되었다. 사업의 외형적인 성공과 실패를 떠나 안타까운 일이다.

■■■ 사회적기업은 무엇인가?

최근 들어 사회적기업에 대한 관심이 높아지면서 사회적기업을 만들려는 사람들이 많아졌다. 이들에게 동일한 질문을 던져보았다.

"당신은 이 사업을 통해 무엇을 얻을 것입니까?"

"이 사업의 목적은 사회적 가치입니다. 돈이 목적은 아닙니다."

"좀더 구체적인 이야기를 듣고 싶군요."

"미디어사업입니다. 소비자 중심의 미디어입니다."

"좀더 구체적으로 이야기해주세요. 소비자 중심의 미디어라는 것이 소비자에게 어떤 가치를 제공한다는 것인가요?"

"사실(fact)을 제공하는 것입니다. 뉴스, 방송, 인터넷 같은 수많은 미디어가 존재하지만, 실은 이러한 미디어들이 많은 이슈에서 자신들의 주장을 위해 사실을 부분적으로 활용하거나 심지어는 왜곡하기까지 합니다. 그 이유로는 여러 가지가 있겠으나, 근본적으로는 미디어들이 이윤을 추구하기 때문에 이런 문제들이 발생한다고 생각합니다. 사업 과정에는 복잡하고 어려운 여러 가지 난관들이 있겠으나 사실을 제공하는 미디어라는 소비자의 신뢰를 얻으면 성공할 것 같습니다."

"흠, 좋으신 생각입니다. 추구하는 목표도 명확하고 간단하군요. 흔히 사회적기업을 생각하시는 분들을 보면 추구하는 가치가 상당히 다양한데 말이죠. 예를 들어 이런 경우에 '최종 생산자가 제값 받게 하겠다', '유통사업에서 고용을 늘리겠다' 같은 이야기도 추구하는 목표에 같이 들어가는 경우가 많은데, 실은 이런 목표들이 소비자 입장에서는 가격 상승으로 이어질 수 있기 때문에 가치의 충돌이 일어나고 결국 경영의 복잡함과 어려움으로 귀결되지요."

"당신은 이 사업을 통해 무엇을 얻을 것입니까?"라는 질문에 대부분의 사람들이 돈을 가장 앞서 이야기한다. 이런 사람들이 만들고 운영하는 기업이 이익을 가장 우선적으로 추구하는 이윤추구기업이다. 많은 이윤추구기업들도 사회적 책무 등 사회적 가치를 이야기하지만, 이는 어디까지나 돈 가치를 추구한 다음의 이야기이다.

반면 "당신은 이 사업을 통해 무엇을 얻을 것입니까?"라는 질문에 이익보다는 사회적인 가치 실현을 우선으로 이야기하는 기업들이 있다. 이들이 바로 사회적기업이다.

사회적기업의 상징 격인 인물과 기업은 무함마드 유누스(Muhammad Yunus)와 그가 설립한 그라민 은행(Grameen Bank)이다. 방글라데시에 세계에서 대표적인 사회적기업인 그라민 은행을 설립한 무함마드 유누스는 그라민 은행과 함께 공동으로 2006년 노벨평화상을 수상했다.

다른 선택의 여지가 없으므로 나는 결국 가난한 사람들을 위한 별도의 은행을 설립하기로 결정했다. … 오늘날 그라민 은행은 방글라데시의 모든 마을에서 가난한 사람들을 도와주고 있는 전국적인 은행이다. … 오늘날 마이크로크레디트(microcredit, 기술과 경험은 있으나 신용이나 담보 문제로 인해 일반 금융회사를 이용할 수 없는 사회적 취약계층에게 소액자금을 무담보, 무보증으로 대출함으로써 경제활동을 지원하는 것을 목적으로 하는 활동) 또는 마이크로파이낸스(microfinance)로 알려진, 가난한 여성들을 위한 무담보 소액대출은 전 세계로 확산되었다. … 사회적기업은 이윤추구와는 거리가 멀다. 목표는 제품 또는 서비스의 생산과 판매를 포함한 기업적 방법을 이용하여 사회문제를 해결하는 것이다 …. 1

— 무함마드 유누스, 《사회적 기업 만들기》 중에서

이윤추구기업에 대비되는 기업이 사회적기업이다. 사회적기업은 주식회사 또는 협동조합의 형태이다. 이 중 사회적기업의 대표적인 형태는 협동조합2이며, 전 세계적으로 수많은 협동조합 기업들이 있다. 우리

---

1 Muhammad Yunus, *Building Social Business*, 송준호 옮김(2011), 《사회적 기업 만들기》, 물푸레, 10~25쪽.
2 김현대·하종한·차형석(2012), 《협동조합 참 좋다》, 푸른 지식, 31~33쪽.

나라에도 협동조합기본법과 협동조합기본법 시행령이 2012년과 2013년 각각 발효되면서 협동조합들이 많이 생기고 있다. 협동조합에 관심이 있는 독자들은 협동조합기본법과 협동조합기본법 시행령을 살펴보길 바란다.

협동조합을 포함하여 사회적기업이 목적하는 사회적 가치는 소비자 권익, 생산자 권익, 고용 창출, 자연 보호, 사회적 약자 보호 등 다양하다. 협동조합의 종류는 흔히 조합원의 속성에 따라 나뉜다. 소비자에게 좋은 물건을 값싸게 공급하는 것이 목적인 소비자협동조합, 생산자의 소득을 안정화하기 위한 생산자협동조합, 금융 소비자를 중심으로 한 금융협동조합, 노동자의 안정적인 일자리 유지와 노동환경 개선을 위한 노동자협동조합, 그리고 어려운 이웃을 돕기 위한 사회적 서비스 협동조합 등이 있다. 3

▰▰▰ 사회적기업은 이윤을 추구하지 말아야 하는가?

사회적기업 창업자는 말을 이어나갔다.

"그런데 풀리지 않는 고민이 있습니다. 이윤에 대한 문제입니다. 사업을 시작하고 운영하려면 돈이 필요한데, 사회적기업은 이윤을 추구하면 안 되지 않습니까? 이윤을 추구하는 순간 우리가 차별화하려는 다른 미디어들과 무엇이 다른가 하는 생각이 듭니다. 아까 말씀드린 것처

---

3 김현대 · 하종한 · 차형석 (2012), 《협동조합 참 좋다》, 푸른 지식, 33~34쪽.

럼 제가 보기엔 기존 미디어들이 사실을 전달하는 데 한계를 가지는 것은 결국 이윤을 추구하기 때문이거든요."

"사회적기업의 최우선 목표가 이윤추구가 될 순 없지만 최우선 목표를 달성하는 데 필요한 적정한 이윤의 추구는 필요합니다. 이윤이 있어야 사실을 취재하고 작성할 좋은 인력들을 충분히 고용할 수 있지 않겠습니까? 또 콘텐츠 제작과 유통에도 투자를 계속해야 할 것이고요."

사회적기업은 이윤을 가져서는 안 되는 것일까? 아니다. 이윤을 극대화하는 것은 목적에 맞지 않으므로 지양해야 하지만, 원래의 사회적 가치를 달성하기 위한 수단으로서 이윤추구는 반드시 필요하다. 사회적기업을 하는 사람은 이윤에 대한 계획을 세워 실행해야 한다. '목적하는 사회적 가치를 달성할 수 있는 이윤'이 어느 정도인지 정하고 이를 이윤추구의 상한선으로 결정하면 된다. 이윤극대화가 아닌 것이다. 상한선은 무엇인가? 목적하는 사회적 가치를 극대화하는 데 필요한 운영과 투자자금을 확보하는 선이다.

▬▬▬ 사회적기업은 초기 투자자금을 어떻게 확보해야 하는가?

"그런데 여전히 고민은 남습니다. 사업을 제대로 추진하기 위해선 초기 큰 규모의 자금이 필요한데, 자금을 확보하기가 어렵습니다."

"초기 투자자금 이야기시군요. 이윤이 나는 것은 한참 후의 이야기이고 초기엔 적자일 테니 자금을 확보하셔야겠지요. 어떤 방법을 구상해 보셨나요?"

"이 사업을 협동조합 형태로 만들어서 소비자들을 조합원으로 끌어들이고 조합원의 출자를 받으려 합니다. 그러나 조합원의 출자금만으로는 필요한 자금을 확보하기 어렵습니다. 그래서 독지가들의 기부를 받는 것도 추진 중입니다만 턱없이 부족합니다."

"어느 정도의 자금이 필요하신가요? 그리고 처음에는 자금을 적게 들여서 시작하는 방법은 없나요?"

"초기에 제대로 된 콘텐츠를 만들지 않으면 안 됩니다. 콘텐츠 생산도 결국 규모가 중요합니다. 초기부터 규모를 어느 수준 이상으로 키우지 않고는 좋은 콘텐츠가 나오지 않을 것이고, 이는 소비자 불신의 초래로 이어질 것입니다."

"그럼 조합원의 출자, 독지가의 기부 외에 다른 곳으로부터 자금을 확보해야겠군요. 금융기관들과는 이야기해보셨나요?"

"네, 창업투자회사 그리고 은행과 이야기를 해보았죠. 투자하지 않으려 합니다."

"사업의 전망에 대해 불투명하게 보나요?"

"그렇진 않습니다. 많은 기관들이 전망을 밝게 봅니다. 이런 미디어가 많은 사용자에게 각광을 받을 것이라고들 합니다. 제 사업계획에 대해서도 준비가 잘되어 있다는 호평을 해주었고요. 심지어 이번에 만난 몇 명은 조합원으로 가입하겠다는 이야기까지 했습니다."

"그런데도 투자하기가 어렵다는 것은 무슨 이유인가요?"

"만약 이 사업이 이익 극대화를 추구하는 사업이라면 투자를 하겠답니다. 이익 극대화를 추구하지 않으니 투자를 하더라도 투자수익을 얻을 수 없다는 것이었지요."

"아까 말씀드린 것처럼 사회적기업의 최우선 목표가 이윤추구가 될 순 없지만 최우선 목표를 달성하는 데 필요한 이윤의 추구는 필요합니다. 초기 투자자금을 확보하기 위한 이윤추구 역시 필요합니다. 어떻게 할 것인가는 연구를 해야겠지만요."

사실 사회적기업이 제대로 성장하는 데 가장 어려운 점이 초기자금 확보다. 이런 어려운 점 때문에 큰 사회적기업이 나타나기 어렵다.

보통 이윤을 추구하는 기업을 창업하는 경우 창업투자회사 등 초기 투자자들의 지분투자를 통해 자금을 확보한다. 회사는 이윤극대화를 추진한다. 회사가 성공적으로 이윤을 창출하기 시작하면 회사의 가치가 올라간다. 지분투자를 한 투자자는 자신이 보유한 지분을 매각하고 자금을 회수한다.

창업하는 기업이 성공할 확률이 높지는 않다. 그렇지만 초기에 몇 개의 투자에서 실패를 하더라도 한두 개의 투자에서 큰 수익을 내고 이것이 다른 실패한 투자금액을 보전하기 때문에 투자자들은 위험이 높은 초기기업에 투자를 하는 것이다. 투자자는 이와 같이 다른 투자 손실을 만회할 정도의 높은 수익률을 기대하고 투자하기 때문에 회사의 이윤극대화를 요구하게 되는 것이다.

사회적기업은 투자를 어떻게 유치할 것인가? 또 이와 연계하여 법적·재정적 구조를 어떻게 가져갈 것인가? 무함마드 유누스는 사회적기업의 투자유치와 법적·재정적 구조를 설명하면서 투자유치에 있어 이윤추구기업의 사회적책임기금(CSR)을 잘 활용할 것을 조언한다.[4]

---

4 Muhammad Yunus, *Building Social Business*, 송준호 옮김 (2011), 《사회적 기업

그렇지만 이 방식은 기부에 기대는 것이다.

이와 달리 이제는 사회적기업에서 자금을 확보하는 새로운 방법을 구상해야 한다. 높은 수익률을 기대하고 초기기업에 투자하는 투자자의 기대와 이익을 수단으로 생각하고 이익의 상한선을 정하는 사회적기업의 기대를 모두 만족시키는 방법이다.

예를 들어 이런 방법을 생각해보자. 투자의 대가로 5년 후부터 20년간 100%의 이자를 제공하겠다고 제안하는 것이다. 이런 경우 사회적기업은 이윤극대화를 위해 몰입하지 않는다. 다만 운영자금 확보를 위한 이윤 외에 초기투자자금을 확보하기 위한 이윤인 100%의 이자를 낼 정도의 이윤을 내는 것이다.

투자자는 사업이 성공하면 계속 이자를 받던지 아니면 그 채권을 매각하게 된다. 이 경우 보통 이윤추구기업이 초기에 지분투자 하는 것과 유사한 수익창출을 기대할 수 있어 투자를 고려할 것이다.

나는 이 사업을 통해 무엇을 얻을 것인가?

"이 사업을 통해 무엇을 얻을 것인가?"라는 질문에 대한 답변은 대개 돈, 성취감, 일자리 창출 등일 것이다. 이것을 구체적으로 정해야 한다. 구체적으로 얼마의 돈을 언제까지 벌고 싶은지, 사업을 통해 사람들에게 어떤 가치를 제공하고 성취할 것인지, 자신은 어느 정도 일을

만들기》, 물푸레, 195~224쪽.

하고 싶은지 등을 사업을 시작하기 전에 명확하게 정해야 한다.

얻고 싶은 것이 여러 가지일 수 있다. 이때 우선순위를 정해야 한다. 가치 간에 충돌이 발생할 수 있기 때문이다. 얻고 싶은 것을 정했으면 사업이 이것을 얻을 수 있도록 계획하고 실행해야 한다. 이 결정에 따라 사업의 계획과 실행이 달라진다. 이 목표는 창업하는 사람 혼자서만 가지고 있어선 안 된다. 같이 일하는 모든 사람들이 공유하고 공감하고 지켜야 한다. 이것이 합의되어 있지 않으면 결국 혼란이 생기고, 혼란은 동지 간에 균열을 만들고, 균열은 실패를 낳는다.

■■■ 나는 이 사업에 무엇을 투자할 것인가? 또 무엇을 잃을 것인가?

이제 창업을 준비하는 사람, 이미 창업해서 사업을 운영하는 사람, 그리고 기업에서 고용자로 일하는 사람 등에게 "당신은 이 사업을 통해 무엇을 얻을 것입니까?"라는 질문에 이어 이런 질문들을 할 때가 되었다.

"당신은 개인적으로 어느 정도의 금액을 투자하실 계획입니까? 언제까지 이 사업을 하실 계획입니까? 실패했을 때 어디까지 잃을 계획입니까?"

"글쎄요, 초기 투자를 얼마 하겠다는 생각은 하고 있지만 사업이 전개됨에 따라 자금이 계속 필요할 텐데 초기 투자 외에는 외부에서 조달하는 것을 생각하고 있습니다."

"그럼 외부에서 조달이 안 되면 어떻게 하실 계획이시죠? 자금을 수혈하지 않으면 사업을 접어야 할 텐데요."

"글쎄요, 그때 가봐야 되는 것 아닌가요? 상황에 맞게 판단을 해야겠지요."

"외부에서 자금이 조달되지 않더라도 상황에 따라선 스스로 투자를 더 할 계획이시군요. 이때 어느 정도 금액을 예상하고 계십니까?"

"글쎄요 외부에서 자금조달이 되지 않더라도 사업을 계속하겠다는 생각을 하는 경우는 사업의 성공가능성이 어느 정도 보이는 상황이겠죠. 이때는 집이라도 팔아서 승부를 봐야겠지요."

"그럼 그런 상황이 닥쳤을 때 스스로 투자할 수 있는 금액은 얼마입니까?"

"아! 이거 왜 이리 부정적으로만 생각하시죠?"

초기 사업이 실패하는 가장 큰 요인은 두 가지이다. 매니지먼트 팀이 깨져서 핵심 인재들이 떠나는 경우와 자금이 부족한 경우이다. 현금흐름에 대한 예측이 빗나가서 자금 부족이 생길 때 사업은 제대로 진행되지 못한다. 현금흐름에 필수적인 것은 사업운영을 하면서 발생하는 비용과 매출에 대한 예측의 정확성, 자금조달계획의 타당성, 그리고 계획대로 되지 않을 가능성에 대한 인정과 이에 대한 대책이다. 앞에 논의한 사람은 일단 자금조달계획과 자금조달이 잘 이루어지지 않았을 때의 대책을 생각해보지 않은 것이다.

"언제까지 이 사업을 하실 것입니까?"라는 질문에 대해선 제대로 대답하는 사람이 많지 않다.

"글쎄요, 어느 정도의 시간을 투자할 것인지에 대해선 생각 안 해봤는데요. 해봐야 아는 것 아닌가요? 굳이 이야기하자면 끝장을 볼 때까지, 즉 망하든 성공하든 그때까지 하겠지요."

"성공하기 위해서 어느 정도의 기간이 필요할까요? 또 망한다면 어떤 계기에 망할 것이고, 각 계기별로 어느 정도의 기간이 소요될까요?"

이런 답변을 해주는 사람이 있다. 상당히 고민을 많이 한 흔적이 보인다.

"사업계획을 짜보면 대략 초기 2년이 사업에 있어 중요한 시기에요. 그 다음은 3년 후가 중요한 시기이고요. 초기 2년간 필요한 자금이 약 2억 원 정도 되는데, 제 스스로는 5천만 원을 투자할 계획입니다. 제가 현재 큰 무리하지 않고 가용할 수 있는 최대한의 자금이거든요. 사업을 시작하기 전에 나머지 1억 5천만 원을 엔젤투자자로부터 확보했고요. 초기 2년 이후 3년간 약 20억 원 정도의 투자금액이 필요하다고 생각하고 있어요. 초기 2년간 목표한 성과를 잘 내면 2년 이후에는 아마 창업투자회사로부터 투자를 받을 수 있을 것으로 생각하고 있어요. 만약 2년 이후 창업투자회사로부터 투자가 이루어지지 않으면 약 1~2년 정도 초기 2년간 준비해야 하는 일을 더욱 보완할 계획이에요. 가능한 이런 일이 발생해선 안 되겠지만 미래는 불확실하니까요. 이때 자금은 제가 가진 재산을 모두 여기에 쏟을 생각입니다. 집 하나가 제 재산인데, 이것을 팔고 제가 살 집을 빌리면 약 2억 원 정도 자금이 생깁니다."

"흠, 초기에 5천만 원 그리고 2년 후에 2억 원을 투자할 계획이시군요. 그러면 기간은 어느 정도 투자하실 계획이십니까?"

"중간에 불가피하게 접는 상황이 발생하지 않는다면 7년 정도를 생각하고 있습니다. 제 목표는 제 아이디어가 지속가능한 사업이 되는 것이고요. 지속가능한 사업이 되는 데까지 목표는 5년이고 리스크를 고려해보면 약 7년 정도가 걸릴 것 같습니다."

이런 사람과의 대화는 즐겁다.

"추가적인 질문이 있습니다. 다른 것을 해보고 싶은 것은 없나요? 현재 당신은 당신이 가진 거의 전 재산인 2억 5천만 원을 투자하고 또 약 7년을 이 일에 매달리려고 합니다. 사실 엄청난 기회비용을 지불하시는 것인데요. 인생의 큰 흐름에서 이 돈과 기간을 다른 데 사용하는 것이 더 유용할 수도 있을 것입니다."

"또 하나 질문을 더 드리죠. 중간에 불가피하게 접는 상황이 발생한다면 사업의 실패를 의미하겠죠. 그리고 그때까지의 자금과 시간을 날리게 되겠죠. 이때 당신은 무엇을 얻게 됩니까? 그리고 그것을 얻기 위해 어떤 일을 하실 겁니까?"

무엇을 투자할 것인가, 실패하면 무엇을 잃을 것인가를 결정해야 한다. 사업을 위해 투자해야 하는 것은 결국 시간과 돈이다. 성공하면 돈은 보상받겠지만 시간은 사라진다. 실패하면 시간과 돈 모두 사라질 것이다. 어느 정도의 시간과 돈을 어느 정도 투자할 것인지 생각하라. 돈과 시간의 투자에 대해 구체적이어야 한다. 내가 목표로 하는 것이 그런 정도의 시간과 돈을 잃을 각오로 이루어질 수 있겠는지 생각하라. 또 내가 목표로 하는 것에 그런 정도의 시간과 돈을 잃을 위험을 각오할 만한 가치가 있는지 생각하라.

"젊은이들이여, 꿈을 가져라. 그리고 도전하라"는 말을 많이 듣는다. 나는 이렇게 말하고 싶다. 젊은이들이여, 꿈을 가져라. 무엇을 얻고 투자할 것인지, 잃을 것인지 구체화하라. 그리고 도전하라.

제16장
· · ·
사업계획을 세우고
이를 평가한다

사업계획에 담기는 내용

계획은 목표와 목표를 이루기 위해 해야 할 일들이다. 사업을 시작하는 사람들은 최소한 이런 질문들에 답을 가져야 한다. 이런 것을 정리한 것이 사업계획서이다. 흔히들 사업계획서 하면 투자자들에게 보여주는 사업계획을 주로 생각한다. 사업계획서는 물론 투자유치를 위해서도 중요하지만, 사업을 수행하는 사람들의 지침으로서 가장 중요하다. 투자유치를 위한 사업계획서 작성 요령은 파트 III를 참조하고, 이 장에서는 사업을 수행하는 사람이 가져야 할 지침을 중심으로 보기 바란다.

사업계획에 담기는 내용은 다음과 같으며, 각각에 대한 자세한 내용들은 이 책의 다른 부분을 참조하길 바란다.

355

사업의 목적

- 당신은 왜 사업을 하는가?
- 당신은 사업을 통해 무엇을 얻고, 또 무엇을 잃을 것인가? (이것에 대한 필요성은 이미 앞에서 이야기한 바 있다.)

고객과 상품

- 무엇을 누구에게 팔 것인가? 당신의 상품은 무엇이고, 고객이 원하는 어떤 것을 당신의 상품이 충족해주는가? 그래서 고객은 누구인가?
- 당신이 생각하는 상품의 경쟁력은 무엇인가? 그리고 이런 경쟁력이 지속가능한가?

상품의 생산과 판매

- 상품을 어떻게 만들 것인가?
- 고객에게 어떻게 알릴 것인가?
- 어떻게 팔 것인가?
- 어떻게 전달할 것인가?
- 판매 이후 애프터서비스(*after service*)를 해줄 일은 무엇이고 어떻게 할 것인가?
- 고객의 소리는 어떻게 듣고 이를 어떻게 반영할 것인가?

당신의 상품이 충분히 경쟁력 있으며, 이런 경쟁력이 지속가능하고, 실행을 위해 필요한 일들을 잘 정리해볼 수 있으면 이제는 시간대별로 필요한 자원을 예측한다.

소요 자원의 예측
- 시기별로 해야 할 일을 구체적으로 정리한다. 이에 따라 필요한 자원을 예측한다. 자원은 결과적으로 자금과 인력이다.
- 상품을 시장에 내놓은 이후 시기별로 고객의 반응과 매출을 예상해본다.
- 시기별로 필요한 자원과 매출을 비교해본다. 그리고 무엇이 부족한지 판단한다.
- 자원확보계획을 세운다. 일단 어느 단계까지의 자원을 확보할 것인지를 결정하고 자원확보계획을 세운다. 자원확보계획 시에는 보수적인 기준을 적용한다.

자원의 확보
- 어떤 사람들이 필요하며, 이들을 어떻게 만나고 설득하고 동지로 만들 것인가?
- 어느 정도의 자금이 필요하고, 이를 어떻게 확보할 것인가?

이제는 사업성을 평가한다.

사업성의 평가
- 사업의 목적을 달성할 수 있는가?
- 사업이 본 궤도에 오른 후 지속가능한가?

마지막으로 사업의 목적을 어떻게 실현할 것인지 계획한다.

- 사업의 목적 실현
- 철수(*exit*) 등 사업의 목적 달성 계획

■■■ 사업계획의 작성

사업계획은 언제까지 무엇을 어떤 활동(*activity*)을 통해 이루겠다는 계획이다. 사업계획은 여러 단계로 구성된다. 보통 새로운 사업은 다음과 같은 단계로 이루어진다.

- 사업계획 준비
- 인력, 돈 등 자원의 확보
- 상품 개발
- 시장에서 출시와 반응 분석
- 상품 개선과 시장 확대
- 손익분기점(*break even point*) 도달
- 상품 개선과 시장 확대
- 지역 확장
- 사업의 목적 실현

시간이 뒤로 갈수록 사업계획을 자세히 작성하기는 어렵고 일부는 추가

되거나 생략될 수 있지만, 사업계획은 이 모든 단계를 포괄해야 한다.

- 사업의 궁극적인 목적을 완료하는 시기 결정.
- 각 단계별 시기까지 어떤 목표를 이루고, 이를 위해 어떤 활동을 할 것이며 어떤 자원이 필요한지 정리.
- 각 단계별 결과를 어떻게 평가할 것이고, 그 평가에 따라 어떤 활동을 할 것인지 정리.

사업계획에서는 이런 단계를 나누고 단계별 계획을 잘 수립해야 한다.

다시 한 번 언급하지만, 사업계획 작성에 있어 중요한 것은 사업계획서를 사용하는 목적이다. 사업계획은 사업을 수행하는 사람들의 방향이자 지침이다. 또 한편, 사업계획은 외부를 설득하기 위한 중요한 도구이다. 새로운 사람을 합류시킬 때, 또 외부에서 자금을 투자 받을 때 이런 목적을 달성할 수 있는 사업계획서를 작성해야 한다. 외부에서 자금 투자를 받기 위해 필요한 사업계획서를 작성하는 요령은 파트 III를 참조한다.

■■■■ 사업은 계획대로 되지 않는다

사업계획의 주요 단계별로 목표가 달성되지 않으면, 또는 초과 달성되면 어떻게 할 것인가? 사업계획을 세울 때 이 점을 반영해야 한다. 이를 위해 활용하는 것이 시나리오 플래닝 (*scenario planning*) 이다. 사업계획의 각 단계별로 계획대로 되지 않을 가능성이 높은 것이 무엇인지 생각하고 계획대로 되는 경우를 '가능성이 높은 경우'(Most likely case), 초과 달성하는 경우를 '낙관적인 경우'(Optimistic case), 미달하는 경우를 '보수적인 경우'(Pessimistic case)로 상정하고 이런 낙관적인 경우와 보수적인 경우에 어떻게 할 것인지 방안을 마련한다.

예를 들어 상품의 개발 단계에서 만나는 큰 문제는 아마도 개발 일정이 목표대로 가지 않을 경우일 것이다. 이런 경우 '가능성이 높은 경우', 즉 기준 목표를 12개월이라고 설정했으면 '낙관적인 경우'는 조기 개발 완료로 10개월을, '보수적인 경우'는 개발 지연으로 18개월을 상정할 수 있는 것이다. '낙관적인 경우' 또는 '보수적인 경우'가 발생했을 때 어떻게 할 것인지가 대안(Plan-B, 또는 Contingency plan)이다. 이를 사업 계획에 포함시켜야 한다.

특히 이런 대안이 필요한 것은 자금계획이다. 자금계획은 '가능성이 높은 경우'가 아닌 '보수적인 경우'를 기준으로 하는 것이 바람직하다. 창업을 하는 기업들 또는 기업 내에서 새롭게 시작한 사업이 망하는 이유는 다양하다. 그 이유 중 대다수를 차지하는 것이 '핵심 동지가 떠나는 것'과 '자금의 부족'이다.

'동지가 떠나는 것'은 사업 초기 동지 간에 명확한 약속이 없어서 주로 발생한다. 창업 시에 무엇을 투자하고 무엇을 얻을 것인지, 역할을 어떻게 분담할 것인지를 명확하게 해두지 않으면 창업에 참여한 사람들은 미래에 대해 불투명하게 생각하고, 어려운 일이 닥쳤을 때 같이 머리를 맞대고 문제를 풀기보다는 그 사업을 떠나는 결정을 한다.

'자금의 부족'은 사업의 낙관적인 예측에서 시작한다. 한창 잘나가던 창업회사들이 자금의 어려움을 만나 안타깝게도 파산하거나 정상적인 기업활동을 하지 못하는 경우를 많이 보게 된다. 그 원인은 현금흐름에 대한 낙관적인 예측이다. 사업은 계획대로 가지 않는다. 따라서 자금계획은 최악의 경우에도 살아남아 기회를 볼 수 있도록 보수적으로 짜야 한다.

사업계획의 공유와 단위조직과의 일치

사업계획은 전 구성원이 같이 짜는 것이 가장 이상적이다. 실행할 사람들이 직접 사업계획을 짜야 실행가능한 계획이 만들어지기 때문이다. 또 전 구성원이 사업계획을 같이 짜면 사업에 대해 같은 생각을 하게 된다. 사업계획을 같이 짜는 것은 조직이 커질수록 어렵다. 따라서 사업계획의 공유가 무엇보다 중요하다.

조직의 분화가 하나둘 이루어지면서 사업계획의 공유는 더욱 중요해진다. 분화된 조직들이 전체 사업계획에 일치된 조직의 계획을 짜고 실행해야 전체의 사업목표를 달성할 수 있다.

MIT 슬론 스쿨(Sloan School) 경영전략 교수인 아놀드 헉스(Arnoldo C. Hax)는 기업(*corporate*), 사업(*business*), 기능(*function*) 관점에서 각각의 사업전략과 계획을 어떻게 수립하는지, 또 이런 세 가지 관점을 어떻게 통합하는지를 설명한다. 그의 '기능전략의 기본요소'(*The fundamental elements of the definition of a functional strategy*)를 보면 기능전략이 기업전략, 사업전략과 어떻게 연계되는지, 기능전략은 어떻게 기업

전략, 사업전략을 실행하는 것만이 아니라 기업과 사업의 핵심경쟁력의 원천을 만드는지 볼 수 있다.1

<그림 16-1> 기능전략의 기본요소

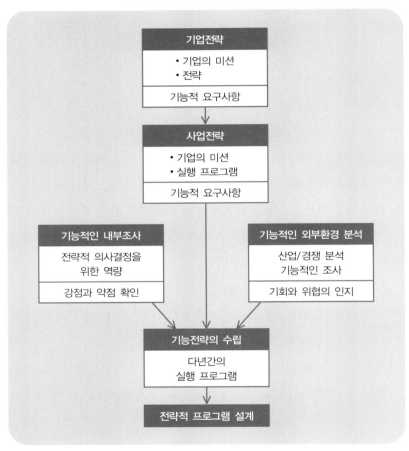

1 Arnoldo C. Hax and NIcolae S. Majluf, *The Strategy and Process*, Prentice Hall, pp. 24~31.

1. 두세 명의 동료들과 함께 사업계획을 수립할 사업 아이템을 하나 결정하라. 그리고 각자 사업계획의 목차 항목들을 정하라. 그리고 이를 비교하라. 동료들이 작성한 사업계획 목차 항목 간에 왜 차이가 있는가?

제17장
· · ·
누구와 이 사업을
같이할 것인가?

■■■■ 사업의 성공은 누구와 같이하느냐에 따라 대부분 결정된다

인력 프로세스는 전략이나 운영 프로세스보다 더욱 중요하다. 시장의 변화를 판단하고 올바른 판단에 근거하여 전략을 수립하며 전략을 행동으로 옮기는 주체가 사람이다. 결론적으로 말해 효율적인 인력 프로세스를 갖추지 못하면 비즈니스의 잠재력을 충분히 발휘할 수 없다. … 전통적인 인력 프로세스의 가장 큰 단점 중 하나는 사람들이 현재 수행하는 업무를 평가하는 데 지나치게 치중하는 역행적 진단(*backwards looking*)이다. 더 중요한 것은 미래의 업무를 수행할 능력이 있는지 평가하는 일이다 … .1

　　—래리 보시디 & 램 차란(Larry Bossidy & Ram Charan), 《실행에 집중하라》 중에서

---

1 Larry Bossidy & Ram Charan, *Execution*, 김광수 옮김(2004), 《실행에 집중하라》, 21세기 북스, 187~191쪽.

창업을 하든 기업 내에서 어떤 일을 하든 가장 중요하면서 시급한 것 중 하나가 같이 일을 할 팀을 만드는 것이다. 팀을 만드는 일은 사람을 모으고 서로 역할 분담을 하는 것이다. 나는 어떤 사람과 이 사업을 같이 할 것인가? 여기에서 사실상 사업의 성패가 거의 결정 난다. 사업의 성공은 실행에 달려 있고, 그 실행의 핵심은 성과를 낼 수 있는 사람을 확보하고 이 사람들이 성과를 낼 수 있도록 하는 것이기 때문이다. 따라서 성과를 낼 수 있는 뛰어난 사람을 확보해야 한다. 성과를 낼 수 있는 뛰어난 사람을 어떻게 확보하는가? 다음과 같은 일들을 해야 한다.

- 어떤 사람이 이 사업에 필요한지 정한다.
- 사람을 만나 이 사업에 필요로 하는 사람인지 파악한다.
- 합류시킨다.
- 몰입하여 성과를 낼 수 있도록 환경을 만든다.
- 이 사람이 계속 같이할 수 있도록 한다.
- 필요한 사람들을 미리 파악하고 육성하여 인재 풀(pool)을 만든다.

어떤 사람이 이 사업에 필요한가?

사람이 왜 필요한가? 혼자서 못하기 때문이다. 즉, 어떤 역할을 맡기기 위함이다. 어떤 사람이 필요한가 라는 질문은 어떤 역할을 맡길 것인가를 정하는 데서 시작한다. 역할을 맡기기 위해선 그 역할이 어떤 성과를 내야 하고 어떤 일들을 해야 하는지, 이를 위해 어떤 역량을 갖춘 사람이 필요한지 정해야 한다.

어떤 역량을 갖춘 사람이 필요한지 정하기 위해 가장 좋은 방법은 조직을 그려보는 것이다. 역할 분담의 모습이 조직이다. 따라서 먼저 조직을 그려보면 어떤 사람들이 필요한지 알 수 있다.

창업을 하는 사람들은 말할 것도 없고 대기업에서 오랜 사업경험을 가진 사람들도 조직을 그려보라고 조언하면 의외로 힘들어 한다. 이제 처음 창업을 해보는 사람이야 이해가 간다고 하더라도 오랜 사업경험을 가진 사람들이 조직을 그리지 못하는 것은 다소 의외이다. 아마 큰 기업의 경우에는 오랜 기간 동안 조직이 이미 운영되어왔기 때문에 스스로 조직을 짜는 경험을 해보지 않아서일 것이다.

"어떤 사람이 필요한지 정해야겠죠? 그럼 조직을 먼저 그려보세요."

"왜 조직을 그려보면 되지요?"

"사람을 필요로 하는 것은 혼자서는 목표를 달성하지 못하기 때문이죠. 결국 목표를 달성하기 위해 일을 나눠서 그 일을 맡길 사람을 찾는 것이죠. 일을 나눠서 하는 것이 무엇입니까? 조직을 만드는 것이죠. 역할 분담이 조직이니까요. 뭐 조직이란 말이 싫으시면 그냥 역할 분담이라고 하죠."

"음 그렇군요. 그런데 조직을 짜본 적이 없어서 ⋯. 어떻게 해야 하나요?"

조직을 어떻게 그리는가? 조직은 일을 수행하는 체계이다. 파트 II, III에 나온 일들을 수행하는 체계가 조직이다. 따라서 해야 할 일들을 쭉 나열해놓고 직책을 부여하면 된다. 해야 할 일들을 쭉 모아서 위로부터 아래로 정리해나가는 것이다.

가장 간단하게 그려보면 사장이 있고 사장 밑에 생산 담당, 영업·마케팅 담당, 스태프(staff) 담당이 있을 것이다. 또 생산 담당, 영업·마케팅 담당, 스태프 담당 내에 세부 업무별 담당이 더 있을 것이다. 예를 들면 스태프 담당 산하에 재무, 회계, 인사 담당을 그릴 수 있을 것이다. 초기기업의 경우에는 조직이 작기 때문에 상대적으로 단순하겠지만 반드시 단위업무까지 반영한 조직을 그린다.

조직을 그렸으면 조직에서 해야 하는 일을 기입한다. 단계별 목표(언제까지 어떤 성과를 낸다)와 역할(무슨 일을 한다)을 정리하는 것이다. 예를 들면 생산 담당의 경우 1차 시제품을 어느 수준의 품질로 언제까지 만들고, 상품을 어느 수준의 품질로 언제까지 만든다는 단계별 목표와 역할을 구체적으로 정하는 것이다. 영업·마케팅 담당의 경우에도 '언제까지 어느 정도의 타깃 고객을 확보한다. 그것을 위해 시장조사, 상품 프로모션과 영업을 한다'라는 식의 구체적 역할을 정한다.

이런 식으로 단위업무까지의 조직 그리고 조직별 단계적 목표와 역할을 정리하면 시기적으로 필요한 조직의 모습이 그려진다.

"말씀을 듣고 보니 그리 어려운 것이 아니군요. 이제 다 되었나요?"

"네, 다 되었습니다. 큰 조직의 경우에는 기능별 조직이냐, 사업부제 조직이냐, 또 이것을 혼합한 형태냐 하는 문제가 있지만 이것은 좀 큰 조직에서 고민해야 하는 문제이죠. 조직의 형태도 근본적으로는 조금 전에 설명 드린 것에서 출발하는 것입니다."

막 새로운 사업을 시작한 사람들은 이런 질문을 하곤 한다.

"초기에는 사람들도 몇 명 되지 않는데 무슨 조직인가요?"

"네 사업 초기에는 많은 일들을 몇 명이 처리해야 할 것입니다. 아마

많은 것들은 사장이 혼자서 다 처리해야 할 것입니다. 그렇더라도 조직 기능을 그리는 것이 좋습니다. 사장이 CTO 또는 CFO 등을 겸임할 수 있지만, 사장으로서 하는 일과 CTO 또는 CFO로서 하는 일은 다르기 때문입니다. 한 사람이 여러 가지 역할을 겸임하게 되더라도 조직을 명시적으로 정의해놓음으로써 일의 역할, 책임과 권한을 명확하게 할 수 있습니다. 또 조직이 커짐에 따라 필연적으로 겸임을 없애고 새로운 사람을 영입해야 하는데, 이때도 필요합니다."

여러 개의 사업을 운영하는 사람들은 주로 조직의 형태에 대한 질문을 많이 한다.

"상품이 몇 개 있고 사업지역도 해외를 포함해서 광범위한데, 사업부제로 갈 것인지 기능 중심 조직으로 갈 것인지, 어떤 것이 옳은지 판단이 잘 안 섭니다."

"조직을 설계하는 시점에서 사업의 추진력이 중요한 경우에는 사업부제로, 전문성이 중요한 경우에는 기능 중심 조직으로 가는 것이 일반적입니다만 각기 장단점이 있기 때문에 혼합하여 사용하는 경우도 있지요. 옳고 그른 답이 있기보다는 무엇을 그 시점에 중요하게 생각하느냐가 선택의 기준입니다."

이런 식으로 조직 그리고 조직별 목표와 역할을 정리하면 그 목표와 역할에서 성과를 낼 수 있는 사람을 정의해야 한다. 어떤 역량을 갖춘 사람이 단위조직의 역할을 잘 수행해서 목표를 달성할 수 있는지 생각하고 정리하는 것이다.

참고로 조직의 형태는 다양하며, 다음과 같은 형태가 일반적이다.

- 기능식 조직: 전문적인 기능에 따라 구성된 조직
- 사업부제 조직: 사업 단위별로 구성된 조직
- 매트릭스 조직: 기능식 조직과 사업부제 조직이 결합한 형태
- 태스크포스 조직: 특정한 임무나 문제해결을 위해 운영되는 한시적인 조직

이쯤에서 흔히들 만나게 되는 문제가 하나 더 있다.

"조직을 상위조직까지는 그릴 수 있는데, 그 조직이 해야 할 일들을 구체화하기가 어려워요. 제가 세부적으로는 잘 모르거든요."

"그것을 모르면서 사업을 하는 것은 준비가 덜 된 상태에서 사업을 하는 것입니다. 모든 것을 세세하게 다 알 수는 없지만 적어도 당신이 필요로 하는 사람이 무슨 일을 해야 하는지는 알아야 합니다. 지금이라도 이것을 도와줄 수 있는 사람을 만나서 자문을 구하고 공부를 하세요."

무슨 일을 할 줄도 모르면서 사업을 하겠다는 것이다. 무슨 일을 맡기는지 모르면서 사람을 뽑겠다는 것이다. 이건 정말 재앙에 가깝다. 많은 리더들은 보통 고차원적인 전략을 수립하는 데 집중하고 실행은 사소한 것으로 여겨서 아랫사람에게 위임하는 것이 옳다고 생각하는 경향이 있다. 이는 크게 잘못된 것이다. [2]

---

2 Larry Bossidy & Ram Charan, *Execution*, 김광수 옮김 (2004), 《실행에 집중하라》, 21세기 북스, 19쪽.

■■■ 필요한 사람인지 파악하는 방법

어떤 역할을 맡길 사람을 찾고 있다. 어떤 성과를 내야 하고 어떤 일들을 해야 하는지, 이를 위해 어떤 역량을 갖춘 사람이 필요한지 알고 있다. 자, 당신은 이제 어렵사리 소개 받은 외부의 사람 또는 회사 내부에서 추천된 사람들을 만난다. 이제 해야 할 일은 당신이 원하는 사람인지 파악하는 것이다.

많은 조직에서 사람을 뽑을 때 학력과 경력을 적은 서류 그리고 시험 등을 통해 역량과 리더십을 본다. 면접을 통해서 이것들을 확인한다. 그리고 기대했던 성과가 나지 않으면 이렇게 이야기하며 답답해한다.

"경력이 훌륭하고 그 분야에서 많은 경험을 가진 사람을 뽑았는데."

"학벌이 뛰어난데."

"역량이 뛰어난 사람을 뽑았는데."

"인품이 훌륭한데."

"리더십이 뛰어난데."

"주위의 평가가 훌륭한데."

질문을 해보자. 어떤 사람을 원하는 것인가? 맡은 역할을 잘 수행해서 목표를 달성할 수 있는 사람을 원하는 것 아닌가? 경력, 경험, 학벌, 역량, 인품, 리더십이 뛰어나면 성과를 낼 수 있는가? 이 모든 것을 잘 갖춘 사람이라면 성과를 낼 가능성은 높아질 수 있겠지만 이렇게 많은 역량을 갖춘 사람을 찾기는 쉽지 않다. 더군다나 경력, 경험, 역량, 인품, 리더십의 일부를 갖춘 사람이라고 해서 성과를 잘 낼 것이라고 가정하기는 어렵다. 목적은 성과를 내는 것이다. 목표한 성과를 내기 위해 성과를 낼 수 있는 사람을 뽑는 것이다. 사람을 뽑을 때 '이 사람이 과연 목표한 성과를 낼 수 있겠는가?'가 중심에 있어야 한다.

또 주변평가(reference check) 역시 상당히 중요하다. 같이 일을 했던 사람들의 평가를 들어보는 것은 매우 유용한 참고가 된다. 그러나 주변 평가가 좋다고 해서 그 사람이 반드시 이 일에서 성과를 낼 수 있는 것은 아니다.

참고할 사항들도 분명히 챙겨봐야 하지만 가장 핵심적인 방법은 맡길 일에 대하여 후보자의 성과목표 달성계획을 듣고 직접 판단하는 것이다. 직접 물어봐라. "당신이 이 일을 맡으시면 어떻게 성과를 내시겠습니까"라고 말이다. "일단 일을 맡은 후에 먼저 파악을 하고 방법을 찾겠습니다"라는 답변에 넘어가선 안 된다.

별명이 '찍새'인 사람이 있었다. 그가 대기업에서 많은 신규사업을 기획하고 출범시키는 일을 하면서 얻은 별명이다. 신규사업 프로젝트를 위해서 첫 번째로 하는 일은 프로젝트 팀을 꾸리는 것이다. 프로젝트를 성공시키기 위해서는 프로젝트 팀 내에 역할 분담을 하고 그 역할을 잘 수행할 수 있는 사람을 합류시켜야 한다. 어떤 사람이 필요한지 정의하고 나서 이 사람은 긴 시간을 면담에 사용했다. 보통 이런 식의 대화가 이루어졌다.

"이번에 프로젝트 팀원을 리크루팅 하고 있습니다. 우선 이 프로젝트가 무엇을 하려는 것인지, 제가 어떤 역할을 수행할 수 있는 사람을 리크루팅 하려 하는지, 또 제가 생각하기에 귀하가 이 일을 하면 무엇을 얻을 수 있는지 충분히 설명할 기회를 가졌으면 합니다. 그리고 나서 본격적인 인터뷰를 하고자 합니다. 그 인터뷰는 귀하가 이 일에서 성과를 낼 수 있는지를 서로 논의하는 것입니다. 그러고 나서 귀하께서 참여할 것인지 판단하십시오. 또 저도 귀하를 참여시킬 것인지 판단할 것입니다."

"당장 결정하는 것은 아니군요. 좋습니다. 제 입장에서도 제가 이 일을 통해 무엇을 얻을 수 있는지 또 제가 이 일을 해낼 수 있는지를 충분히 판단하는 것이 중요하니까요. 그리고 프로젝트 팀을 구성하는 입장에서도 잘해낼 수 있는 적임자를 찾아야 할 테니까요."

어떤 프로젝트인지 이해를 충분히 하고 면담자가 관심 있는 경우 '성과를 어떻게 낼 수 있는지'에 대한 토론으로 이어졌다. '성과를 어떻게 낼 수 있는지'에 대한 토론을 할 때 반드시 고려해야 할 것이 있다.

첫째로, 필요한 정보와 생각할 시간을 주어야 한다. 필요한 정보와 시간을 충분히 주지 않으면 당신은 그 업무에 상당히 익숙한 사람만을 선택할 가능성이 높다. 당장 그 업무에 대하여 익숙하지는 않지만 자질 그리고 배움과 문제해결 능력이 뛰어나서 금방 적응하고 성과를 내는 사람들이 있다.

둘째로, 자신이 피면접자가 대답하는 내용을 잘 모르는 경우가 있을 수 있다. 자신이 잘 모르는 내용을 판단할 수 있는 사람은 없다. 피면접자의 생각을 듣고 판단할 수 있는 사람들이 같이 후보자의 계획을 들어야 한다.

답변과 토론을 통해 다음과 같은 사항을 체크한다.

• 맡길 일의 성과목표를 스스로 성취할 수 있는가?
• 현재 회사가 제안하는(또는 추가적으로 제공할 수 있는) 업무환경에

서 후보자가 성과를 내기 위해 몰입할 수 있는가?

• 타 업무를 수행하는 사람의 성과 성취를 크게 방해해서 타 업무를 수행하는 사람이 성과를 낼 수 없는가?

• 사업을 하는 근본적인 동기에 동의하는가?

이런 사항을 만족하는 사람이면 당신이 필요로 하는 사람이다.

보통 이러한 대화는 많은 시간을 필요로 한다. 따라서 시간에 대한 부담 때문에 이러한 대화를 간략하게 하거나 남에게 맡기려 하는 경우를 많이 보아왔다. 여기에 많은 시간을 들이는 것이 비효율적이라니 천만의 말씀이다. 이것은 굉장히 효율적이다.

성과를 낼 수 없는 사람을 뽑았다고 생각하자. 그 사람이 성과를 낼 수 없는 사람이란 것을 알기까지, 그리고 다른 사람을 찾는 과정까지의 시간과 노력을 생각해보라. 어마어마한 낭비 아닌가?

■■■만난 사람이 만족스럽지 못할 때

문제는 이렇게 100% 만족할 만한 사람을 만나기는 쉽지 않다는 점이다. 이때 가장 좋은 방법은 계속 찾는 것이다. 성과를 낼 수 있는 사람을 합류시키는 것이 사업의 알파요 오메가이다. 시간을 충분히 써야 한다. 그러나 100% 만족스럽지 않더라도 사람을 뽑아야 할 때가 있다. 시간적인 제약을 고려할 때 100% 만족할 수 있는 사람을 찾기가 불가능하다고 판단되는 경우이다.

맡길 일의 성과목표를 스스로 성취해내긴 어려우나, 회사가 어떤 부분을 도와주면 성과목표를 성취해낼 수 있는 경우가 있다. 이때는 회사가 일정 정도의 도움을 주는 것을 생각해본다. 후보자의 부족한 부분을 회사가 보완해서 성과를 내는 것이다.

이때 보완을 누가 어떻게 해줄 수 있는지 생각하게 될 것이다. 우선 생각할 수 있는 것이 사람의 조정이다. 가장 바람직한 것은 보완이 필요한 부분을 해낼 만한 든든한 조력자를 그 조직 내에 배치하는 것이다. 이때 반드시 해야 할 일이 하나 있다. 보완이 필요한 사항을 후보자의 차상위자가 챙기는 것이다.

또 하나는 조직의 조정이다. 보완이 필요한 사항을 빼고 그 후보자가 잘할 수 있는 영역을 중심으로 조직의 기능을 정하는 것이다. 이때 책임과 권한 설계를 추가적으로 해야 한다. '보완이 필요한 사항'에 대한 권한과 책임을 '기능이 조정된 조직, 즉 보완이 필요한 사항을 수행하지 않는 것으로 조정된 조직'과 '보완이 필요한 사항을 추가적으로 수행하는 조직'이 공동으로 가져가야 한다. 조직의 기능에서는 빠졌지만 그 조직이 성과를 내기 위해선 '도움을 받는 부분'의 성과도 중요하기 때문이다. 또 이 부분은 차상위자가 반드시 챙겨야 하는 사항이다. '후보자가 도움을 받는 부분'에 대한 책임과 권한을 도움을 받는 조직과 도움을 주는 조직에게 전적으로 위임하지 않아야 한다. 정리하면 '후보자가 도움을 받는 부분'의 책임은 차상위자와 도움을 받는 조직과 도움을 주는 조직이 공동으로 가지고 최종 권한은 차상위자가 가지도록 한다.

보완을 하는 경우, 일정 기간 후에 후보자가 '후보자가 도움을 받는 부분'에 대한 역량을 신장시킨다는 개발 계획을 가지도록 하고 실행역량이 이루어졌다고 판단되는 경우 조정해준다.

　이렇듯 보완하는 것은 쉽지 않은 일이다. 보완하는 과정 자체가 시간과 사람의 추가적 투입을 필요로 하며, 또 협력하는 과정에서 성과를 내는 데 장애물이 생길 수도 있다. 성과를 낼 수 있는 사람을 찾는 것이 중요한 것이다. 가장 바람직한 것은 미리 이런 후보자들을 많이 보유하는 것이다.

　우리나라 소프트웨어 기업의 예를 들어보자. 보통 소프트웨어 기업의 인사에 있어 제일 고민스러운 것 중 하나는 사업 책임자를 결정하는 일이다. 우리나라의 소프트웨어 인력은 상당히 전문화되어 있어서 사업을 책임질 사람을 찾는 것이 어렵다. 소프트웨어의 전문영역으로 보면 개발, 디자인, 기획, 영업인데, 사업 책임자는 이 모든 영역에 대해 제대로 된 이해를 가지고 있어야 성과를 낼 수 있는 가능성이 높다. 특히 이 중에서도 개발과 기획을 제대로 아는 것이 중요하다. 그러나 모든 영역에 대한 이해는커녕 개발과 기획을 동시에 이해하는 사람들을 찾기가 극히 힘들다. 그래서 보통 취하는 방식은 기획에 전문성이 있는 사업 책임자를 선정하는 경우에는 개발을 잘 이해하는 부하직원을 배치하고, 거꾸로 개발에 전문성이 있는 사업 책임자를 선정하는 경우에는 기획에 경험이 있는 부하직원을 배치하는 것이다.

■■■ 동지가 될 만한 후보자를 어떻게 찾을 것인가?

이쯤에서 이런 궁금증이 들 것이다.

"그래요, 어떤 사람이 필요한지, 또 사람과 만나 파악을 하는 방법, 또 만난 사람이 다소 만족스럽지 않더라도 대안이 없을 때 어떻게 해야 하는지도 이젠 알겠어요. 그런데 일단 파악해볼 사람이 있어야 하는 것 아닌가요?"

맞는 말이다. 평소 사업을 하려고 준비하는 사람 또는 사업을 하고 있는 사람은 항상 합류시킬 사람의 풀을 만들어놓아야 한다. 자신의 인적 네트워크를 활용해서 계속 합류시킬 만한 사람과 인적 네트워크를 구축하는 것이다. 또 사업을 하는 사람은 미래에 대비하여 인력을 육성해야 한다. 어떤 인력을 육성하는가? 다음에 사업의 중요 역할을 맡을 가능성이 있는 사람들을 찾고 키우는 것이다.

이쯤에서 또 이런 궁금증이 들 것이다.

"당장 필요한데 미리 구축해놓은 인적 네트워크에서도, 조직 내부에서도 찾을 수가 없는데, 이때는 어떻게 하나요?"

이럴 때는 외부의 도움에 의존하는 수밖에 없다. 인적 네트워크가 뛰어난 사람들의 도움을 받는 것이다. 당신의 지인들에게 도움을 요청함과 동시에 헤드헌터3의 도움을 받는 것이다.

---

3 헤드헌터(*headhunter*) : 인재를 찾고 채용하는 것을 도와주는 기업.

■■■ 어떻게 합류시킬 것인가?

다행히 당신이 원하는 사람을 당신의 조직에서 찾을 수 있었다. 그와 새로운 업무에 대하여 이야기를 해보니 충분히 성과를 낼 것으로 기대가 된다. 참으로 행복한 경우이다. 외부의 후보자와 대화를 나누어보았다. 맡길 일의 성과목표를 스스로 성취해낼 수 있고, 회사 전체의 성과 달성을 위해 잘 협력할 수 있는 뛰어난 인재이다. 이 역시 참으로 행복한 경우이다.

자, 이제 이 외부의 후보자를 어떻게 합류시킬 것인가? 합류를 시키는 과정은 서로 간에 기대를 일치시키는 과정이다. 또 그 사람이 자신의 역할에서 성과를 내기 위하여 몰입하는 데 중요한 영향을 미치는 과정이다.

우선 솔직하게 대화를 하라. 당신도 이 사업을 처음 시작할 때 많은 고민을 했다. '내가 이 사업을 통해 무엇을 얻을 것인지', '무엇을 투자할 것인지', 또 '실패하면 무엇을 잃을 것인지'에 대해 생각하고 결심하는 시간을 가진 것이다. 그 사람도 당신이 고민한 것을 똑같이 고민하고 있을 것이다. 이것을 서로 솔직하게 이야기하는 것이다. 그리고 망설이는 부분이 있다면 어느 부분에서 망설이는지를 경청하고 방법을 찾아라. 사업을 시작하는 동기와 짊어지려는 리스크는 사업을 만드는 사람이든 사업에 참여하는 사람이든 본질적으로 동일하다. 돈, 보람, 그리고 일자리의 안정성이다.

돈은 급여, 인센티브이다. 급여는 시장에서의 가치다. 그 사람에게 걸맞은 대우를 해줘야 한다. 만약 회사 규칙상 그 사람에게 걸맞은 대

378

우를 해주기 어려울 때는 두 가지 대안이 있다. 하나는 사이닝 보너스 (signing bonus)이다. 급여와 기대수준을 사이닝 보너스로 메우는 것이다. 사이닝 보너스를 제공하기에는 당장의 재무적인 사정상 어려운 경우에는 인센티브의 조건을 개선해주는 것을 고려한다.

인센티브는 성과에 대한 동기부여다. 어떤 역할과 성과를 기대하는지에 따라 결정하는 것이다. 인센티브는 현금으로 지급하는 성과급 그리고 주식〔주식의 제공(stock grant) 또는 스톡옵션(stock option)〕이 있다.

보람은 다양한 요소가 있지만 역할, 책임 및 권한과 밀접하다. 직책 그리고 직위이다.

여기에서 다시 한 번 강조하고 싶은 것이 하나 있다. 솔직해야 한다. 사람을 참여시키기 위해 거짓을 이야기하거나 지키지 못할 약속을 하는 경우가 있다. 이는 인간적으로도 심지어 사업적으로도 좋은 결과를 만들지 못한다. 자신을 합류시킬 때 했던 말이 거짓이었음을 안다면 그 사람이 사업에 제대로 협조하겠는가? 서로 맞지 않는다면 합류시키지 마라.

토론을 위한 질문

1. 여러분은 이제 막 당선된 대통령이다. 여러분이 생각하는 가장 중요한 국정목표의 하나는 국민들의 근로소득세를 줄이는 것이다. 이 일을 할 사람을 여러분은 뽑아야 한다. 이 일을 제대로 수행하기 위해 어떤 사람을 어떻게 뽑을 것인가?

제18장
· · ·
어디까지 맡기고
어디까지 챙길 것인가?

여러분은 노력 끝에 주요 기능을 담당할 사람들을 합류시켰다. 이들과 역할 분담을 해서 성과를 내야 한다.

기능적인 역할 분담, 즉 횡적 역할 분담은 상대적으로 명확하다. 마케팅, 생산, 판매, 애프터서비스, 기획, 재무, 인사처럼 말이다. 횡적 역할 분담은 대부분 하는 일이 명확하게 다르기 때문에 하기 쉽다. 또한 횡적 역할은 대부분 서로 수평적이기 때문에 상호 견제가 되어 역할 분담이 이루어지면 이것이 운영되기가 쉽다.

문제는 종적 역할 분담이다. 횡적인 역할 분담이 기능적인 역할 분담인 데 비해 종적 역할 분담은 상위자와 부하직원 간의 역할 분담이다. 보통 큰 조직의 경우 팀원-팀장-본부장-부문장-사장 같이 여러 개의 단계로 이루어져 있다. 횡적 역할 분담의 경우 하는 일이 명확하게 다른 반면, 종적 역할 분담의 경우 다루는 일은 근본적으로 동일하다.

결국 종적 역할 분담은 일을 기능적으로 나누는 것이 아니라 책임과 권한을 분담하는 것이다.

어디까지 책임과 권한을 가지게 할 것인가? 어디까지는 스스로 결정하고 집행하게 할 것인가? 어디까지 상위자의 승인을 받게 할 것인가? 상위자의 승인사항은 아니지만 어디까지 상위자가 알 수 있도록 할 것인가? 이런 것을 결정해야 한다.

보통 종적 역할 분담은 리더십 스타일의 문제로 치부해버리는 경향이 있다. 무조건적으로 부하에게 다 맡기고 전폭적인 신뢰를 보내는 리더의 스타일, 꼼꼼하게 하나하나를 챙기는 리더의 스타일 등 리더의 성격과 경향에 따라 종적 역할 분담이 결정된다고 생각하는 사람이 많다.

또 종적 역할 분담의 방법은 업무의 속성에 따라 정해져야 한다고 생각하는 경향이 많다. 예를 들어 새로운 사업에 도전해야 하는 상황이면 대부분의 권한을 위임해서 돌파력을 키워줘야 한다고 생각하고, 재무, 회계, 리스크 관리 같은 일들은 거의 모든 것을 꼼꼼하게 따져야 하기 때문에 권한 위임을 적게 해야 한다고 생각하는 사람들이 많다.

일견 타당해 보이지만 이것은 근본적으로 잘못된 것이다. 종적 역할 분담 방식은 리더의 스타일이나 업무의 속성에 따라 결정되는 것이 아니다. 성과를 내기 위해 어떤 종적 역할 분담을 하느냐의 문제인 것이다. 성과를 내는 인간의 유형은 존재하지 않는다.

다음과 같은 질문을 스스로 던져보자.

"능력이 되지도 않는 부하에게 대부분의 권한을 위임하는 호쾌한 스타일의 리더는 과연 성과를 낼 수 있을 것인가?"

"모든 것을 거의 완벽하게 실행해서 성과를 낼 수 있는 부하직원에게 권한을 위임하지 않고 모든 것을 챙기는 꼼꼼한 스타일의 리더는 과연 그 부하직원 이상의 성과를 낼 수 있겠는가? 더구나 그는 그 부하직원 보다 성과를 내야 할 영역이 더 많은데, 나머지 영역에 대해선 그가 성과를 제대로 낼 수 있겠는가?"

"돌파력이 필요한 새로운 프로젝트의 경우 그 프로젝트 리더의 역량과 관계없이 모든 권한을 위임하는 것이 성과를 낼 수 있는 방법인가?"

"스태프 업무들은 스태프들의 역량과 관계없이 권한 위임을 하지 말아야 하는 것인가?"

역할 분담을 하는 이유는 무엇인가? 혼자서는 목표를 달성하지, 즉 성과를 내지 못하기 때문이다. 성과를 낼 수 있는 역할 분담을 해야 한다. 리더의 스타일이나 업무 속성과는 아무런 관련이 없는 것이다. 성과를 낼 수 있는 역할 분담, 횡적·종적 역할 분담, 이것을 하면 된다.

■■■ 상위자는 내게 권한을 부여했다고 하지만
나는 권한이 전혀 없어요

한 벤처기업은 지난 2년간 상품개발을 성공적으로 마치고 이제 본격적으로 시장을 공략할 시점이 되었다. 이 회사의 CEO(Chief Executive Officer)는 이 시점에 맞추어 마케팅 전문가를 영입하여 CMO(Chief Marketing Officer)로 임명했다. 이 CEO는 CMO의 목표와 해야 할 역할을 잘 이해하고 있었고 오랜 시간의 인터뷰 끝에 이 사람을 선택하였다. CMO로 영입된 사람은 어떻게 목표를 달성할 수 있는지 그 방법을 명확하게 알고 있었고, 그것을 충분히 실행할 만한 리더십과 역량을 갖추었다.

몇 달이 지나지 않아 그 CMO가 고민을 털어놓았다.

"회사를 그만두려 합니다."

"왜요?"

"성과를 낼 수 없습니다."

"뜻밖의 말을 들으니 놀랍네요. 그 회사의 상품도 뛰어나고, 본격적인 마케팅을 위해 필요한 자금도 확보했고, 당신의 마케팅 역량이면 큰 성과를 낼 것이라고 기대를 했는데요. 상품이나 자금 측면에서 문제가 생겼나요?"

"그렇지 않습니다. 프리마케팅(*premarketing*)을 해본 결과 시장반응이 아주 좋아요. 또 아시는 것처럼 벤처캐피털에서 투자하기로 한 자금도 이미 입금이 된 상태입니다. 제가 생각하기엔 마케팅을 벌이기에 충분한 자금이고요. 또 제가 합류한 이후에 저와 같이 일을 할 전문가들도 순조롭게 확보했습니다."

"그런데 왜 그런 말씀을 하시나요?"

"상품과 자원 그리고 뛰어난 인력을 확보하였지만 목표로 한 성과를 낼 수 없을 것 같습니다. 성과를 낼 수 없는데 계속 자리만 지키고 있는 것은 저의 경력에도 도움이 안 되고 또 회사에게도 미안한 일이라고 생각합니다."

"성과를 낼 수 없다고 생각하는 이유가 무엇입니까?"

"제가 성과를 내기 위해 할 수 있는 일이 없습니다. 제 나름대로 성과를 낼 수 있겠다고 생각하는 방법이 있지만 제가 이것을 실행할 수 없습니다. 제겐 아무런 권한이 없습니다. 실은 CEO님이 모든 것을 지휘하고 있습니다. CEO님이 성과를 낼 수 있다고 생각하는 방법은 제가 볼 때는 실패할 확률이 높고 또 성공하더라도 그리 성과가 크지 않을 것으로 생각됩니다."

이런 이야기를 CMO와 나누고 나서 그 회사의 CEO를 만나 물어보았다.

"저번에 새로 뽑으신 CMO는 일을 잘해나가나요?"

"네 아주 대만족입니다. 아주 뛰어난 지식과 역량을 갖추고 있는 것 같아요. 우연의 일치인지 모르지만 전략 방향에 대해서도 저의 생각과 거의 일치합니다."

"서로 생각이 다른 부분은 없나요?"

"거의 없는데요. 왜 그러시죠?"

"중요한 일이니 잘 생각해보시기 바랍니다."

"아 뭐, 마케팅 전략, 그러니까 STP1나 4P2 관련해서 몇 가지 의견 차이가 있긴 있었지요. 하지만 토론을 통해서 의견의 일치를 보았습니다. 일부는 CMO의 의견을 따르기도 하고 일부는 제 의견을 관철시켰지요. 또 실행의 세부사항에 관련해서도 몇 가지 의견차이가 있긴 합니

---

1 STP(Segmentation, Targeting, Positioning) : 마케팅 전략의 하나로 시장을 세분화 (*segmentation*)하고, 이중 표적시장을 선정(*targeting*)하며, 이에 따라 상품을 표적 시장에 맞도록(*positioning*) 커뮤니케이션 등을 하는 것.

2 4P(Product, Price, Place, Promotion) : 마케팅 전략의 하나로 상품(*product*), 가격(*price*), 유통(*place*), 고객과의 커뮤니케이션(*promotion*)을 잘 혼합해서 마케팅 효과를 극대화하자는 것이다. 4P 믹스(*mix*) 또는 마케팅 믹스라고도 부른다.

다만 대부분 CMO의 의견을 따르는 편입니다."

이 순간에 '아하, 정말 문제가 많구나' 하는 생각이 머릿속을 스친다.

"CEO님, CMO와 역할 분담은 어떻게 하고 계십니까? CMO에게 어디까지 맡기고 무엇을 챙기십니까?"

"CMO가 뛰어난 분이라 마케팅에 관해서는 다 맡기고 있지요. CMO는 마케팅 관련 모든 권한을 다 가지고 있습니다."

"챙기지는 않으십니까?"

"챙긴다기보다는 현황파악을 매주 두 번씩 하고 있죠. 관련 임원들도 참석해서요. 아시는 것처럼 저희가 이제 본격적인 마케팅 활동을 시작하지 않습니까?"

"마케팅이 잘 진행되지 않으면 누구의 책임입니까?"

"CEO인 저와 CMO의 책임이겠지요. 저야 CMO를 보임시켰고 또 그에게 책임과 권한을 주었으니 제가 당연히 책임을 져야 할 것이고, CMO는 책임과 권한을 가지고 있으니 당연히 책임을 져야겠지요."

"제가 보기엔 CEO님께서 CMO에게 책임은 부여하셨는지 모르지만 그 책임을 실행할 수 있는 권한을 주신 것 같지는 않습니다. 만약 CMO가 책임을 다할 수 있는 권한을 가지지 못해서 목표로 한 성과를 내지 못한다고 하면 CMO에게 책임을 물을 수는 없는 것 아닙니까?"

"그렇다면 책임을 물어서는 안 되겠지요. 그렇지만 저는 책임에 맞는 권한을 주었습니다. 그리고 마케팅 관련 의사결정에 있어 CMO의 의견을 꼭 듣고 가능한 한 수용합니다. 저는 믿고 맡기는 편입니다. 더군다나 CMO는 뛰어난 역량과 경험을 가지고 있어요. 제가 왜 권한 위임을 하지 않겠습니까?"

CEO는 이어지는 질문을 잘 이해하지 못하겠다는 듯 약간은 불쾌한 표정을 지으며 이야기했다. 어떻게 설명할 것인가? 이 CEO가 CMO와 비슷한 경우를 만나는 상황을 가지고 이야기를 풀어나가는 것이 좋겠다. 그래서 CEO에게 이사회에 대한 이야기를 꺼냈다.

"예를 하나 들어보지요. 이사회를 운영하고 계시죠?"

"네, 이사회는 저와 CFO, 그리고 엔젤투자자 1인, 이번에 새로 투자한 창업투자회사에서 파견한 1인을 포함해서 모두 5명입니다. 매달 개최합니다."

"CEO이시지만 이사회에서 승인 받아야 하는 사항이 있으시죠. 어떤 것은 이사회에 설명해야 하는 것도 있으시고요."

"네, 그렇죠."

"이사회에서 승인 받아야 하는 사항과 설명해야 하는 사항 외에 모든 사업 운영내용을 이사회에서 논의하시나요?"

"아니죠."

"이사회에서 승인 받아야 하는 사항 외에 설명해야 하는 사항을 설명하시던 중 다른 이사회 멤버가 CEO님과 다른 의견을 가진 사항이 있다고 합시다. 다른 이사회 멤버가 그 사항에 대해서 CEO님 생각과 다르게 변화시켰으면 좋겠다고 제안하면 어떻게 하십니까?"

"음 일단 충분히 이해하려고 노력하죠. 그리고 그 의견이 좋다고 생각하면 받아들이고요. 그렇지 않다면 제 생각을 잘 설명하죠."

"그런데 무엇을 할 것인지 결정하시는 것은 CEO님이시죠?"

"네, 그렇습니다."

"결정하시는 것에 대해 다른 이사회 멤버들이 거북해 하거나 문제제기 하지는 않을까요?"

"그럴 수가 없지요. 그것은 제 권한이니까요. 그리고 이사회 관리규정에 명확하게 제가 이사회에서 승인 받아야 하는 사항과 승인사항은 아니지만 설명해야 하는 사항이 명시되어 있습니다. 그 외의 것은 CEO인 제 권한입니다."

"자 이제 이야기를 바꾸어보죠."

이제서야 CEO는 진지해지기 시작했다.

■■■ 책임과 권한을 부여한다는 것은 무엇을 의미하는가?

잠시 생각하던 CEO가 이야기를 시작했다.

"저는 CMO에게 권한을 위임했다고 생각해왔는데, 말씀을 듣다 보니 제가 권한 위임을 거의 안 하고 있다는 생각이 듭니다."

"맞습니다. 책임만 주시고 권한은 위임되어 있지 않아요. 제가 아까 챙기지는 않으시냐는 질문에 챙긴다기보다는 현황파악을 매주 두 번씩하고 있다고 말씀하셨죠. 그리고 CMO와 생각이 다른 것이 없느냐는 질문에 마케팅 전략, 그러니까 STP나 4P 관련해서 몇 가지 의견차이가 있었고 실행의 세부사항에 관련해서도 몇 가지 의견차이가 있었다고 말씀하셨죠. 의견차이에 대해서는 일부는 CMO 의견을 따르기도 하고 일부는 CEO께서 의견을 관철시켰다고 말씀하셨지요. 마케팅 전략과 실행의 세부사항에 대해 CMO가 결정할 수 있는 권한이 없는 것입니다. 다만 CEO께서는 CMO의 의견을 존중할 뿐인 것이죠. 세부적으로

388

현황파악 하시고 계시잖아요. 또 현황파악 하시다가 문제점도 지적하실 것이고, 변경이 필요한 부분에 대해서는 의견도 내시고요. 모든 세세한 것까지 다 챙기고 계시는 것 아닌가요? CMO는 세부적인 실행조차 자신의 권한으로 할 수 없는 것이고요."

이처럼 상위자는 권한을 위임했다고 생각하나 실제로는 권한이 위임되어 있지 않은 경우는 너무나 많다. 이 경우 CEO는 마케팅 관련 모든 권한을 CMO에게 주었다고 했지만 실은 아무 권한도 주지 않았다. 어디까지 권한을 가지게 할 것인가? 어디까지는 스스로 결정하고 집행하게 할 것인가? 어디까지 상위자의 승인을 받게 할 것인가? 상위자의 승인사항은 아니지만 어디까지 상위자가 알 수 있도록 할 것인가? 이것을 구체적으로 결정해야 한다.

또 이 결정을 지키기 위해서는 무엇보다 상위자의 노력이 필요하다. 구체적으로 결정하고 합의했다 하더라도 상위자의 무심결에 하는 행동에 이런 결정과 합의는 무산되고 만다.

"아, 절대로 당신의 권한을 침해하려는 것은 아닙니다. 그저 참고가 되길 바라는 마음에서 이야기하는 것이에요. 그 광고 카피 말이죠. 왠지 어색해보여요. 제 생각에는…."

이런 의견을 이야기하는 순간 권한 위임은 깨진다. 그 이후에는 아마 모든 것을 상의하러 올 것이다.

대화는 이어졌고 CEO는 질문을 던졌다.

"제가 어떻게 하면 좋을까요?"

"권한 위임의 기본으로 다시 돌아가서 하나씩 점검해봅시다."

■■■ 어디까지 맡기고 어디까지 챙길 것인가?
기준은 '성과를 낼 수 있는가'이다

"역할 분담을 하는 이유는 무엇입니까? 혼자서는 목표를 달성하지, 즉 성과를 내지 못하기 때문입니다. 즉, 성과를 낼 수 있는 역할 분담을 해야 합니다."

"그렇죠."

"CMO가 성과를 내는 데 부족한 부분이 있습니까? 막연히 두루뭉술하게 생각하지 마시고 CMO가 성과를 내기 위해 해야 할 일 중 이것 때문에 성과를 내는 데 실패할 가능성이 있다고 생각하시는 것을 이야기해보십시오."

"글쎄요. 다른 조직과의 협력이 아닐까 싶습니다. 고객 세그먼테이션, 타기팅, 포지셔닝, 상품, 가격, 유통, 프로모션 등은 뛰어납니다. 다만 합류한 지 얼마 안 되었기 때문에 상품에 관련된 개선이나 타 조직과의 조정은 어렵지 않을까 생각합니다."

"그러면 CEO께서는 그 부분을 챙기고 나머지는 맡기십시오."

"챙긴다는 것은 무엇입니까?"

"그 사안에 대해서 보고를 받으시고 의사결정은 CEO가 하시는 것입니다. 그 외 사안은 CMO가 결정하고 실행하도록 하십시오."

"그러면 그 두 가지 사안을 제외하곤 제가 아무런 보고를 받지 말아야 하는 것인가요? 적어도 어떻게 진행되고 있는지 제가 알고 있어야 하지 않겠습니까?"

390

"네 파악하셔야죠. 그런데 파악의 목적을 명확하게 해야 합니다. 그렇지 않으면 권한 위임이 깨집니다."

"음 파악의 목적이라, 좀 어렵군요."

"세부적인 가이드를 주시려면 궁금하더라도 혀를 깨물고 파악하지 마십시오. 권한 위임이 깨집니다. 파악을 하다가 '그 일은 이런 방식이 좋지 않을까요?'라는 질문을 하는 것은 간섭하는 것입니다. 챙기는 일이 아니고 맡긴 일이라면 이런 질문을 하는 순간 맡긴 것이 아닌 게 되죠."

"그러면 어떤 목적으로 파악해야 하나요?"

"파악하는 목적은 맡긴 일이라도 목표한 성과가 제대로 나지 않을 가능성에 미리 대비하기 위해서입니다. 목표한 성과가 제대로 나올 것인지 진행현황은 반드시 점검해야 합니다. '그 일은 이런 방식이 좋지 않을까요?'라는 질문을 하지 말라고 말씀드렸죠? 진행현황 점검에서는 이런 질문들을 해야 합니다. '그 일들을 통해 목표한 성과가 달성될 수 있다고 생각하나요?' '목표한 성과를 달성하기 곤란하다면 어떤 대책이 있습니까?' '대책을 실행하기 위해 권한을 조정해줘야 하는 것이 무엇이 있습니까?'"

진행현황 점검은 목표한 성과가 제대로 가고 있는지 점검하고 만약 계획대로 가기가 어렵다고 판단되는 경우 책임과 권한을 조정해서 목표로 한 성과를 달성할 수 있도록 하기 위함이다.

■■■■ 어떤 권한을 부여하는가?

"그런데 어떤 권한을 부여해야 합니까?"

목표를 달성하는 데 필요한 권한을 부여해야 한다. 목표를 달성하는
데 필요한 권한은 무엇인가? 성과를 내는 데 필요한 일을 결정할 수 있
는 권한과 자원을 쓸 수 있는 권한이다. 필요한 자원은 무엇인가?

"쉽게 생각해볼 수 있는 것이 자금이겠지요. 그 일을 해나가는 데 필
요한 돈입니다. 미리 그 일에 필요한 자금을 예산으로 편성해서 CMO
가 전결로 집행할 수 있도록 해줘야 합니다."

"그렇군요. 아마 또 중요한 권한은 인력이겠군요. CMO가 필요로 하
는 사람들을 미리 합의하고 CMO가 관리할 수 있도록 하는 것 말이죠."

"네, 맞습니다. 인력 관련해서 하나 중요한 사항을 말씀드렸으면 합
니다."

"네, 말씀하시죠."

"인사권을 다 주십시오."

책임을 가진 사람은 그 혼자서 할 수 있는 일이 많지 않다. 마찬가지
로 역할 분담을 해야 하는 것이다. 즉, 책임과 권한을 부여해야 하는 것
이다. 인사권이 없으면 책임과 권한을 부여할 수 없다. 인사권이 없으
면 동기부여를 하기 어렵다.

인사는 흔히 인사조직과 CEO가 결정하는 것으로 이해하는 경향이
있다. 분명히 인사조직과 CEO의 회사 전체적인 인사정책도 필요하다.
하지만 이보다 더욱 중요한 것은 차상위자가 인사권을 가지는 것이다.
인사는 인사조직이 아닌 사업의 리더들이 하는 것이다.

"네, 인사권도 필요하겠군요."

"너무나 당연한 이야기이지만 중요한 것이 하나 더 있습니다. 시간입니다. 목표를 달성하는 데 필요한 일들을 해나가야 할 것이고, 필요한 일들을 충분히 해볼 수 있는 시간이 주어져야 합니다."

기업경영 그리고 다양한 조직에 있어 혁파해야 할 가장 관료적인 문제는 연 단위의 책임 부여다. 대부분의 기업이나 조직들이 이런 방식으로 사업을 운영한다. 기업에서 1년 단위로 달성할 수 있는 목표가 얼마나 되겠는가? 어떤 것은 성과를 내는 데 몇 개월밖에 걸리지 않기도 하지만, 어떤 것은 몇 년이 걸리기도 한다.

"말씀을 듣고 보니 연 단위의 시간 부여는 행정 편의적인 발상이군요."

"CMO가 성과를 내는 데 어느 정도 기간이 필요할 것 같습니까?"

"앞으로 4년 정도는 걸릴 것 같습니다."

"그 기간을 부여하십시오. 목표 달성이 불가능하다고 명확하게 판단되는 경우 등 기간 부여를 취소할 만한 아주 예외적인 경우를 제외하곤 그 기간 동안 성과를 낼 수 있도록 임기를 보장하십시오."

제19장
· · ·
성과를 내는
실행

성과는 업무의 실행과정에서 만들어진다. 어느 조직에 어떤 역할이 부여되었다고 하자. 사업계획에 기초하여 어떠한 단계에 필요한 역할과 이에 따르는 책임과 권한이 부여되었을 것이다. 책임과 권한이 부여되면 조직은 구체적으로 성과를 내기 위한 업무의 실행에 돌입한다.

〈그림 19-1〉은 업무의 실행과정이다.

업무 실행과정의 첫째 단계는 부여된 역할에서 성과를 내기 위해 목표를 세우고 이를 달성하기 위해 필요한 실행(*activity*)을 계획하는 일이다. 또 실행을 위한 돈, 사람 그리고 시간 등 자원을 확보한다.

업무 실행과정의 두 번째 단계는 계획한 실행을 실천에 옮기고, 성과가 제대로 나는지 중간 중간에 점검하고 분석하는 일이다. 또 문제점들을 해결하는 대안을 마련하고, 이를 실행하는 의사결정을 하고 개선안을 실행한다.

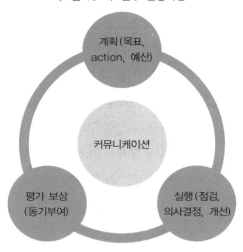

〈그림 19-1〉 업무 실행과정

계획(목표, action, 예산)

커뮤니케이션

평가 보상 (동기부여)

실행(점검, 의사결정, 개선)

    이런 과정을 거쳐 성과를 내기로 한 시점에 목표가 제대로 달성되었는지 평가와 보상을 하게 된다. 평가는 두 가지로 나뉠 것이다. 하나는 조직과 개인의 성과에 대한 평가이고, 또 하나는 그 조직에서 일하는 사람들의 리더십과 역량에 대한 평가이다.

    성과에 대한 평가 결과는 인센티브 등 보상으로 이어질 것이고, 리더십과 역량에 대한 평가는 인사로 이어질 것이다. 도저히 같이 일할 수 없다고 판단되면 퇴직을 결정할 것이고, 현재의 업무를 제대로 수행할 수 있다고 판단되면 유임을 결정할 것이다. 만약 현재의 일보다 더욱 범위가 큰 일 또는 다른 일 등을 맡아서 할 수 있겠다고 판단되면 승진과 이동이 결정될 것이다. 퇴직할 수준은 아니나 역량이 부족하다고 판단되거나 새로운 큰일을 맡아서 잘할 가능성은 높으나 부족한 부분이 있다고 생각되면 교육훈련의 기회가 주어질 것이다.

이것이 업무의 실행과정이며, 이 과정에서 성과의 크기가 결정된다. 성과를 극대화하기 위해 실행을 어떻게 할 것인지 따져보기로 하자.

목표의 설정 1

목표항목은 기업과 사업의 전략방향에 따라 조직의 역할을 고려하여 톱다운 방식으로 미리 제시하되 상위자와 실행할 사람 간에 공감을 해야 한다.

SNS 마케팅을 책임지는 CMO 조직의 업무 실행의 예를 들어보자.

연초에 한 해의 목표를 설정하기 위한 목표수립 미팅을 하였다. 목표는 어떤 성과(목표항목)를 언제 어떤 크기(목표치)로 이루겠다는 것이다. 미팅 전에 CMO 조직은 올해 달성해야 하는 목표항목을 정하여 보고를 하였다. CEO는 그 목표항목을 보고 톱다운 방식으로 CMO 조직에서 달성해야 할 목표치를 할당하였다. CMO 조직은 CEO가 부여한 목표치가 실행하기에 상당히 버거웠지만 목표치는 톱다운 방식으로 진행되어온 것이 관례였기 때문에 CEO가 부여한 목표치를 수용하였다.

목표항목	목표치	비고
신규사용자 수	100만 명	
...		
...		

여기서 제시한 목표 설정의 예에서는 다음과 같은 방식으로 목표를 결정하였다.

- 목표항목: 버텀업 방식
- 목표치: 톱다운 방식

이것이 바람직한가?

우선 목표항목에 대해 생각해보자. 동일한 기능을 하는 조직이라도 기업이 처한 환경과 이에 따른 전략에 따라 목표항목이 달라져야 한다. 앞의 예에서는 '신규사용자 수'를 설정하였으나 목표항목의 예는 다음과 같이 다양할 수 있다.

- 신규사용자 수
- 기존사용자의 이탈률
- 기존사용자의 사용빈도
- 사용자의 시장점유율
- 브랜드 인지도
- 매출
- 이익 등

위에 열거한 모두가 마케팅 성과를 나타내는 지표들이며, 이들 중 하나 또는 몇 개가 CMO 조직의 목표항목이 될 수 있다. 어떤 목표항목을 설정할 것인가?

이 SNS가 새로 시작한 SNS라면 무엇을 설정하겠는가? 회사의 전략 방향에 따른 CMO 조직의 가장 중요한 역할은 새로 시작한 SNS의 시장 진입을 성공시키는 것일 것이다. 이렇게 보면 아마 브랜드 인지도와 신규사용자 수가 중요한 목표항목이 될 것이다.

이 SNS가 이미 많은 사용자를 확보하였고 시장에는 잠재고객이 많지 않거나 이미 강력한 경쟁자로 인해 새로운 사용자를 확보하기가 어렵다고 판단하여 수비를 중요한 전략으로 삼았다고 하자. 목표항목을 무엇으로 설정하겠는가? 아마 기존사용자의 이탈률을 중요한 목표항목으로 선정할 것이다.

이 SNS가 이미 많은 사용자를 확보하였지만 잠재고객이 많이 있어 새로운 기능 제공 등을 통해 새로운 사용자를 확보하기가 용이하다고 판단하여 사용자 확대를 중요한 전략으로 삼았다고 하자. 목표항목을 무엇을 설정하겠는가? 아마 신규사용자 수일 것이다.

이 SNS가 이미 많은 초기 사용자를 확보하였고 또 지속적으로 사용자 수가 성장하고 있지만, 아직 많은 사용자들이 본격적으로 이 서비스를 사용하지 않는다고 판단하여 사용성 증대를 중요한 전략으로 삼았다고 하자. 목표항목을 무엇을 설정하겠는가? 아마 기존사용자의 사용빈도일 것이다. 이렇듯 동일한 기능을 하는 조직이라도 기업이 처한 환경에 따라 전략이 다르고, 전략이 다르면 목표항목도 달라질 수 있다.

회사와 사업의 큰 방향과 일치하는 목표항목이 설정돼야 하는 것이다. 따라서 회사는 사업계획에 의거하여 사업방향, 즉 목표항목을 먼저 제시할 필요가 있다. 앞에 든 예에서는 성과항목을 CMO가 버텀업 방식으로 제시하였다. 그러나 목표항목은 CMO가 아닌 CEO가 회사의 전략방향을 고려하여 미리 톱다운 방식으로 제시해야 한다.

사업계획과 일치하는 조직의 목표를 설정하기 위해서 많은 기업들이 캐스케이딩(*cascading*) 방식을 취한다. 캐스케이딩 방식은 상위 목표를 정하고 이를 하위 목표들과 일치시키는 것이다. 이 방식을 취하는 것은 사업의 목표와 사업을 수행하는 단위조직의 목표 방향을 일치시키기 위해서이다. 사업의 방향에 각 단위조직의 방향을 일치시키는 것은 결국 회사와 사업의 목표를 달성하기 위해서이다.

이런 성과의 방향에 대하여 단위조직에서 공감을 하지 못할 수도 있다. 사업계획의 방향에 대한 생각이 다른 것이다. 이런 경우에 단위조직은 몰입은 고사하고 집중도 잘 못 할 것이 뻔하다. 이런 경우에 어떻게 할 것인가? 답은 열린 토론이다. 왜 이런 방향을 설정했는지 이유를 설명하고 합의하는 것이다. 단위조직의 의견이 선택될 수도 있다. 이 경우에는 사업계획을 수정하고 사업을 수행하는 전 단위조직과 구성원들이 공유하고 합의하도록 한다.

목표의 설정 2

목표치는 실행가능성을 최우선으로 고려하여 버텀업 방식으로 제시되도록 하고,
상위자와 실행할 사람 간에 공감을 해야 한다.

앞의 예에서 또 하나 지적하고 싶은 것은 목표항목별 목표치의 제시에 대한 것이다. CEO가 CMO에게, 즉 상위조직이 하위조직에게 목표치를 제시한 것이다.

회사의 전략방향과 일치하는 조직의 목표를 설정하기 위해서 많은 기업들이 캐스케이딩 방식을 취한다는 것을 앞에서 설명했다. 이런 캐스케이딩 방식에 따라 목표항목을 설정하는 것은 맞다. 그러나 목표치

는 다르다. 목표치 설정은 버텀업 방식으로 이루어지는 것이 좋다.

왜 그런가? 실행하는 사람이 목표치를 설정해야 실행가능한 목표치가 수립될 수 있기 때문이다. 실행하는 사람과 상위조직 중 누가 실행가능성에 대하여 잘 알겠는가? 스스로 목표치를 설정해야 몰입할 수 있다. 실행하는 사람이 자신이 실행할 수 있다고 판단하지 못한 목표치의 달성에 몰입할 수 있겠는가?

혹자는 이런 생각을 할 것이다. CEO가 위에서 목표치를 제시하더라도 결국 논의를 하면 될 것 아닌가? 그럴 수 있다. 아주 자유롭게 논의할 수 있는 열린 조직문화를 가지고 있다면 말이다. 그러나 대부분 그렇지 않다. 위에서 목표치가 제시되는 순간 목표치의 하향 조정을 건의할 부하직원은 많지 않다.

또 이런 생각을 할 수 있다. 달성가능성만 생각하고 목표치를 설정하기보다는 어느 정도 어렵더라도 도전적인 목표치를 수립해야 하는 것 아닌가? 실행조직은 보통 실행가능한 목표치를 설정하는 경향이 있는 것 아닌가? 실행조직이 목표치를 설정한다는 것은 결국 낮은 목표치를 설정하게 되는 것 아닌가? 이런 우려가 충분히 있을 수 있다. 그렇지만 이런 우려 때문에 목표치를 먼저 CEO가 제시해야 하는 것은 아니다. 이런 우려를 해결할 수 있는 방안을 강구하면 되는 것이다.

그 방안은 우선 도전하는 문화를 만드는 것이다. 어려운 목표를 설정하고 이를 해결해가는 문화를 만드는 것이다. 이러한 문화는 리더가 스스로 도전적인 목표를 설정하고 이를 해결해가는 솔선수범에 의해 만들어진다. 또 뒤에서 좀더 자세히 설명하겠지만 평가방법을 통해 이를 만들 수 있다. 목표를 얼마나 달성했는가보다는 얼마나 개선했는지를 평

가하는 것이다. 1

실행조직이 제시한 목표치가 상위자가 기대하는 목표치에 미치지 못했다. 그런데 상위자는 합의할 수가 없다. 이 분야에 대하여 잘 아는 상위자의 지식과 경험으로 볼 때 상위자가 기대하는 목표치는 충분히 달성 가능하기 때문이다. 상위자가 이런 부분을 설명하지만 실행조직은 동의하지 않는다. 이런 경우에 어떻게 할 것인가?

이런 경우 실행조직의 목표치를 우선 반영하고 또 하나의 과제를 목표항목으로 부여할 수 있다. 또 하나의 과제는 기대하는 목표치와 하위조직이 제시한 목표치 간의 갭(*gap*)을 해결할 방안을 찾는 것이다.

예를 들어 실행조직이 80만 개의 제품을 팔겠다는 목표를 제시했고 CEO는 100만 개의 제품 판매를 기대한다면, 이 조직의 목표는 판매량 80만 개와 함께 20만 개를 추가 판매할 방안을 언제까지 강구하겠다는 것이 될 것이다. 예산은 어떻게 할 것인가? 20만 개의 추가 판매방안이 강구되는 시점에 이를 위한 예산을 할당한다.

당연한 이야기지만 합의와 공감은 꼭 필요하다. 우선 하위조직이 제시한 목표치에 대해 존중해야 한다. 목표치에 대한 이견이 있는 경우 "단위조직이 적극적이지 않다", "단위조직의 역량이 부족하다"는 식으로 사람과 조직을 공격하는 문제제기를 해선 안 된다. 이런 공격적인 대화의 결과로서 단위조직은 상위조직의 목표치를 받아들이겠지만, 결국 단위조직은 몰입은 고사하고 아마도 사기가 떨어질 것이다. 그리고 성과를 내기도 어려울 것이다. 단위조직의 생각을 존중하고 회사 전체

---

1 이는 '평가와 보상 2'에서 자세히 논의하기로 하자.

적으로 목표치에 대한 기대가 다른 이유를 설명한 후, 그 목표치의 차이를 해결할 수 있는 방안을 찾는 것을 목표로 부여하는 것이 좋다.

맡겼으면 믿어라. 생각이 다르면 다른 생각에 대해 실행조직이 연구하고 규명하도록 하라.

목표의 설정 3

목표의 설정은 반드시 목표를 달성할 수 있는 자원의 의사결정과
함께 이루어져야 한다.

SNS 마케팅을 책임지는 CMO 조직의 업무 실행의 예를 계속 들어보자.

연초에 회사는 한 해의 목표를 설정하기 위한 목표수립 미팅을 하였다. 목표는 어떤 성과(목표항목)를 언제 어떤 크기(목표치)로 이루겠다는 것이다. 미팅 전에 CEO는 톱다운 방식으로 CMO 조직에서 달성해야 할 목표항목을 제시하였고 CMO는 공감하였다. CMO 조직은 신규사용자 수 목표치로 80만 명을 제시하였고 CEO는 100만 명을 주장하였다. 논의 끝에 목표치 신규사용자 수 80만 명과 20만 명의 신규사용자 확보방안 마련이 새로운 목표항목으로 설정되었다.

목표항목	목표치	비고
신규사용자 수	80만 명	
신규사용자 20만 명 확보방안	2개월 내 방안 마련	예산 추후 할당 예정
...		

목표설정 미팅이 끝나고 나서 며칠 후에 CMO는 예산과 인력을 확보하기 위해 예산과 인력 관리부서와 추가 논의를 진행하였다. 오랜 시간이 걸려도 목표를 달성할 만한 수준의 예산과 인력을 확보하기는 어려웠다. 결국 CMO는 연말에 목표를 달성하지 못했다.

여기서 제시한 목표 설정의 예에서는 목표를 결정한 후 예산과 인력 등 자원을 확보하기 위해 관련 조직과 추가적인 협의를 진행하였다.

이것이 바람직한가?

우리는 18장의 "어떤 권한을 부여하는가?"에서 목표 달성에 필요한 권한을 부여해야 한다고 말했다. 목표를 달성하는 데 필요한 권한은 무엇인가? 목표에 따라 다양할 수 있지만, 권한은 자원을 쓸 수 있는 권한이다. 필요한 자원은 무엇인가? 자금과 인력 그리고 시간이다.

목표를 달성하는 데 필요한 자금과 인력이 확보되지 못하는 경우 목표를 설정한다는 것이 무슨 의미가 있겠는가? 목표를 결정할 때 반드시 회사의 자원을 책임지는 부서와 함께 논의하고 목표와 자원을 한 번에 결정해야 한다.

▰▰ 목표의 설정 4

목표항목은 성과결과 항목, 성과과정 항목 그리고 역량 항목으로 구성되며 중요도에 따라 선택할 수 있다.

SNS 마케팅을 책임지는 CMO 조직의 업무 실행의 예를 계속 들어보자.

연초에 회사는 한 해의 목표를 설정하기 위한 목표수립 미팅을 하였다. 목표는 어떤 성과(목표항목)를 언제 어떤 크기(목표치)로 이루겠다는 것이다. 미팅 전에 CEO는 톱다운 방식으로 CMO 조직에서 달성해야 할 목표항목을 제시하였고 CMO는 공감하였다. CMO 조직은 신규사용자 수 목표치 100만 명을 제시하였고 논의 끝에 목표치 신규사용자 수 100만 명이 목표치로 설정되었다.

목표설정 미팅에는 예산과 인력관리 부서가 함께 참여하였으며, 목표의 결정과 동시에 목표를 달성할 만한 수준의 예산과 인력을 확보할 수 있었다.

신규사용자 수 외에 CMO 조직은 두 가지의 목표항목을 더 가지고 있었다. 하나는 브랜드 인지도이고, 또 하나는 마케팅 조직 구성원의 역량 향상도였다. 신규 SNS로서 단기적으로뿐만 아니라 중장기적으로 사용자의 증대를 가져오기 위해서는 브랜드 인지도를 높이는 것이 필요하다고 생각하였기 때문이다. 또 근본적으로 구성원의 역량이 향상되는 것이 단기적, 중장기적으로 성과에 있어 중요하기 때문에 목표에 포함시켰다.

목표항목	목표치	비고
신규사용자 수	100만 명	50%
브랜드 인지도		20%
구성원 역량 향상도		30%.

연말이 되어 CEO는 신규사용자 수와 브랜드 인지도, 그리고 구성원 역량 향상도를 목표치 대비 얼마나 달성하였는지 평가하였고, 그 비중을 각기 곱한 후 합산하여 CMO 조직의 평가를 완료하였다. CEO는 이 평가점수

를 기준으로 당해년도 회사 성과를 고려한 성과보상방안을 마련하고 이를 기초로 인센티브를 지급하였다. 그리고 이 평가점수를 기준으로 승진과 이동 등 인사상의 방안 또한 마련하였다.

여기서 제시한 예에서는 성과결과 목표 외에 과정 목표와 역량 목표를 목표항목에 포함시켰다.

- 성과 지표: 신규사용자 수
- 과정 지표: 브랜드 인지도
- 역량 지표: 구성원 역량 향상도

또 연말 성과평가 및 보상에 있어 다음과 같이 실행하였다.

- 성과평가 방식: 목표치 달성도 평가
- 보상과 평가와의 연계: 합산한 평가점수를 기준으로 보상, 보상방법은 연말에 결정
- 인사와 평가와의 연계: 합산한 평가점수를 기준으로 보상

이것이 바람직한가?

성과결과 항목인 신규사용자 수뿐만 아니라 성과과정 항목인 브랜드 인지도와 역량 항목인 구성원의 역량 향상도를 목표항목에 포함해서 관리 하는 것은 단기적인 성과에만 몰입하지 않고 과정과 역량을 준비한다는 측면에서 좋은 결정이었다. 이렇듯 목표항목에도 결과, 과정, 역량 등의 항목들이 있다.

이 외에도 다양한 목표항목이 있을 수 있다. 매출액이나 수익 또는 비용의 효율성 등의 재무적인 목표항목이 그것이다. 최근에는 재무적인 목표항목, 고객, 내부 프로세스뿐만 아니라 미래 성장력을 고려하

고 보다 종합적인 결과를 평가하기 위해 균형성과평가(BSC)2를 많이 활용한다.

다양한 목표항목을 가지는 것은 문제가 아니다. 이 사례에서 나타난 문제는 평가와 보상에 관한 것이다. 이것을 이어서 살펴보도록 하자.

■■■■ 평가와 보상 1

평가방법과 이에 따른 보상방안은 반드시 목표를 설정할 때
같이 제시되어야 하고 일치시켜야 한다.

앞의 예에서 평가와 보상 측면에서 큰 문제점이 세 가지 발견된다. 그중 하나는 보상방법을 연말에 결정하는 것이다. 평가와 보상은 목표를 제시하는 가장 강력한 수단이고, 목표를 달성하는 데 있어 강력한 동기부여가 된다. 내가 어떤 성과를 냈을 때 어떤 평가와 보상을 받을지 사전에 알지 못한다면 과연 동기부여의 수단이 되겠는가? 평가·보상방법은 반드시 목표를 설정할 당시에 제시되어야 한다.

목표와 평가방법 중 무엇이 더 중요한가? 목표와 평가방법이 다르게 제시된다면 조직에서는 무엇을 따를 것인가? 평가기준을 따를 것이다. 목표, 그리고 이와 잘 연계된 평가기준은 있는데 평가가 기준대로 이루

---

2 균형성과평가(Balanced Score Card) : 기업 또는 조직의 성과를 포괄적으로 측정할 수 있는 지표이다. 1992년 르네상스 솔루션이라는 컨설팅 회사와 하버드대학교 비즈니스스쿨이 공동 개발했고, 최근 기업과 조직의 목표 설정에 자주 활용된다.

어지기보다는 상위 직책자의 자의적인 판단에 의해 이루어진다면 조직에서는 무엇을 따를 것인가? 목표와 평가기준에 따라 움직이지 않고 상위 직책자의 마음이 무엇인지, 어떻게 하면 눈에 들 것인지를 파악하고 이에 부합하고자 노력하게 된다.

목표, 그리고 이와 잘 연계된 평가기준이 있고 이에 따라 평가가 이루어지지만 보상이 평가결과와 따로 가면 조직에서는 무엇을 따를 것인가? 목표, 평가기준 등 모든 것이 무의미해진다.

목표를 설정할 때 가장 많은 시간과 노력을 들이고 평가와 보상방안의 수립과 실천에는 시간을 적게 들이거나 무성의하게 실행하는 조직은 불필요하고 무의미한 일을 하는 것이다.

▬▬ 평가와 보상 2

평가는 목표치를 얼마나 달성했는지를 평가하기보다는 얼마나 개선했는지를
평가하는 것이 좋다.

앞의 예에서 나타난 두 번째 문제점은 성과를 목표치를 얼마나 달성했는지로 평가하는 것이다. 보통 성과평가를 할 때 다음 두 가지 방식 중 하나를 택한다. '목표를 달성하였는지를 평가할 것인가?' 또는 '과거 대비 얼마나 개선하였는지를 평가할 것인가?'

어떤 조직의 성과를 보자. 이 조직 목표의 방향은 신규사용자를 늘리는 것이다. 작년 신규사용자가 7만 명인 이 조직은 신규사용자를 10만 명 늘리는 것을 목표로 하였고, 이를 훨씬 초과 달성하여 20만 명의 신

규사용자를 확보하였다. 또 다른 조직의 성과를 보자. 이 조직 목표의
방향 또한 신규사용자를 늘리는 것이다. 작년 신규사용자가 7만 명인
이 조직은 신규사용자를 50만 명 늘리는 것을 목표로 하였고, 이에 훨
씬 못 미치는 30만 명의 신규사용자를 확보하였다.

　이 두 조직을 목표 달성도를 중심으로 평가하면 더 많은 신규사용자
를 확보한 조직이 낮은 평가를 받을 것이다. 누가 더 높은 평가를 받아
야 하는가? 당연히 30만 명의 신규사용자를 확보한 조직이다. 이런 관
점에서 나는 성과 측정 시 목표 달성도보다는 개선도를 보는 것이 맞다
고 생각한다.

　내가 진척도를 선호하는 또 다른 이유는 목표 달성도를 중심으로 평
가하면 목표의 의미가 명확해진다는 장점이 있는 반면 달성 가능한 목
표를 잡으려는 경향성이 커지기 때문이다. 즉, 목표단계부터 도전의식
이 약해지는 것이다. 과거 대비 진척도는 이와 반대이다. 이런 이유로
나는 진척도를 선호하는 편이다.

■■■■ 평가와 보상 3

평가는 환경을 반드시 고려한다.

평가에서 고려해야 할 것이 하나 더 있다. '해당조직이 관리할 수 없는
환경의 변화를 어떻게 고려할 것인가?'

　사치품을 파는 어떤 조직의 성과를 보자. 이 조직 목표의 방향은 판
매량을 늘리는 것이다. 이 조직은 작년 판매량인 10만 개를 훨씬 초과

하여 20만 개를 판매했다. 또 다른 조직의 성과를 보자. 이 조직 목표의
방향 또한 판매량을 늘리는 것이다. 이 조직은 작년 판매량인 10만 개
와 유사한 수량을 판매했다.

　그런데 20만 개를 판매한 조직이 이 제품을 판매할 당시는 동종 제품
의 전체 판매량이 전년 대비 300% 늘어난 엄청난 호황기였다. 경쟁업
체들은 모두 판매량이 약 3배로 뛰었다. 반면 10만 개를 판매한 조직이
이 제품을 판매할 당시는 동종 제품의 전체 판매량이 전년 대비 50% 줄
어든 엄청난 불황기였다. 경쟁업체들은 모두 판매량이 반 토막 났다.

　해당 조직이 관리할 수 없는 환경의 변화를 고려하지 않고 이 두 조직
을 평가하면 운 좋게 호황기를 만난 조직이 더 높은 평가를 받을 것이
다. 누가 더 높은 평가를 받아야 하는가? 10만 개를 판 조직이다. 해당
조직이 관리할 수 없는 환경의 변화를 고려한 평가가 이루어져야 한다.

■■■ 평가와 보상 4

성과평가와 역량과 리더십평가는 나누어 하고 그 결과에 따라 보상과 인사를 실행한다.

앞의 예에서 나타난 세 번째 문제점은 성과평가를 인사와 직접 연계시
키는 것이다. 성과평가를 보상, 즉 인센티브에 연계시키는 것은 옳다.
인센티브란 성과를 일정 수준 구성원과 나누는 것이므로, 성과를 평가
한 결과를 토대로 인센티브를 지급하는 것이다. 그러나 급여, 승진, 이
동, 교육훈련, 퇴직 등의 인사는 성과평가에 따라서 이루어져서는 안
된다.

"아주 뛰어난 인재인데 성과를 내기 어려운 업무를 맡아서 고생만 하고 인사상의 불이익을 받았어. 다른 회사에 가면 훨씬 더 높은 급여를 받을 텐데 이번 성과평가가 좋지 않아 급여가 제자리야. 더구나 다른 업무를 맡으면 성과를 낼 수 있는 역량을 갖추었는데 성과평가가 좋지 않으니, 운이 없어도 너무 없어."

"전년도에 성과평가가 좋아서 중요한 업무를 맡겼는데 아무래도 인사를 잘못한 것 같아. 팀장 때는 성과가 좋았는데 본부장을 맡고 나선 영 시원치 않아."

아마 이런 대화를 해본 경험이 있을 것이다. 승진과 이동은 무엇을 맡길 것인가의 문제이다. 즉, 앞서 이야기한 것처럼 맡을 일에서 성과를 낼 수 있느냐에 의해 결정할 문제이다. 급여는 성과가 아니라 그 사람의 역량과 리더십에 기초한 시장가치에 의해 결정되는 것이다.

물론 성과를 내는 사람이 보다 큰 역할과 다른 업무에서도 성과를 낼 가능성이 높다. 또 성과를 내는 사람이 역량과 리더십이 뛰어나 시장에서 높은 가치를 인정받는 사람일 가능성이 높다. 그러나 이런 이유가 성과평가를 인사에 직접 연계시키는 이유가 돼선 안 된다. 성과평가 결과는 인사에서 중요한 참고자료의 하나일 뿐이다.

▪▪▪▪ 커뮤니케이션 1

회의와 문서를 계획한다.

우리는 앞에서 사업의 실행에 대해 많은 이야기를 나누었다. 앞에서 이야기한 것들이 실행의 내용에 대한 이야기라면 회의와 문서는 실행의 형식에 대한 이야기다. 업무는 대부분 회의와 문서를 통해서 이루어지기 때문이다.

왜 회의를 하는가? 왜 문서를 만드는가? 이 목적을 명확히 하지 않고 회의와 문서를 만들면 불필요한 회의와 문서에 휩싸이게 된다. 불필요한 회의와 문서는 단순히 시간 낭비에 그치는 것이 아니라 불필요한 회의와 문서들을 계속 확대재생산한다. 또한 목적을 명확히 하지 않고 회의와 문서를 만들면 필요한 의사결정, 공유가 제대로 일어나지 않는다. 이는 실행에 있어 심각한 문제를 초래한다.

회의, 보고 그리고 문서는 커뮤니케이션과 의사결정의 형식이다. 회의는 논의를 위한 것이다. 주로 의사결정을 위한 커뮤니케이션이다. 문서는 공유를 위한 것이다. 의사결정한 사항 등을 공유하는 커뮤니케이션이다. 즉, 정보(의사결정 사항을 포함)의 공유-토론-의사결정-정보(의사결정 사항을 포함)의 과정에서 회의와 문서가 필요하다. 이런 관점하에 비즈니스의 실행과정에서 공유하고 토론하고 의사결정할 내용을 회의와 문서로 설계하면 된다.

우리는 이미 중요하게 실행해야 할 일들이 무엇인지 안다. 이들을 나열하고 이것을 언제, 누가, 어떤 방식으로 커뮤니케이션해야 하는지 정리해보도록 하자.

	구분	내용
사업의 목적	커뮤니케이션 사항	'이 사업을 왜 하는지'이다. 회사의 전 구성원이 사업목적을 공유해야 하며, 사업목적에 다른 의견이 있으면 이 사업에 참여하지 않도록 하는 것이 좋다. 따라서 회사에 합류하는 사람에게 반드시 이 사업의 목적을 알리고 동의를 구하는 절차가 필요하다. 또 회사의 구성원들이 계속 이 사업의 목적에 대해 공감할 수 있도록 주기적인 공유를 해야 한다
	회의와 문서	창업을 위한 브레인스토밍, 사업 참여 권유 미팅, 오리엔테이션, 워크숍 등 명문화된 문서(미션문 또는 비전문, 주주 간 계약서, 고용계약서 등)
인력 확보, 역할 분담 및 조직	커뮤니케이션 사항	조직을 설계하고 같이 사업할 사람을 확보하고 역할 분담하는 것이다. 회사에 맞는 조직과 그 조직을 책임질 후보자에 대한 요구사항을 결정하고 후보자가 가지는 책임과 권한에 대한 토론과 의사결정이 이루어진다. 후보자를 물색하고, 파악하고, 설득하고, 역할 분담을 합의하는 후보자와의 토론과 합의의 커뮤니케이션 과정이 필요하다. 회사의 전 구성원이 조직과 조직의 역할, 책임과 권한에 대해 명확하게 이해하도록 공유해야 한다. 조직에 속한 구성원뿐만 아니라 전 구성원이 알아야 하는 이유는 원활한 협력(coordination)을 위해서 이다. 보통 정기적으로 하나 퇴직, 새로운 업무의 발생 등의 상황 발생 시 비정기적으로 한다.
	회의와 문서	채용(recruiting) 회의, 면접, 정기적인 인사평가회의 등 명문화된 문서(조직 및 업무분장, 입사 계약서, 회의록 등)
계획	커뮤니케이션 사항	조직의 목표, 예산, 인력, 평가 및 보상 계획을 의사결정한다. 목표항목은 회사가 제시하고 목표치는 조직이 제시하되 논의를 통해 합의한다. 목표의 의사결정 시에는 반드시 예산, 인력 등의 자원계획을 동시에 확정한다. 목표의 의사결정 전에는 평가 및 보상계획을 회사가 제시하며 논의를 통해 합의한다. 회의에는 공유를 위해 가능한 한 단위조직의 구성원이 모두 참석한다. 경영계획을 의사결정하는 시점은 정기적 또는 비정기적 (새로운 업무가 부여된 경우)이다.
	회의와 문서	계획회의 / 명문화된 문서(목표, 예산, 인력, 평가 및 보상계획, 회의록 등)
계획 진행사항 점검	커뮤니케이션 사항	조직의 목표가 목표한 시점에 제대로 이루어질 수 있는지 점검하기 위한 목적이다. 즉, 제대 로 수행되고 있다는 전제에서 볼 때 의사결정 사항은 없고 공유하는 것이다. 단, 조직의 목표 가 목표한 시점에 제대로 이루어질 수 없거나 초과달성한다고 판단되어 목표나 예산, 인력의 조정이 필요한 경우는 경영계획에서 의사결정한 사항을 변경하는 것이므로 목표, 예산, 인력 등의 변경을 의사결정한다. 회의에는 공유를 위해 가능한 한 단위조직의 구성원이 모두 참석한다. 공유하는 경우는 정기적으로 하며 의사결정이 필요한 경우는 목표 달성에 차질이 없도록 빠르게 한다.
	회의와 문서	정기 계획점검회의 및 비정기 점검회의 명문화된 문서(진행상황 공유보고, 변경된 목표, 예산, 인력계획, 회의록 등)
평가 및 보상	커뮤니케이션 사항	조직의 목표가 목표한 시점에 제대로 이루어졌는지 점검하고 차기 목표를 세우는 데 필요한 시사점을 찾기 위한 목적이다. 또 성과에 대해 환경을 고려한 공정한 평가와 이에 따른 보상이 이루어져 동기부여의 효과를 유지하기 위함이다. 평가와 보상에 대한 것은 회사가 제시하되 피평가자와의 충분한 토론을 거쳐 합의를 이끌어낸다. 합의 후 의사결정이 이루어진다. 합의가 이루어지지 않는 경우 소명할 수 있도록 한다. 회의에는 공유를 위해 가능한 한 단위조직의 구성원이 모두 참석한다. 단 개인별 평가인 경우 개인과 차상위자 간의 회의로 이루어진다. 보통 정기적으로 하나 별도로 정한 경우에는 이에 따른다.
	회의와 문서	계획 초기 평가 보상방안 설명회의, 평가회의 명문화된 문서(평가결과 및 보상계획, 회의록 등)

이 외에도 다양한 회의를 만들 수 있으나 나는 가능한 한 앞에 열거한 회의 외에 다른 회의를 만들지 말라고 권유하고 싶다.

■■■ 커뮤니케이션 2

최소한 1년 단위의 회의와 문서 운영계획을 수립하고 공유해야 한다.

회의와 문서는 회사 운영의 핵심이다. 회사는 어떤 회의를 언제 어떻게 할 것인지 결정하고 이를 공유해야 한다. 또한 단위조직 내에서도 어떤 회의를 언제 어떻게 할 것인지 결정하고 이를 공유해야 한다.

- 모든 구성원들이 자신이 어떤 회의에 언제 참석하며, 어떤 조건에서 어떤 회의를 소집할 수 있는지 알아야 한다.
- 회의별로 회의를 통해 무엇을 의사결정하고 공유하는지, 즉 회의의 목적을 정확하게 알고 있어야 한다.
- 회의별로 누가 참석하고 누가 주관하고 누가 준비하며 누가 의사결정하는지 정확하게 알고 있어야 한다.
- 회사 그리고 각 조직은 연 단위의 회의계획을 가지고 있어야 한다.

■■■ 커뮤니케이션 3

이것 내가 분명히 하라고 했지, 근데 왜 안 했어?

어느 조직이나 커뮤니케이션이 문제다. 나는 "이것 내가 분명히 하라고 했지, 근데 왜 안 했어?"와 같은 말이 주변에서 오가는 것을 종종 듣는다. 아마 그런 말을 한 사람은 분명히 무엇을 하라고 했을 것이다. 그 말을 듣고 있는 사람은 두 부류일 것이다. 하나는 기억을 못 하거나 다르게 이해하는 부류, 다른 하나는 알아듣긴 했으나 의견이 달라 무시하는 부류이다. 내 경험에 비추어볼 때, 후자보다는 전자가 압도적으로 많다.

고등교육을 받았음에도 불구하고 부끄럽게도 상대방이 무엇을 이야기 하는지 정확하게 파악하지 못하는 경우가 대부분이다. 대다수의 사람들은 자신이 듣고 싶은 것만 듣기 때문이다. 또 사용하는 용어의 개념도 서로 다른 경우가 많다.

이를 조직 내에서 해결하는 간단한 방법이 있다. 회의록이다. 회의 말미에 그날의 결론을 작성하고 회의에 참석한 사람들이 읽고 서명하는 것이다. 이는 기억을 못 하거나 다르게 이해하는 부류와 알아듣긴 했으나 의견이 달라 무시하는 부류 모두에게 도움이 된다.

회의록이 중요한 또 하나의 이유는 회의에 참석하지 못한 사람들에게 가장 정확한 정보를 전달할 수 있다는 점이다. 조직이 커질수록 횡적으로는 협업조직이 늘어나고 종적으로는 위계가 늘어나 모두가 회의에 참석하기 어렵다. 이때 회의록은 커뮤니케이션의 훌륭한 도구이다.

회의록에는 누가, 언제, 왜 모였고 무엇을 왜 결정했는지를 명확하게 정리하면 된다. 복잡한 회의록, 특히 참석한 사람들이 이야기한 것을 전부 적는 회의록은 낭비를 넘어서 혼란을 가져올 수 있다.

다시 한 번 명심하라. 사람들의 커뮤니케이션 능력은 낮다.

▬▬▬ 실행에의 몰입을 통해 성과를 극대화하라

목표를 설정하고 자원을 배분하고 성과를 평가하고 보상하고 커뮤니케이션을 잘 수행하는 것 못지않게 성과를 내기 위해 해야 할 중요한 일이 있다. 그것은 일하는 사람들이 성과를 내는 데 집중할 수 있도록 하는 것이다. 또 집중의 수준을 높이는 것이다. 완벽한 집중, 즉 몰입3을 할 수 있도록 하는 것이다. 일에 완벽하게 집중할 수 있다면 성과는 엄청나게 향상될 것이다.

그럼 과연 어느 정도의 몰입이 이루어지고 있을까? 기업에서 오랫동

---

3 몰입은 주위의 모든 잡념, 방해물들을 차단하고 원하는 어느 한곳에 자신의 모든 정신을 집중하는 일이다.

심리학자 칙센트미하이(Mihaly Csikszentmihalyi)는 몰입했을 때의 느낌을 '물 흐르는 것처럼 편안한 느낌', '하늘을 날아가는 자유로운 느낌'이라고 하였다. 일단 몰입을 하면 몇 시간이 한순간처럼 짧게 느껴지는 '시간개념의 왜곡' 현상이 일어나고 자신이 몰입하는 대상이 더 자세하고 뚜렷하게 보인다. 몰입대상과 하나가 된 듯한 일체감을 가지며 자아에 대한 의식이 사라진다. 몰입현상은 학습과 노력을 통하여 도달할 수 있다. 자신이 몰입하는 대상에 대해서는 단시간에 혹은 빠르게 흡수할 수 있지만, 관심이 없거나 집중도가 떨어지는 대상에 대해서는 기억조차 못 할 수도 있다. 이것이 바로 몰입의 장점이자 단점이 될 수 있다.

안 일하면서 사람들을 관찰한 경험을 토대로 볼 때, 사람마다 다 다르지만, 대다수는 자신의 업무시간 중 5%도 채 몰입하여 일하지 않는 것 같다. 뛰어난 몰입을 보여주는 사람들도 업무시간의 20~30% 정도를 쓴다. 업무몰입에 대한 관심이 늘어나면서 여러 기관에서 업무몰입에 대한 조사들이 있었고, 그 결과도 나의 경험과 유사하다. 4

독자 여러분의 기업이나 조직은, 독자 여러분은 어떠한가?

이토록 낮은 몰입 수준을 확 끌어올릴 수 있다면 그 결과는 엄청난 성과 개선으로 이어질 것이다. 경쟁사와 비교해보자. 경쟁사보다 낮은 수준의 몰입을 보인다면 기업이 어떻게 생존하겠는가? '어떻게 일에 몰입 또는 집중하게 할 것인가?' 이것에 경영의 성패가 달려 있다. 따라서 많은 기업이나 기관에서 구성원들의 몰입을 위해 다양한 노력을 기울이고 있다. 이들에게 물어보자.

"직원들의 몰입을 위해 당신은 어떤 일들을 하고 있습니까?"

"몰입은 업무성과에 있어 정말 중요하지요. 그래서 우리 회사에서는 직원들이 몰입할 수 있는 환경을 만들기 위해 노력하고 있습니다. 다른 걱정 없이 업무에만 몰두할 수 있게 해주는 것이죠."

---

4 업무몰입에 대한 관심이 늘어나면서 여러 기관에서 이에 대한 조사가 있었다.

2013년 어니스트앤영(Ernst & Young)의 조사결과에 따르면 한국 직장인들은 하루 업무시간 중 52%를 개인적인 활동이나 비효율적인 업무에 소비한다. 개인적인 잡담, 인터넷 사용 등 업무와 관련 없는 활동에 업무시간의 22.4%를 사용하며 불필요한 회의, 정확하지 않은 지시로 인한 중복작업, 의사결정과 검토과정에서의 지연 등으로 업무시간의 38%를 사용하고 있다는 것이다.

이 기관은 이런 시간을 경제적 가치로 환산하면 연간 약 146조 원에 이른다는 계산을 내놓았다. 이는 2012년 우리나라 GDP의 10%를 훨씬 넘는 수치이다.

"구체적으로 어떤 활동들을 하고 있나요?"

"우선 경제적인 부분입니다. 생활이 안정되지 않으면 업무에 집중할 수가 없겠죠. 그래서 직원이 생활하는 데 필요한 수준의 급여, 복리후생에 힘을 기울이고 있습니다."

"그리고 직원의 몸과 마음의 건강입니다. 몸과 마음이 평안해야 업무에 집중할 수 있겠지요. 이것을 위해 카운슬링, 건강검진, 운동 프로그램, 다양한 취미생활을 할 수 있도록 하고 있습니다."

"또 직원의 가족이 회사 업무를 잘할 수 있도록 응원해줘야 직원이 업무에 집중할 수 있습니다. 이를 위해서 가족들과 함께하는 프로그램들도 준비되어 있습니다."

업무에 몰입할 수 있도록 업무 외적인 문제에 신경 쓰지 않게 하기 위한 시도들이다. 이런 노력들은 대부분의 기업에서 광범위하게 이루어지고 있다. 이에 들어가는 돈과 시간을 비용이 아니라 몰입을 높이기 위한 투자로 보는 것이다. 상당히 긍정적인 일이다.

그렇지만 나는 이것만으로는 턱없이 부족하자고 생각했다. 좀더 직설적으로 표현하면, 이것은 분명 도움이 되지만 언저리만 맴도는 꼴이고 직접적이지는 않은 것이다. 나는 기업을 운영하면서 몰입의 중요성을 느꼈고 직원들의 몰입에 대해 조사했다.

"어떤 경우에 몰입이 일어나는가?"

"재미가 있으면 자연히 몰입이 일어나는 것 같아요."

"몰입을 할 때는 재미가 있었던 것 같아요"

대다수 직원들이 일에 재미를 느낄 때 몰입이 일어난다고 답변했다. 5

"언제 일에 재미를 느끼는가?"

"그냥 특별한 이유는 없는데 그 일에 재미가 느껴져서."

"내가 하고 싶은 일을 할 때."

"스스로 잘한다고 느낄 때."

"주변에서 잘한다고 인정해줄 때."

---

5 몰입에 대한 생각들을 정리해보자.

- "일에의 몰입은 언제 나타나는가?"
- "일에 몰입하는 동기가 있고 일에 몰입하는 것을 저해하는 요소가 없으면 몰입이 일어난다."
- "일에 몰입하게 하는 동기는 무엇인가?"
- "일로부터 얻는 가치가 일에 몰입하게 하는 동기이다."
- "가치는 무엇인가?"
- "욕구의 충족이다."

일로부터 얻는 가치는 크게 두 가지로 나누어볼 수 있다. 일을 수행하면서 직접적으로 느끼는 가치인 본질적인 가치(intrinsic value)와 일을 수행함으로써 본질적인 가치를 얻을 수 있는 가능성을 얻게 되는 수단적인 가치(instrumental value)가 그것이다. 일로부터 얻는 '즐거움', '자기실현의 만족감', '존경' 등은 본질적 가치이며, 일로부터 얻는 '돈', '지위' 등은 이를 통해 다양한 본질적 가치를 얻을 수 있는 수단적인 가치이다. 일을 통해 돈을 벌면 즐거움을 직접 느끼는 것을 할 수 있다는 점에서 보면 돈은 본질적인 가치인 즐거움을 위한 수단적인 가치인 것이다. 본질적인 가치와 수단적인 가치를 모두 잘 얻을 수 있어야 몰입이 일어난다. 이런 가치를 얻을 수 없는 환경에서 무슨 몰입이 일어나겠는가?

이 중 가장 중요한 것은 즐거움이다. 최근 연구에 따르면 내적인 동기, 즉 본질적 가치를 추구하는 동기가 수단적인 가치를 추구하는 동기보다 몰입에 영향을 더욱 크게 미친다고 한다. 또 나의 경험에 비추어보더라도 일을 수행하면서 얻는 즐거움이 몰입을 만든다.

"회사 일이 재미있으면 돈 내고 다니지 돈 받고 다니냐?"는 우스갯소리가 있지만 가만히 생각해보면 정말 한심한 이야기다. 일이 재미있어야 한다. 그래야 성과가 난다.

대다수의 직원이 스스로 원하는 일을 하고 스스로에게 또는 주변으로부터 인정받을 때 재미를 느껴 몰입하게 된다고 답변했다. 즉, '어떤 역할을 하느냐'와 '어떤 평가를 받느냐'가 몰입에 있어 상당히 중요한 것이다.

"어떤 경우에 몰입이 일어나지 않는가?"

"까라면 까라, 내가 하고 싶은 일을 하지 못할 때."

"평가가 공정하지 않고 심지어 평가를 어떻게 했는지도 모른다."

"보상이 내가 낸 성과의 크기에 비해 터무니없이 작다."

"나는 실력이 향상되고 있지 못하다."

"나의 일에 관련된 사항에서 내게 충분한 정보가 전달되지 않으며 의사결정에서 내가 배제될 때."

"어떤 경우에 몰입이 일어나지 않는가?"라는 질문에 대해 가장 많이 응답한 대표적인 답변을 볼 때 '어떤 역할을 하느냐', '평가를 어떻게 받느냐', '평가의 공정성', '평가결과에 걸맞은 보상', '역량의 향상', 그리고 '커뮤니케이션'이 몰입에 있어 상당히 중요함을 알 수 있다.

이 답변들을 분석해본 결과, 결국 업무 외적인 문제에 신경 쓰지 않도록 하는 것도 필요하긴 하겠지만, 근본적으로는 업무의 실행 속에서 몰입이 일어나도록 해야 한다는 것을 발견하였다. 사람을 합류시키고, 역할과 권한을 부여하고, 계획을 세우고 실행하고 평가하고 보상하는 업무의 실행과정에서 해야 할 일들을 하면 몰입도는 크게 증가한다.

이미 파트 IV에서 정리한 내용들이지만, 다시 한 번 실행에 있어 몰입도를 증가시키기 위한 방법들을 정리한다.

- 구성원과 사업을 통해 무엇을 얻을 것인지 합의하고 공감한다.
- 구성원과 사업계획을 같이 만들고 합의하고 공감한다.
- 구성원이 원하는 역할을 주고 명확한 책임과 권한을 부여하며 이를 합의하고 공감한다.
- 목표항목은 기업과 사업의 전략방향에 따라 조직의 역할을 고려하여 톱다운 방식으로 미리 제시하고, 목표치는 실행가능성을 최우선으로 고려하여 버텀업 방식으로 제시되도록 하고, 상위자와 실행할 사람 간에 공감에 이르는 합의를 한다.
- 목표의 설정은 반드시 목표를 달성할 수 있는 자원의 의사결정과 함께 한다.
- 평가방법과 이에 따른 보상방안은 반드시 목표를 설정할 때 같이 제시하고 일치시키며, 그대로 평가하고 보상한다.
- 평가 시 얼마나 개선했는지를 평가하고 환경을 반드시 고려한다.
- 공감에 이르도록 충분한 커뮤니케이션을 하고 커뮤니케이션의 책임은 상위자가 진다.

결국 몰입을 위한 별도의 프로그램이나 아이디어를 내기보다는 사업의 과정에서 해야 할 일을 옳은 방식으로 하면 몰입도는 증가한다.

1. 당신은 새로운 사업을 막 시작하였다. 구성원의 수는 당신을 포함해서 5명이다. 이 경우에도 본 장에서 이야기한 목표의 설정, 평가와 보상, 커뮤니케이션, 몰입을 위한 노력이 필요한 것인가?

2. 상대적으로 규모가 큰 기업과 작은 기업을 가정하라. 이러한 규모에 따라 본 장에서 이야기한 목표의 설정, 평가와 보상, 커뮤니케이션, 몰입을 위한 노력의 중요성이 달라질 것인가?

제20장
. . .
사업을 시작한
목적의 실현

우리는 다음과 같은 질문에 대한 이야기를 나눈 적이 있다.

"당신은 이 사업을 통해 무엇을 얻을 것입니까?"

"당신은 무엇을 얼마나 투자하실 계획입니까? 언제까지 이 사업을 하실 계획입니까? 실패했을 때 어디까지 잃을 계획입니까?"

당신은 사업을 시작하고, 사업계획을 만들고, 동지들을 모으고, 상품을 만들고, 시장에 내놓고, 운영하였다. 이제 처음에 생각했던 목적의 실현에 대한 이야기를 시작할 때가 되었다.

■■■당신은 이 사업을 통해 무엇을 얻을 것입니까?

"요즈음 큰 고민이 하나 있습니다."

김 사장은 전문가와 이야기를 시작했다. 김 사장은 7년 전에 창업을 하였고, 여러 어려움이 있었으나 잘 극복하여 현재는 김 사장의 회사가 제공하는 상품이 큰 성과를 거두고 있다.

"사업 잘 진행되시는데 무슨 고민이 있으십니까?"

"사업이야 잘되고 있지요. 그런데 요즘 사업이 잘되니 회사를 사겠다는 M&A(Mergers & Acquisitions, 인수합병) 제안도 들어와 있고, IPO(Initial Public Offering, 주식시장에의 등록 또는 상장) 하는 것이 어떠냐는 권유도 있습니다, 어떻게 해야 하나 고민입니다."

"IPO 요건을 만족시키는 모양이군요. 축하합니다. 근본적으로 좋은 일이군요. 둘 중에 선택을 하시지 뭐 고민하십니까?"

"저는 M&A나 IPO를 하고 싶지 않습니다. 그냥 이대로 비상장 기업으로 존재하는 것이 좋다고 생각합니다."

"M&A를 싫어하시는 것은 최대주주로서 계속 경영을 하고 싶으시다는 것일 테고, IPO는 괜찮지 않습니까?"

"IPO를 할 필요가 없어요. IPO의 주된 목적은 회사에 자금을 확보하기 위해 증자(자본금 증가를 위한 투자유치)를 한다는 것인데, 회사에 자금이 충분히 있어서 외부로부터 투자를 받을 필요가 없거든요. 또 정 필요하면 은행으로부터 차입을 해도 되고요. IPO를 하는 것도 다 일인데 필요도 없는 일을 만들고 싶지 않아요."

"IPO를 하면 회사 정보를 공개하니 경영이 투명해지고 이에 따라 공신력이 오르는 장점도 있을 텐데요. IPO를 꺼려하는 다른 이유는 없습니까?"

"IPO를 하면 일반 투자자들이 저희 회사 주식을 사겠지요. 이들의 관심은 주가의 상승이나 배당일 테니 결국 단기적인 이익을 높이 올리는 쪽으로 요구를 할 것이고, 그러다 보면 경영이 자연스럽게 단기적 이익 극대화 중심으로 흘러갈 것입니다. 저는 계속 고객들을 위한 새로운 상품을 개발하는 데 도전하고 싶어요. 이익을 어느 정도 포기하더라도요."

김 사장과 전문가의 대화는 계속 이어졌다.

"우선 질문을 몇 가지 드리겠습니다. 사업을 처음 시작하실 때로 거슬러 올라가보죠. 그때 이 사업을 하면서 무엇을 얻을 것인가 라는 목표를 세우셨죠? 그 당시에도 제가 목표를 구체적으로 세우라는 조언을 해드린 것으로 기억이 나는데요. 그것이 무엇이었고 우선순위는 어땠나요? 또 현재는 그 목표가 바뀌었나요? 바뀌었으면 왜, 그리고 어떻게 바뀌었나요?"

"창업한 지 벌써 7년이 되었군요. 그때 그런 조언을 듣고 이 사업을 하면서 무엇을 얻을 것인가를 아예 문서로 남겨놓았죠. 내 아이디어를 실현하는 보람을 가장 중요하게 생각했죠. 내 아이디어를 통해 많은 사람들이 행복해지는 것을 원했고, 구체적인 목표는 내 아이디어들을 가능한 많이 상품으로 만들고 이것들을 전 국민이 다 쓰게 해보자는 것이었죠. 이런 생각을 가지고 사업을 하다 보니 자연히 매출과 이익도 늘더라고요. 그리고 둘째로, 사업에 성공하면 돈 때문에 일하지 않는 삶을 살았으면 좋겠다고 생각했고, 구체적인 목표는 내 집 하나와 약 50

억 원 정도의 현금이었습니다. 지금도 이 생각은 변함이 없습니다."

"이 사업을 통해 무엇을 얻을 것인가?"라는 질문에 대한 답변들은 대부분 돈, 성취감, 일자리 창출 등이다. 김 사장은 자신의 아이디어를 상품화하고 많은 사용자들이 이 상품들을 사용하게 하는 것, 그리고 이를 통한 성취감을 최우선 목표로 가지고 있었고, 60~70억 원 정도의 돈을 확보하는 것이 두 번째 목표였다.

김 사장의 사업목적에 비추어보면 M&A나 IPO를 꺼려하는 것은 당연한 것이다. 만약 김 사장의 사업목적 중 큰돈을 벌겠다는 것이 최우선순위이고, 사업을 지속하겠다는 목적이 크지 않다면 무엇을 선택하겠는가? 아마도 M&A를 선택하지 않았을까?

이와 같이 사업목적이 무엇인가에 따라 사업운영의 방법이 크게 달라진다.

██████ 당신의 파트너들은 이 사업을 통해 무엇을 얻고자 합니까?

"주주 구성은 어떻게 되나요?"

"잘 아시는 것처럼 창업자인 제가 최대주주로 약 34%의 지분을 가지고 있고 창업동지 2명이 각각 10%씩 보유하고 있습니다. 사업 초기에 투자했던 벤처캐피털 두 곳이 시리즈 A1와 시리즈 B에 계속 참여해서

---

1 시리즈 A(Series A) : 벤처기업이 사업 초기단계에 벤처캐피털 등으로부터 투자유치를 받는 것. 일반적으로 회사 설립 시 엔젤투자자로부터의 자금조달을 시드머니 펀딩

각각 15%씩 지분을 가지고 있습니다. 나머지 지분은 임직원들의 스톡옵션(stock option, 주식매수선택권)입니다."

"스톡옵션이 행사되면 임직원들의 지분이 약 16%가 되겠군요."

"네, 맞습니다."

"다른 주주나 임직원들의 생각은 어떻습니까?"

"네, 바로 그것이 문제입니다. 제가 사면초가에 처해 있는데요, 벤처캐피털이 가장 적극적으로 회사의 매각 또는 IPO를 요구하고 있습니다. 자신들의 보유 지분을 매각해야겠다는 것이죠. 나머지 창업동지 2명과 임직원들도 벤처캐피털의 의견에 동조하고 있습니다."

"벤처캐피털이야 당연히 그런 요구를 할 것이고 지분을 가지고 있는 창업동지들과 스톡옵션을 가지고 있는 임직원들도 돈을 벌고 싶다는 것이군요."

"맞습니다."

"김 사장님은 M&A나 IPO를 하지 않고 그냥 비상장 기업으로 존재하자는 것이고요."

"네, 맞습니다."

"사업을 하는 가장 중요한 목적이 다른 것이죠. 김 사장님은 성취감이고 벤처캐피털은 돈이고 아마 창업동지와 임직원들도 돈인 것이죠."

"네, 그렇습니다."

"그런데 사장님께서는 벤처캐피털, 창업동지 그리고 임직원과 사업

(Seed money funding)이라 하고, 그 이후의 자금조달을 시리즈 A, 시리즈 B 등으로 부른다.

목적을 합의하셨습니까? 사업을 하는 가장 중요한 목적이 다른데."

"제대로 합의를 하지 못한 것이 가장 후회가 되는 점입니다. 창업동지들과 초기에 이런 이야기를 나누긴 했지만 그렇게 구체적으로 합의하지는 못했어요. 또 사업을 하다 보니 자금이 필요했고, 그래서 벤처캐피털 자금을 쓸 수밖에 없었죠. 임직원들의 경우에도 동기부여가 필요했는데, 벤처기업이 현금으로 인센티브를 제공하는 것이 어렵지 않습니까? 그래서 스톡옵션을 선택한 것인데."

"네, 사전에 합의가 이루어지지 않은 것이네요. 벤처캐피털을 통한 증자와 임직원들에게 스톡옵션을 준 것은 사장님의 취지와 맞지 않는 것이죠. 사장님의 목적을 달성하면서 자금을 확보하거나 동기부여를 할 수 있는 다른 방법도 있는데, 이미 지나간 일이네요."

다른 방법들도 있지만 너무 전문적이고 자세한 내용이라 여기에서는 생략하기로 한다. 김 사장은 다시 질문을 했다.

"제가 어떻게 해야 하나요?"

"사장님, 일단 두 가지를 전제사항으로 놓으십시오. 하나는 약속을 지켜야 한다는 것입니다. 벤처캐피털과 임직원에게 지분과 스톡옵션을 부여한 것은 회사가 잘되면 이 주식을 팔 수 있도록 하겠다는 약속인 것입니다. 이것을 지키셔야 합니다. 더구나 벤처캐피털의 투자 계약서나 스톡옵션 계약서에도 주식을 팔 수 있는 회사의 조건이 되면 회사는 이를 위해 노력한다는 조항이 분명히 들어 있을 겁니다. 회사의 주식을 팔 수 있는 조건이라는 것이 결국 M&A나 IPO를 의미하는 것이고요. 이런 조건이 되었는데도 실행하지 않는다면 일종의 계약사항 위배, 즉 법적인 문제도 됩니다."

"음, 그렇겠네요. 그렇지만 제 뜻이 좋은 뜻 아닌가요?"

"네. 좋은 뜻이시죠. 그러나 수익을 얻겠다는 벤처캐피털이나 임직원의 생각을 나쁘다고 할 수는 없겠지요? 사장님, 회사의 주인이 누구입니까? 사장님은 34%를 가진 주주일 뿐입니다. 다른 주주들도 회사의 주인입니다. 그리고 이미 사장님은 다른 주주들의 목적을 합의해주신 것이에요."

우리는 15장 "이 사업을 통해 무엇을 얻을 것인가?"에서 다음과 같은 이야기를 보았다.

"사업을 통해 얻으려는 목표는 창업하는 사람 혼자서만 가지고 있어선 안 된다. 같이 일하는 모든 사람들이 공유하고 공감하고 지켜야 한다. 이것이 합의되어 있지 않으면 결국 혼란이 생기고 혼란은 동지 간에 균열을 만들고 균열은 실패를 낳는다."

김 사장은 결국 수긍하였다.

"네, 말씀을 듣고 보니 제가 너무 제 입장에서만 생각했군요. 그리고 제 입장대로 추진하기도 참 어려운 상황이군요. 그럼 IPO를 준비해야겠군요. M&A보다는 IPO가 제 입장에서는 나으니까요."

■■■ 사업의 목적을 실현하는 창의적인 방안을 마련하라

전문가는 힘없이 일어서려는 김 사장을 만류했다.

"김 사장님, 이제부터가 본격적인 상담의 시작입니다. 김 사장님의 목적과 벤처캐피털을 포함한 타 주주의 목적을 모두 충족하는 방안을 마련해야 합니다."

"이미 답은 나와 있는 것 아닌가요? 제가 제 뜻을 꺾는 것 외에는 다른 대안이 있을 수 없잖아요."

"벤처캐피털과 임직원이 원하는 것이 M&A나 IPO입니까? 아니면 주식의 매각을 통한 캐피털 게인입니까? 김 사장님이 원하는 것이 '아이디어를 상품화하는 것'입니까? 아니면 비상장회사로 계속 운영하는 것입니까? M&A, IPO, 비상장 등은 목적을 달성하기 위한 방법들일 뿐입니다. 만약 벤처캐피털과 임직원이 원하는 주식의 매각을 통한 캐피털 게인과 김 사장님이 원하는 '아이디어를 상품화하는 것'을 충족할 수 있는 더 좋은 방법이 있다면 어떻게 하시겠습니까?"

"그런 방법이 있을까요? 있다면 정말 좋겠지요."

계속 대화를 나눈 후 전문가는 김 사장에게 다음과 같은 몇 가지 방안을 내놓았다.

- 옵션 1: 매각 + 매각자금을 가지고 새로운 회사 설립
- 옵션 2: 김 사장의 사업목적에 동의하는 기업에게 벤처캐피털, 임직원 등의 지분 매각
- 옵션 3: IPO + 김 사장이 추진하려는 새로운 상품개발 투자에 대한 사업전략을 의사결정하고 이를 투자자에게 공표

김 사장은 이사회를 소집했고 이사회에서는 다음과 같은 의사결정을 하였다.

- 우선적으로 M&A를 통한 매각을 추진한다.
- 매각은 100% 전체 지분을 매각하는 것(옵션 1)과 김 사장 소유의 지분 34% 및 창업동지 지분의 일부인 17%를 제외한 나머지 지분 49%를 매각하는 것(옵션 2)을 동시에 추진한다.
- 지분 49%의 매각 대상은 김 사장의 사업목적에 동의하는 기업으로 한다.
- 지분의 매각금액이 큰 기업에게 매각한다.
- 이 매각이 이루어지지 않을 경우 IPO를 추진한다.

결과적으로 49%의 지분을 매입하겠다는 기업이 제시한 주당 가격이 가장 높았다. 따라서 49%의 지분 매각이 이루어졌다. 이 지분을 매입한 기업은 글로벌 유통기업으로서 김 사장의 새로운 아이디어에 기초한 상품을 자신들의 유통망을 통해 판매하는 것에 관심이 많았다. 이 기업은 회사의 개발상품에 대한 해외시장 유통 권한을 갖는 것과 김 사장이 지속적으로 새로운 상품개발에 전념해줄 것을 요구하였다.

▬▬▬ 내가 얻고자 하는 것을 부분적으로 달성하는 제안을 받았을 때

"자 이제 사업 매각에 대한 논의가 필요합니다."

이사회에서 CEO인 박 사장이 복잡한 표정으로 이사들과 이야기를 시작한다. 이사회에는 창업자인 박 사장과 창업동지 그리고 투자자가 모여 있다. 지난 5년간의 일들이 주마등처럼 박 사장의 머리를 스쳐 지나간다.

"우리 사업을 인수하겠다는 제안이 들어왔습니다. 제안의 내용을 보면 우리가 사업을 시작할 때 목적한 것을 달성할 것으로 생각되진 않습니다. 우리는 이 사업을 통해 돈으로부터 자유로워질 수 있는 수준의 돈을 7년 내에 벌자고 했습니다. 이를 위해 2천억 원 이상의 회사가치를 인정받기를 원했습니다. 이렇게 목적한 금액을 확보할 수는 없지만 상당한 돈을 받고 사업을 매각할 수 있을 것 같습니다. 우리의 선택은 이번 인수제안을 거절하고 원래 계획대로 사업을 계속하여 애초의 목적을 달성하기 위해 노력하는 것과, 이번 인수제안을 받아들여 매각협상을 진행하는 것입니다."

"현재 매각하면 예상 회사가치는 어느 정도가 되나요?"

"글쎄요, 최종적으로 협상을 완료해봐야겠지만 A사가 초기에 제안한 금액은 300억 원입니다. 아마 협상과정에서 금액은 이것보다는 올라가겠지요."

사업의 목적은 7년 내에 회사가치가 2천억 원 이상인 회사를 만들어 매각을 통해 돈을 벌겠다는 것이었고, 이번 인수제안을 받아들여 계약이 이루어지면 여기에 미치지는 못하지만 주주들은 약 300억 원 또는 협상 결과에 따라 그 이상의 금액을 얻게 된다.

"인수의 목적이 무엇인가요? 경영권을 인수하겠다는 것인가요? 아니면 전략적 제휴 목적의 지분인수인가요? 만약 전략적 제휴 목적의 지분인수라면 주주들 중 매각하고 싶은 주주들은 이번에 매각하면 될 것 같은데요."

"A사는 100% 인수를 희망하고 있습니다. 우리 회사를 인수한 후에

A사에 흡수 합병시킬 계획입니다."

이사회에서 갑론을박이 있었으나 결론을 내지 못했다. 박 사장과 이사들은 전문가를 청했다. 상황을 들은 전문가는 박 사장에게 이렇게 제안했다.

"사장님은 이 사업을 통해 무엇을 얻으려 하는지 사업 초기에 명확하게 정하셨고, 다른 주주들과도 합의하였습니다. 다만 시간이 지남에 따라 상황이 바뀌고 사람들의 생각도 바뀌기 마련입니다. 현 시점에서 다시 한 번 주주들이 이 사업을 통해 무엇을 얻으려 하는지를 명확하게 하는 것이 필요합니다."

모든 주주들의 생각은 명확하였다. 초기에 목적한 대로 돈을 벌고 싶다는 것이었다. 목표로 한 금액에는 미치지 못하지만 300억 원의 금액도 적은 것이 아니고, 협상과정에서 금액을 올릴 수도 있다는 생각이었다. 전문가는 다시 이야기를 시작했다.

"주주들의 생각은 그렇지만 회사는 주주 외에도 다른 이해관계자가 있어요. 중요한 이해관계자는 고객과 임직원입니다. 사업을 하는 과정에서 이들에게도 회사가 그리고 여러분이 암묵적으로 약속한 것이 있어요. 그것은 상품의 지속과 고용의 안정성이겠지요. 이것들이 깨지면 법적인 책임은 아니겠지만 도덕적인 책임은 져야 할 것입니다. 이런 문제는 없을까요?"

"네 A사가 우리 회사를 인수하겠다는 것은 우리 회사의 상품을 주력 상품의 하나로 더 키우겠다는 것입니다. 따라서 고객과 구성원에 문제가 없을 것입니다. 물론 계약을 할 때 이 부분에 대해 계약서에도 명시토록 하겠습니다."

"그렇다면 결국 돈의 크기가 의사결정의 핵심입니다. 창업한 지 7년 후, 즉 지금부터 2년 후 여러분이 얼마만한 가격으로 회사를 매각할 수 있는지에 대한 확신에 달려 있습니다. 목표로 하는 2년 후 2천억 원은 별 의미가 없습니다. 이제 2년 남짓 남았으니 아마 어느 정도 2년 후 회사의 가치와 매각 가능성을 판단하실 수 있을 것입니다. 이것과 이번에 매각할 때 예상되는 금액을 비교하면 됩니다. 이번에 매각하는 금액이 300억 원은 아니겠지요. 매각 예상금액을 잘 예측해보십시오."

박 사장은 태스크포스(task force)를 구성해서 2년 후의 회사가치와 매각 가능성을 검토하였고, 약 500억 원의 가치를 얻을 수 있다는 확신을 가졌다. 이에 박 사장은 이사회와 상의하여 최종 목표를 450억 원으로 결정하고 매각협상을 진행하였고, 최종적으로 400억 원에 매각이 완료되었다.

"박 사장님, 450억 원이 목표가격이었던 것으로 아는데 이에 못 미치는 가격으로 계약을 하셨군요."

"네, 실은 두 가지 변수가 더 있었습니다. 하나는 이번 M&A가 이루어지지 않으면 A사가 우리 회사의 경쟁사를 매입할 것이라는 점을 미처 고려하지 못했습니다. A사가 우리 회사의 경쟁사를 매입하고 A사의 자금력을 결합해서 투자하면 우리의 사업가치에 부정적인 영향이 있을 수밖에 없습니다. 이 점을 미처 고려하지 못한 것이지요."

"또 하나는요?"

"협상력을 높이기 위해 A사 외에 인수 가능성이 있는 기업들을 찾아 인수협상을 진행했는데요, 그들이 제시한 가격이 A사가 제시한 가격보다 훨씬 낮았습니다. 이를 감안할 때 나중에 매각이 순조롭지 않을 것이라는 생각을 하게 되었죠. 물론 다른 기업 역시 인수의향이 있다는 것을 A사와의 협상에서 잘 활용하였죠. 협상에 많은 도움이 되었습니다. 하하하. 그리고 목표가격은 450억 원이었지만 마지노선은 350억 원이었습니다. 만족스럽습니다."

우리는 주변에서 "그때 인수제안이 들어왔을 때 매각을 했어야 했어"라고 말하며 안타까움을 표하는 사람들을 많이 본다. 또 크게 성장한 기업들이 "그때 팔지 않길 참 다행이야. 그때 그 가격에 팔았으면 지금 엄청나게 후회했을 꺼야"라고 이야기하는 것을 많이 듣는다. 큰 기업으로 성장할 때까지 인수제안을 받아보지 않은 기업이 있겠는가?

이런 제안이 들어왔을 때 반드시 다음 사항을 확인하고 결정하라.

- 초기에 생각한 '내가 이 사업을 통해 얻고자 한 것', '나의 파트너가 이 사업을 통해 얻고자 한 것'을 점검하라.
- 그리고 현재 나와 파트너가 '이 사업을 통해 얻고자 하는 것이 무엇인가?'를 다시 점검하고 수정할 것인지 결정하라.
- 이제는 '내가 제안을 거절하고 스스로 갈 때에 얻고자 하는 것을 얼마나 얻을 수 있는가?'를 좀더 명확하게 예측할 수 있다. 이것을 구체적으로 계산하라.
- '스스로 갈 때의 예측과 제안 중 무엇이 유리한가?' 구체적으로 비교하고 판단하라.

■■■실패했을 때 무엇을 얻으실 것입니까?

지금까지 이야기한 예는 사업목적을 전체적으로든 부분적으로든 달성한 행복한 결정이다. 그러나 사업을 지속하기 어려울 때는 철수를 하게 된다. 아마 당신은 "실패했을 때 어디까지 잃을 계획이십니까?"라는 질문에 코웃음을 쳤을지 모른다. 그러나 사업에 성공하는 것보다는 실패하는 경우가 훨씬 많다.

"자, 이제 사업을 매각할 때가 온 것 같습니다."

이사회에서 CEO인 서 사장이 침통한 표정으로 이사들과 이야기를 시작한다. 이사회에는 창업자인 서 사장과 창업동지 그리고 투자자가 모여 있다. 지난 4년간의 일들이 주마등처럼 서 사장 머리를 스쳐 지나간다.

"안타까운 일이지만 우리가 사업을 시작할 때 목적한 것을 달성하기가 불가능하다는 생각입니다. 우리는 이 사업을 통해 돈으로부터 자유로워질 수 있는 수준의 돈을 5년 내에 벌자고 했습니다. 그러나 우리의 노력에도 불구하고 예상과는 달리 성과를 만들어내지 못했습니다. 구조조정을 통해 비용을 줄이는 등 노력해왔지만 회사에는 앞으로 약 6개월 정도 버틸 만한 자금만이 남아 있습니다. 추가적인 투자를 받기도 거의 불가능한 상황입니다."

서 사장은 이사들을 둘러보며 말을 이어나갔다.

"여러분들이 동의해준다면, 사업의 철수를 추진하겠습니다. 사업의 철수에는 몇 가지 방법이 있습니다. 가장 좋은 것은 물론 사업의 매각입니다. 현재 우리 사업을 매입할 가능성이 있는 업체는 아직까지 없습니다만 찾아봐야겠지요. 만약 사업의 매각이 어렵다면 자산의 매각을 추진할 것입니다. 만약 이도 저도 실패하면 폐업을 할 생각입니다."

침통한 표정의 이사 한 명이 서 사장에게 질문을 한다.

"사업철수를 실행하는 데 여러 가지 의사결정을 해야 할 것입니다. 이때 의사결정 기준이 있어야 할 텐데요. 어떤 것들이 있고 우선순위가 무엇인가요?"

서 사장은 말을 이어나갔다.

"첫째는 파산을 피하는 것이고요, 둘째는 손실을 가능한 한 줄이는 것, 셋째는 고용승계입니다. 파산이 되면 모든 것이 다 날아가기 때문에 파산은 최악의 결과인 것이죠. 따라서 파산을 피하는 것, 즉 어떤 조건이든지 파산 전에 매각을 하는 것이 가장 중요합니다. 둘째는 투자원금의 일부라도 회수할 수 있도록 매각 대금을 받는 것이겠지요. 배분하는 원칙은 우선 직원들의 밀린 임금과 퇴직금을 지급하고 나머지는 주주에게 배분하는 것입니다. 셋째는 직원들 중 일부라도 고용승계가 이루어지게 하는 것입니다. 우리를 믿고 따라준 직원들에게 해야 할 도리이겠지요."

"고객에게는 문제가 없습니까?"

"잘 지적해주셨습니다. 사업 매각이 되지 않아 더 이상 상품에 대한 지원이 되지 않는 경우 고객들이 피해를 보게 됩니다. 우리가 판매한 상품의 기술지원이 더 이상 안 되니까요. 다만 우리가 영위한 사업의 경우 퇴출비용(exit cost)가 그리 크지 않습니다. 퇴출비용은 우리가 판매한 상품의 애프터서비스 보장기간에 대한 금액 지불입니다. 사업 매각이 되지 않아 더 이상 상품에 대한 지원이 되지 않는 경우 고객에게 정중하게 공지 및 사과하고 법에 따라 필요한 조치를 취할 것입니다."

침통한 이사회를 마친 후 서 사장은 전문가를 만나 대화를 나누었다. 전문가는 하기 어려운 질문을 시작했다.

"지금까지 총 얼마의 돈이 투자되었습니까? 개인적으로는 얼마의 돈을 투자했습니까? 어느 정도의 손실이 예상됩니까? 원래 개인적으로 투자한 금액 중 손실이 나면 날리겠다고 생각한 금액은 얼마였습니까?"

"글쎄요. 제 돈 2억 원과 개인적으로 빌린 돈 3억 원, 총 5억 원을 개인적으로 투자했죠. 원래는 제가 가진 돈만 투자하고 잘 안 되면 날리려고 했는데 3억 원을 더 쓴 셈이죠. 이럴 줄 알았으면 2억 원에서 멈췄어야 하는 건데. 아직 젊으니 빚을 갚아야겠죠. 같이 창업한 친구들이 약 2억 원을 투자했고 정부 융자자금 1억 원 그리고 창업투자회사 투자금 20억 원, 그래서 총 28억 원이 투자됐네요."

"돈도 투자되었지만 5년이란 시간이 투자된 것이죠. 돈과 시간 외에 또 무엇을 잃으셨나요?"

"글쎄요, 이번에 회사를 접는 과정에서 직원들이 일자리를 잃을 수 있겠지요. 또 거래처와 고객에게 피해를 줄 수도 있죠."

"지난 5년이라는 시간을 투자하셨는데 무엇을 얻으셨나요?"

"음, 무엇보다 많이 배운 것 같고요, 직원들과 거래처에게 그래도 진정성을 가지고 대했다는 자부심이 있습니다. 그리고 비록 실패했지만 우리 회사가 만든 상품이 혁신적이었죠. 고객의 규모가 크진 않지만 마니아들도 있으니까요. 그런 자부심은 가지고 있는 것 같습니다."

"마무리를 하시면서 아마 손실을 최소화하는 쪽으로 생각을 하실 겁니다. 그러나 저는 다른 생각도 해보라고 말씀드리고 싶네요. 사업을 하면서 지금까지 쌓아오신 가치를 손상시키지 않는 것, 조금 전에 말씀하신 직원과 거래처 그리고 고객에 대한 자부심을 지키는 것 말이죠. 이것을 위해 이번에 사업 철수를 어떤 방식으로 하는 것이 좋을 것인가를 생각해보십시오."

무수히 많은 사람들이 실패를 경험한다. 실패하는 사람 중에는 두 부류의 사람들이 있다. 실패 속에서도 무엇을 얻을 것인지 생각하고 실행하는 사람과 그렇지 않은 사람 말이다.

전문가는 서 사장에게 구성원을 만나서 상의하라고 조언했다. 솔직하게 현재 상황을 이야기하고 어떻게 할 것인지 같이 결정을 하라고 했다. 또 서 사장에게 서로 신뢰가 쌓인 거래처를 만나서 상의하라고 조언했다. 솔직하게 현재 상황을 이야기하고 거래처를 위해 어떻게 사업을 철수하는 것이 바람직한지 의견을 구하라고 했다. 이런 조언을 한 이유는 그의 말 때문이었다. 그가 5년간 얻은 것을 비록 어려운 상황이지만 놓치지 않길 바랐기 때문이다.

며칠 후 서 사장이 전문가를 찾아왔다.

"말씀하신 대로 구성원, 거래처와 이야기를 했습니다. 둘 다 사업이 지속되길 바라면서 제게 제안을 했습니다."

"어떤 제안인가요?"

"직원들이 돈을 모아 투자하고 경영을 하겠답니다. 또 거래처는 자금을 일부 빌려주겠다고 이야기했습니다."

"일종의 EBO[2]과 벤더 파이낸싱[3]이군요."

"네, 맞습니다. 조금 도와주셔야겠습니다. 기존 주주와 채권자, 그리고 새로운 주주가 되겠다는 구성원과 새로운 채권자가 되겠다는 거래처의 합의가 잘 이루어져야 하는데, 좋은 아이디어와 중재가 필요합니다."

여기서 전문적인 해결방법까지 설명하지는 않겠다. 이 책의 범위를 벗어나는 일일 뿐더러 실은 이 해결방법도 상당히 다양하기 때문이다.

결과적으로 회사는 사업을 대폭 축소하여 직원들이 만든 새로운 회사에게 매각하고 폐업하였다. 그러나 사업은 지속되었다.

서 사장은 투자자금을 모두 날리고 회사를 떠났다. 그러나 서 사장은 비록 사업에는 실패하였지만 구성원, 거래처, 고객, 그리고 기존 투자자와 채권자를 위해 끝까지 노력하였다는 자부심과 주변의 신뢰를 가질 수 있었다.

목적을 실현하는 방법

앞에서 예를 든 김 사장, 박 사장, 서 사장의 경우를 읽고 무엇을 느꼈는가?

첫째, '가장 중요한 것은 CEO와 창업자들의 마음에 달려 있다'는 것

---

2 EBO(Employee Buyout) : 회사가 구조조정이나 폐업을 할 때 고용인들이 사업을 인수하는 것.

3 벤더 파이낸싱(*vendor financing*) : 거래처가 자신의 거래를 유지할 목적으로 돈을 빌려주는 것. 벤더는 제품을 제공하는 공급자이며, 자신의 상품을 지속적으로 판매하기 위한 목적으로 구매처에게 돈을 빌려준다.

이다. 사업을 시작할 때 생각했던 '무엇을 얻을 것인가?', '무엇을 잃을 것인가?' 그리고 현 시점에 생각하고 있는 '무엇을 얻을 것인가?', '무엇을 잃을 것인가?'가 가장 중요하다.

둘째, CEO 혼자만의 이슈가 아니라는 것이다. CEO는 사업에 있어 상당히 중요한 사람이지만 사업이 전개됨에 따라 CEO 외에도 다른 주주, 채권자, 구성원, 고객, 거래처 등이 필연적으로 생기고, 이들 역시 사업에 있어 중요한 사람들인 것이다. CEO의 결정은 이들에게 영향을 미친다. 또 CEO의 결정을 실행하는 데에도 이들의 적극적인 협력이 있어야 한다.

셋째, 사업을 그만두는 것을 고려하게 되는 상황이 상당히 다양하다는 것이다. 김 사장은 자신의 사업목표대로 성공적인 운영을 해왔고 어느 정도 사업의 목표를 달성한 사람으로서, 자기 주도적으로 사업을 시작할 때 얻고자 했던 목적의 실현을 추진할 상황에 있다. 박 사장은 아직 사업의 여정에서 중간과정에 있으나, 외부의 요구에 의해 사업을 시작할 때 얻고자 했던 목적의 실현을 검토하는 상황에 있다. 서 사장은 사업에 실패한 사람이다. 사업을 시작할 때 투자하겠다는 돈과 시간을 모두 다 쓰고 이제는 사업을 정리하는 상황에 놓여 있다. 이 외에도 다양한 상황이 존재한다.

넷째, 사업을 그만둘 때 실행하는 방법은 상당히 다양하다는 것이다. 김 사장, 박 사장, 서 사장의 예에서도 이들이 선택할 수 있는 여러 실행방법이 소개되었다. 하지만 이들은 일부에 불과하다. 이 외에도 다양한 실행방법들이 존재한다.

다섯째, 결국 사업의 목적을 달성하는 계획과 실행과정은 M&A 전문가나 기업재무 전문가의 도움을 받아야 할 것이다. 이들의 도움을 받아 좀더 많은 실행방법을 알아보고 자신에게 맞는 방법을 선택하여야 한다. 또 실행과정에서 세금, 법률, 협상 등 전문가의 도움을 더 받아야 할 사항이 많다. 그러나 기업가는 자신의 가장 중요한 일을 이들 전문가의 손에만 의존해서는 안 된다. 전문가들의 도움을 받더라도 적어도 자신이 원하는 것과 처한 환경을 고려해서 선택할 수 있는 옵션들을 판단하고 자기 주도적으로 선택하고 실행할 수 있어야 한다.

다음은 본인의 의사결정에 따라 선택할 수 있는 철수의 대표적인 몇 가지 옵션들이다.[4] 의사결정에 따라 옵션들의 조합이 이루어진다.

- 이 사업에서 대주주의 위치를 유지할 것인가?
  - 지분 변동이 없는 상태에서 후계자 등에게 경영자 역할 이관
  - 대주주의 유지 및 일부 지분의 매각
  - 의미 있는 지분의 유지 및 일부 지분의 매각
  - 대다수 지분의 매각
  - 리파이낸싱(*refinancing*) : 지분 등을 담보로 한
    금융기관으로부터의 자금 확보

- 지분 매각의 방법과 대상
  - IPO : 일반투자자 및 기관투자자
  - M&A : 전략적 투자자 및 재무적 투자자

---

4 Les Nemethy(2011), *Business Exit Planning*, Wiley Finance, pp. 29~42.

- MBO(Management buyout) : 기존 경영진
- EBO : 기존 직원들

자세한 사항을 더 소개하지는 않겠다. 이 글은 주로 M&A나 재무 전문가로서 일을 하려는 사람들이 아닌 기업가가 꼭 알아야 할 사항을 중심으로 쓰였기 때문이다.

토론을 위한 질문

1. 당신이 김 사장이라면 어떠한 결정을 할 것이며, 그 이유는 무엇인가?
2. 당신이 서 사장이라면 어떠한 결정을 할 것이며, 그 이유는 무엇인가?
3. 당신이 박 사장이라면 어떠한 결정을 할 것이며, 그 이유는 무엇인가?

찾아보기

기타

저자소개

김성철 (머리말, PART I 담당)

고려대학교 미디어학부에서 미디어경영과 뉴미디어를 가르치고 있으며, 한국 미디어경영학회 회장이다. 서울대학교 경영학과를 졸업하고 서울대학교 대학 원에서 경영학 석사학위를 받았으며 미국 미시간주립대학교(Michigan State University)에서 텔레커뮤니케이션 전공으로 석사학위와 박사학위를 취득했 다. SK에서 13년간 정보통신 분야 신규사업을 담당했고 개방형 직위인 서울특 별시 정보시스템 담당관을 거쳐 카이스트(구 한국정보통신대학교) 경영학부 부 학부장, 한국전자통신연구원(ETRI) 초빙연구원 등을 역임했다. 저서로는 《뉴 미디어 시대의 비즈니스 모델: 창조와 변형의 바이블》(2011, 공저) 등이 있으 며, 여러 국제 학술지에 다수의 논문을 발표했다.

이치형 (PART II, III 담당)

평택대학교 광고홍보학과에서 미디어와 커뮤니케이션을 가르치고 있다. 서울 대학교 기계설계학과를 졸업하고 미국 덴버대학교(University of Denver)에서 회계학 석사학위를 받았으며 연세대학교 정보대학원에서 미디어 산업연구로 박 사학위를 취득했다. SK텔레콤을 비롯하여 SK그룹에서 12년간 정보통신 분야 의 일을 했고, 다음커뮤니케이션에서 모바일사업 부사장, KT에서 콘텐츠사업 총괄 상무로 일했다. 2000년에는 미국 샌디에이고에서 IT 벤처기업을 공동으로 창업하여 3년간 일하기도 했다. 국내외 기업을 대상으로 미디어 콘텐츠분야 기 업전략을 자문하고 있으며, 뉴미디어, 정보통신, 온라인광고 서비스와 산업 연 구로 국내외 학술지에 다수의 논문을 발표했다.

주형철(PART Ⅳ 담당)

NHN NEXT에서 사업계획, 협상, 철수(exit), 실행(execution)을 가르치고 있다. 서울대학교 컴퓨터공학과를 졸업하고 미국 MIT 경영대학원에서 MBA 학위를 받았다. SK에서 통신 엔지니어로 약 7년간 데이터통신과 이동통신망을 설계·운영하였으며, 그 이후 통신, 콘텐츠, 미디어, 소프트웨어 분야에서 다양한 신규사업을 기획하고 만들었다. SK텔레콤 U-Biz본부장, SK C&C 기획본부장 및 글로벌사업추진실장, SK주식회사 정보통신사업담당을 거쳐 SK커뮤니케이션즈 대표이사, 이투스 대표이사와 한국인터넷자율정책기구 의장을 역임했다.